中国式现代化新论

周 文 著

商务印书馆

本书由复旦大学马克思主义学院、
马克思主义研究院"望道书库"项目资助出版

商务印书馆（上海）有限公司 出品
The Commercial Press (Shanghai) Co. Ltd.

作者简介

周文,重庆人,教育部长江学者特聘教授,复旦大学特聘教授、博士生导师,复旦大学马克思主义研究院副院长、马克思主义经济学中国化研究中心主任,复旦大学两大工程首席专家,国家社科重大项目及教育部重大攻关项目首席专家。主要学术兼职为中国政治经济学学会副会长、教育部新时代习近平中国特色社会主义思想研究中心特聘研究员。主要研究领域为中国经济发展、中国特色社会主义政治经济学,先后在《中国社会科学》《经济研究》《马克思主义研究》《求是》《人民日报》《光明日报》《经济日报》等发表学术论文400多篇。

近五年出版《当代中国马克思主义政治经济学研究》《中国特色

社会主义政治经济学研究》《中国特色社会主义政治经济学：理论、历史与现实》《国家何以兴衰：历史与世界视野中的中国道路》《中国道路：现代化与世界意义》《繁荣与富强：大国治理的政治经济学》《赶超：产业政策与强国之路》《经济学自主知识体系》等10多部专著，其中多部著作进入丝路书香等国家外译工程以及被英国麦克米伦出版公司、土耳其卡努特国际出版公司、韩国国际出版社等翻译成英文、德文、西班牙文和韩文在70多个国家发行，学术成果和学术观点受到德国、韩国、俄罗斯、日本、美国学者的关注和引用。

目 录

导　言　深刻理解中国式现代化的三个维度　　　/ 1

第一章　中国式现代化的独特内涵、鲜明特征与
　　　　世界意义　　　/ 7
一、现代化与西方现代化　　　/ 9
二、中国式现代化的独特内涵　　　/ 18
三、中国式现代化的鲜明特征　　　/ 24
四、中国式现代化的世界意义　　　/ 31

第二章　中国式现代化的共同特征与中国特色　　　/ 37
一、现代化的内涵、一般规律与共同特征　　　/ 39
二、中国式现代化的中国特色　　　/ 48
三、拓展和深化基于国情的中国式现代化　　　/ 57

第三章　中国式现代化与人类文明新形态　　　/ 69
一、中国式现代化：从资本无序扩张逻辑到驾驭
　　引导资本规范健康发展　　　/ 72

二、中国式现代化：从工业文明到"五位一体"总体布局　　/ 77
三、中国式现代化：从单向度现代化到现代化经济体系　　/ 81
四、中国式现代化：从高速增长到高质量发展的新发展理念　　/ 86
五、中国式现代化：市场扩张从海外殖民到
　　构建人类命运共同体　　/ 90

第四章　再论中国式现代化与人类文明新形态　　/ 95
一、中国式现代化与文明新形态　　/ 98
二、中国式现代化：超越西方文明困境与发展悖论　　/ 108
三、中国式现代化经济体系：比较优势与西方现代化
　　产业理论缺陷　　/ 113
四、中国式现代化拓展世界市场的新路径　　/ 120

第五章　中国式现代化与西方现代化　　/ 127
一、西方现代化进程中的国家角色：事实、真相与问题　　/ 132
二、后发国家现代化进程中的争议与问题　　/ 140
三、中国式现代化：国家建构与更好发挥政府作用　　/ 148

第六章　中国式现代化与社会主义基本经济制度　　/ 159
一、坚持和完善社会主义基本经济制度是实现中国式
　　现代化的必由之路　　/ 162

目 录

二、构建高水平社会主义市场经济体制是中国式现代化的
　　关键举措　　　　　　　　　　　　　　　　　　　　/ 171
三、充分发挥基本经济制度对中国式现代化的
　　重要支撑和保障作用　　　　　　　　　　　　　　　/ 179

第七章　中国式现代化与共同富裕　　　　　　　　　　/ 189
一、核心要义：完整、准确和全面理解中国式现代化
　　与共同富裕　　　　　　　　　　　　　　　　　　　/ 192
二、内在逻辑：中国式现代化与共同富裕的机理探赜　　　/ 202
三、实践路径：以中国式现代化全面推进全体人民共同富裕　/ 208

第八章　中国式现代化与新型举国体制　　　　　　　　/ 217
一、新型举国体制的科学内涵及其特征　　　　　　　　　/ 220
二、新型举国体制有效推进中国式现代化的现实基础　　　/ 223
三、新型举国体制何以推进中国式现代化　　　　　　　　/ 230
四、新型举国体制推进中国式现代化的实践路径　　　　　/ 236

第九章　中国式现代化与宏观经济治理　　　　　　　　/ 243
一、"政府有为"是中国式现代化的重要经验　　　　　　/ 246
二、我国宏观经济治理体系与治理能力现代化：问题与挑战　/ 253
三、健全宏观经济治理体系和治理能力现代化的实践路径　/ 261

第十章　中国式现代化与数字经济　/ 269

一、中国式现代化与数字经济　/ 273

二、数字经济时代的中国式现代化内涵特征　/ 278

三、数字经济时代的中国式现代化发展新路径　/ 293

第十一章　中国式现代化与民营经济　/ 301

一、改革开放以来民营经济的发展历程　/ 304

二、民营经济是推动中国式现代化的重要力量　/ 312

三、以民营经济的高质量发展助力中国式现代化新征程　/ 320

第十二章　中国式现代化与新质生产力　/ 331

一、现代化的共同特征：生产力的持续发展　/ 333

二、生产力的发展是推动中国式现代化的根本动力　/ 341

三、推动新质生产力的形成和发展是中国式现代化的必然选择　/ 349

四、中国式现代化发展新路径：加快形成和发展新质生产力　/ 357

后　记　/ 365

导 言
深刻理解中国式现代化的三个维度

习近平总书记在新进中央委员会的委员、候补委员和省部级主要领导干部学习贯彻习近平新时代中国特色社会主义思想和党的二十大精神研讨班开班式上发表重要讲话强调,中国式现代化是我们党领导全国各族人民在长期探索和实践中历经千辛万苦、付出巨大代价取得的重大成果,我们必须倍加珍惜、始终坚持、不断拓展和深化。习近平总书记的重要讲话全面回顾了中国共产党为实现中华民族伟大复兴所进行的艰辛探索、取得的辉煌成就。总书记强调,概括提出并深入阐述中国式现代化理论,是党的二十大的一个重大理论创新,是科学社会主义的最新重大成果,必将指引全党和全国人民正确理解、大力推进中国式现代化,继续为实现中华民族伟大复兴开辟光明前景。

一、中国式现代化打破了"现代化=西方化"的迷思

中国式现代化不是从天而降的。中国式现代化是中国共产党和中国人民长期实践探索的成果,是一项伟大而艰巨的事业。我们党从成立之初,就勇担探索中国式现代化的重任,特别是新中国成

立后，在总结不同时期发展经验的基础上，对如何摆脱贫穷落后面貌、实现社会主义现代化进行了不懈探索，每一个重要阶段都为推进中国式现代化奠定基础。党的十八大以来，我们党在已有基础上继续前进，不断实现理论和实践上的创新突破，成功推进和拓展了中国式现代化，为人类对现代化道路的探索做出了新贡献。

习近平强调，一个国家走向现代化，既要遵循现代化一般规律，更要符合本国实际，具有本国特色。中国式现代化既有各国现代化的共同特征，更有基于自己国情的鲜明特色。回望历史烟云，当西方国家率先登上现代化列车，当欧美列强用坚船利炮打开别国大门，所谓"先进文明""落后文明"的论调、"现代化就是西方化"的迷思，就开始笼罩在地球上空。过去200多年来，现代化成为西方经验的总结，西方模式似乎成为唯一可以模仿的样本。然而自20世纪以来，很多发展中国家照搬西方模式，不仅没有实现现代化，反而失去了发展自主性，进而落入经济发展停滞、社会矛盾丛生、政治局势动荡的"怪圈"。发展中国家现代化的迷失与中国式现代化的成功以雄辩的事实说明，西方国家只是现代化的先行者，并不是现代化的范本，更不是衡量其他国家现代化的标准。当前西方国家的尖锐矛盾冲突与经济社会乱象，已经揭示出西方现代化正在步入穷途末路。

实践证明，中国式现代化既克服了西方现代化的矛盾弊端，又不断赋予现代化新内涵，拓展了现代化新路径。中国式现代化不是西方现代化的"翻版"。中国道路的伟大实践证明，人类社会走向现代化的道路是多元和多样式的。"当代中国的伟大社会变革，不是简单延续我国历史文化的母版，也不是简单套用马克思主义经典作家设想的模板，不是其他国家社会主义实践的再版，不是国外现代化发展的翻版。"[1] 现代化不再是"西方模式"和"依附式发展"的单选题，中国式现代化开辟了发展中国家实现现代化的新途径。中国坚持走中国特色社会主义道路，社会经济发展进程宏伟而波澜壮阔，仅仅用几十年的时间就走完了西方发达国家几百年走过的发展历程，创造了人类社会发展史上惊天动地的发展奇迹，攻克了一个又一个看似不可攻克的难关，创造了一个又一个彪炳史册的人间奇迹。中国式现代化道路，坚持从国情出发，以解决现实问题为导向，同时以世界眼光和开放心态积极吸收借鉴一切有益经验。中国式现代化所取得的举世瞩目的成就，是发展中国家独立自主走符合自己国情的现代化发展道路的成功。

二、中国式现代化展现了现代化的另一幅图景

从世界近代史来看，"国强必霸"似乎是现代化难以摆脱的一个魔咒。但中国式现代化坚决不走西方国家对内掠夺压榨、对外殖民扩张的殖民主义老路，而是破除西方国家掠夺剥削他国的资本主义现代化窠臼，走出一条和平崛起、互利共赢的和平发展道路。中国从一个积贫积弱的国家发展成为世界第二大经济体，靠的不是对外军事扩张和殖民掠夺，而是中国共产党团结带领勤劳勇敢的中国人民锲而不舍、赓续接力，付出超乎想象的艰辛努力，依靠勤劳智慧苦干实干拼搏得到的。中国的和平崛起，既改写了昔日大国霸权扩

---

[1] 习近平：《在庆祝中国共产党成立100周年大会上的讲话》，《人民日报》，2021年7月2日。

张的发展逻辑，也改写了大国崛起后称王称霸的历史宿命。中国以自身发展维护世界和平，中国式现代化致力于实现世界和平和睦和谐的现代化，14亿多人口的中国和平崛起本身就是对于世界和平的重大贡献；中国也积极以自身发展带动他国发展，中国式现代化不是牺牲别人发展自己的现代化，而是合作共赢、共同发展、促进世界发展繁荣的现代化。

现代化不是西方经典模式的单选题，而是世界各国共同探索的开放题；现代化也不是资本主义模式的单行道，而是人类文明争相绽放的百花园。环顾近代以来世界各国的现代化历程，但凡成功实现现代化的国家都是依据本国具体实际自主选择适合自身的现代化道路，一味照抄照搬、盲目模仿他人则普遍遭受失败挫折，鲜有成功案例。作为拥有5000多年文明史、人口数量最多、世界最大的发展中国家，中国式现代化没有任何既定的道路可以直接套用，也没有任何现成的模式可以拿来就用。中国式现代化不存在现成的既定答案，只会产生于脚踏实地的探索中；中国式现代化也不需要外来的所谓标准答案，人类社会现代化注定会留下中国道路的辉煌篇章。

习近平总书记强调，现代化并没有固定模式，适合自己的才是最好的，不能削足适履。人类历史上没有一个民族、一个国家可以通过依赖外部力量、照搬外国模式、跟在他人后面亦步亦趋实现强大和振兴。中国式现代化扎根中国大地，切合中国实际，既有各国现代化的共同特征，更有基于自己国情的鲜明特色。中国式现代化的成功表明：没有任何一种发展模式可以适合所有国家，人类社会并不存在放之四海而皆准的发展道路。相较于西方发展路径，中国式现代化更契合发展中国家的现实需要，更能有效助推发展中国家的改革实践，丰富发展中国家实现现代化的路径选择。中国式现代化是一条行之有效又可资借鉴的现代化道路，拓展了发展中国家走向现代化的新途径，为人类对更好社会制度的探索提供了中国方案。

三、中国式现代化既发展自身又造福世界

新中国成立特别是改革开放以来，我们用几十年时间走完西方发达国家几百年走过的工业化历程，创造了经济快速发展和社会长期稳定的奇迹，为中华民族伟大复兴开辟了广阔前景。实践证明，中国式现代化走得通、行得稳，是强国建设、民族复兴的唯一正确道路。中国式现代化，深深植根于中华优秀传统文化，体现科学社会主义的先进本质，借鉴吸收一切人类优秀文明成果，代表人类文明进步的发展方向，展现了不同于西方现代化模式的新图景，是一种全新的人类文明形态。

当代中国，正在进行着人类历史上最为宏大而独特的实践创新，这是一个有着5000多年历史的古老文明阔步迈向现代化的伟大征程，堪称这个蓝色星球上最精彩、最恢宏的奋斗故事、最引人注目的文明史诗。中国式现代化不仅雄壮而豪迈，而且深刻改变了中国，也震撼了世界。中国式现代化向世人展示了中国共产党团结带领人民，通过不懈探索和艰苦奋斗，把一个积贫积弱、一穷二白的国家建设成为全面小康、繁荣富强国家的壮美画卷。如今，中国的面貌、中国人民的面貌发生了翻天覆地的变化，中华民族迎来了

从站起来、富起来到强起来的伟大飞跃，社会主义中国巍然屹立于世界东方，向世界展现了一派欣欣向荣的气象，彰显了中国式现代化的强大生机和活力。

新中国 70 多年来，特别是改革开放 40 多年来的伟大现代化进程，不仅维护了世界和平稳定，为世界人民提供了巨大的物质财富，而且还有力推动国际分工体系深化、促进世界经济繁荣发展、增进世界各国人民福祉。中国式现代化处于经济全球化大潮之中，处于世界百年未有之大变局之中，要携手构建人类命运共同体，践行共商共建共享的全球治理观；中国式现代化是一条前人没有走过的路，不断创造和发展人类文明新形态，为世界之治贡献中国智慧、提供中国方案。中国式现代化道路不但以举世瞩目的伟大成就发展自身，而且还积极通过开放合作、互利共赢造福世界。历史和实践充分证明，中国式现代化道路不仅走得通、行得稳，而且越走越宽广。在新征程上，坚持以中国式现代化全面推进中华民族伟大复兴，一定能够不断创造新的发展奇迹，为发展自身和造福世界做出新的更大贡献。

第一章

中国式现代化的独特内涵、鲜明特征与世界意义

天翻地覆慨而慷，人间正道是沧桑。100年来，中国共产党团结带领人民，推动我国社会主义现代化建设取得举世瞩目的伟大成就。100年来，中国共产党团结带领人民，实现了从站起来、富起来到强起来的伟大飞跃，书写了中华民族几千年历史上最恢宏的史诗。[1] 中国共产党团结带领人民，成功走出中国式现代化道路，创造了人类文明新形态，拓展了发展中国家走向现代化的途径，给世界上那些既希望加快发展又希望保持自身独立性的国家和民族提供了全新的选择。[2]

一、现代化与西方现代化

作为对于人类社会近代以来发展进程急剧转变的总体概括，现代

---

[1]《中共中央关于党的百年奋斗重大成就和历史经验的决议》，《人民日报》，2021年11月17日。

[2]《中共中央关于党的百年奋斗重大成就和历史经验的决议》，《人民日报》，2021年11月17日。

化是一个包罗万象、急剧变革、影响深远的历史进程。现代化是全社会范围内一系列现代要素及其组合方式连续发生的从低级到高级的突破性变革过程。[1]广义现代化是指人类社会自工业革命以来从传统农业社会向现代工业社会急剧变革，引发经济、政治、文化、社会、生态等各个领域全方位深刻变化的全球性大转变过程，狭义现代化是指落后国家通过有计划的经济技术变革和广泛的社会改革追赶先进工业国家的发展过程。[2]现代工业生产方式也引导人类社会进入现代文明世界。现代化对人类社会所有领域都产生了"极富戏剧性的、深远的、必然发生的"[3]影响。现代化是人类社会具有革命性突破的历史巨变，是人类历史上真正全球性的社会大变革过程。

（一）现代化的内涵

1. 现代化是一个不断丰富完善、动态发展的历史性概念

"现代化"一词本身就体现出了强烈的时代内涵与特定的历史范畴。现代化不是一个原封不动的静态范畴，而是一个富有时代性、历史性的范畴。现代化并不是一个固定不变的概念，而是随着现代化实践本身不断丰富发展完善的概念。现代化也并没有定型和终止，现代化的内涵与外延是伴随着人类社会的发展而不断充实与拓展的，这就意味着现代化并没有固定不变的模式或者唯一标准。现代化不是永恒的概念，马克思以现代指称资产阶级统治的特定历史时代，既阐述资

---

1 周文：《中国道路：现代化与世界意义》，杭州：浙江大学出版社，2021年，第122页。

2 罗荣渠：《现代化新论：世界与中国的现代化进程》，北京：北京大学出版社，1995年，第17页。

3 ［美］吉尔伯特·罗兹曼主编：《中国的现代化》，国家社会科学基金"比较现代化"课题组译，上海：上海人民出版社，1989年，第4页。

本主义现代化的历史必然性与进步性,也指明现代资本主义生产方式的历史局限性与过渡性,并从历史唯物主义出发深入研究俄国农村公社,提出跨越资本主义的卡夫丁峡谷的设想,阐述东方落后国家现代化发展道路的多样性设想。马克思明确反对将西欧资本主义发展道路"彻底变为一般发展道路的历史哲学理论,一切民族,不管他们所处的历史环境如何,都注定要走这条道路"[1]。现代化并不困囿于西方资本主义现代化,而是不断开拓创新。"现代工业从来不把某一生产过程的现存形式看成和当作最后的形式,因此,现代工业的技术基础是革命的,而所有以往的生产方式的技术基础本质上是保守的。"[2]现代化是人类社会的前进运动与人类历史的发展潮流,尽管西方率先发生工业革命引领人类步入现代社会,然而现代化并不是西方化,现代化也不等同于西方化,不同民族和国家将会探索出不同的现代化道路和模式,现代化也将呈现出更为丰富多彩的内容。

2. 现代化是全社会范围内各领域的全方位变革过程

现代化是一个系统性概念,不是某一环节或者某一部分的现代化。一方面,现代化不是工业化的同义词,现代化不能简单以工业化代替,现代文明不等同于工业文明。工业化是现代化的核心,是实现现代化的物质基础,但并不是现代化的全部内容,也不是现代化的最终目标。现代化也不是"工业化"与"生产力化",不能以简单的生产力及物质财富总量指标作为衡量现代化的唯一标准。现代文明是包含物质文明、政治文明、精神文明、社会文明、生态文明的总体文明演进历程,工业社会不是现代文明进程的终结,人类文明正迈向更高发

---

[1] 《马克思恩格斯选集》第3卷,北京:人民出版社,2012年,第730页。
[2] 《马克思恩格斯选集》第2卷,北京:人民出版社,2012年,第231页。

展阶段。另一方面,现代化是社会各领域全方位的系统变革过程,是经济变革、政治变革、文化变革、社会变革、生态文明变革等各个领域全方位的系统变革。现代化不仅要求实现传统农业经济向现代工业经济、传统专制政治向现代民主政治、传统社会向现代社会的剧变,现代社会的变革也要求以国家治理体系与治理能力的现代化推进现代国家制度建设与体制改革。现代化不仅是生产力方面的巨大提升,也是生产关系方面的巨大变革,现代化是生产力与生产关系统一的现代化。因此现代化是系统有机的整体运动,将会推动全社会各领域全方位的变革。

3. 现代化是必然发生、不可阻挡的世界历史潮流

作为一个全球性的世界历史转变过程,现代化是人类社会发展的必然趋势,是不可阻挡的历史潮流。近代以来的世界现代化进程,不仅从广度上席卷一切国家和民族、蔓延至世界各地,而且在深度上实现了人类经济、政治、文化、社会、生态各领域全方位的彻底变革。工业革命成为历史转向世界历史的起点,"新的工业的建立已经成为一切文明民族的生命攸关的问题"[1]。资本主义开启了历史转向资本主义世界历史的过程,"工业较发达的国家向工业较不发达的国家所显示的,只是后者未来的景象"[2]。现代化是人类社会发展的必由之路,势不可挡的现代化浪潮不仅使得人类社会生产力获得前所未有的飞速发展与质的提升,人类社会对自然界的控制支配能力得到空前的提高;还使得生产关系发生巨大变革,人的生存与发展境况产生飞跃性的改善。现代化是人类文明的巨大发展与人类历史的巨大进步。现代化没

---

[1] 《马克思恩格斯选集》第1卷,北京:人民出版社,2012年,第404页。
[2] 《资本论》第1卷,北京:人民出版社,2004年,第8页。

有终点,现代化是人类社会一项未竟的事业,当今世界所有国家都在争先恐后地进行现代化建设,通过科学技术的引领开展生产力现代化的激烈竞争。现代化是人类社会发展的漫长的马拉松比赛,是当今人类社会必须上场的世界历史舞台,全世界所有国家都必须登上现代化的竞技场竞争。

(二)西方现代化的问题

作为现代化先行者的西方现代化开启了人类历史上的工业革命,创造了巨大的物质财富,促进了西方世界的繁荣发展与文明进步。正如马克思在《共产党宣言》中说:"资产阶级在它不到一百年的阶级统治中所创造的生产力,比过去一切世代创造的全部生产力还要多,还要大。"[1] 然而,西方现代化却存在着巨大的问题、尖锐的矛盾与内在的缺陷,蕴含着内部与外部的双重对抗矛盾,呈现出显著的内部失衡性与强烈的外部扩张性特征。

1. 西方现代化具有发展严重失衡性和强烈不公平性

西方现代化是物的现代化与人的异化的现代化进程,由此形成了普遍的商品拜物教与金钱拜物教;资本主义文明还爆发出显著的文化矛盾与精神危机,资本主义的社会结构(经济秩序)和文化之间存在惊人的分裂,正是这种断裂导致了所有西方资产阶级社会的历史文化危机,这种文化矛盾将作为社会的致命分裂而长期存在。[2] 现代资本主义的发达文化工业将人类塑造成为能够在每个产品中都可以实现不断

---

[1] 《共产党宣言》,北京:人民出版社,2018年,第32页。
[2] [美]丹尼尔·贝尔:《资本主义文化矛盾》,严蓓雯译,南京:江苏人民出版社,2012年,第88页。

再生产的类型[1]，这导致了人类精神领域的荒芜衰退。资本主义现代化所塑造的正是高度丧失主体性与自反性、沦为资本积累工具的单向度的人。

与此同时，西方现代化的另一个最显著弊端就是发展的强烈不公平性，因为资本逻辑所驱动的西方现代化，是以资本的无限增殖逻辑主导的现代化，是资本累积与贫困累积的双重进程。同时，资本主义现代化无法解决贫困与贫富差距悬殊问题，因为贫困问题与贫富差距悬殊问题正是资本主义现代化的必然产物。因此几乎所有实现现代化的资本主义国家都面临严重的贫富差距，数百年来全世界最富裕国家与最贫穷国家之间的人均收入和财富差距也一直在迅速扩大。近代以来西方资本主义现代化不仅是一部各个资本主义国家内部贫困问题长久存在、贫富悬殊顽疾无法消除、社会两极分化越演越烈的历史，也是一部世界各国遭受殖民掠夺与政治经济依附、发展鸿沟难以消除、全球发展严重失衡的历史。[2]因此，西方现代化始终无法从根本上消除贫富差距悬殊与社会两极分化，资本主义现代化更是无法消除阶级剥削与压迫，注定会导致阶级矛盾的对立冲突与社会的对抗分裂。"整个社会日益分裂为两大敌对的阵营，分裂为两大相互直接对立的阶级：资产阶级和无产阶级。"[3]新自由主义更是全球化浪潮之下加速现代西方社会对抗分裂的罪魁祸首，全球最富人群与最穷人群之间的收入差

---

1 ［德］马克斯·霍克海默、西奥多·阿多尔诺：《启蒙辩证法——哲学断片》，渠敬东、曹卫东译，上海：上海人民出版社，2006年，第114页。

2 周文、肖玉飞：《共同富裕：基于中国式现代化道路与基本经济制度视角》，《兰州大学学报（社会科学版）》，2021年第6期，第10—20页。

3 《马克思恩格斯选集》第1卷，北京：人民出版社，2012年，第401页。

距呈现指数式倍增,富人与穷人之间的巨大差距鸿沟正在变成全球性的社会分裂。[1]

2. 西方现代化具有鲜明的侵略扩张性和掠夺性

近代以来西方资本主义世界的崛起是一部剑与火、血与泪的惨痛历史,西方现代化的血腥原始积累是以殖民掠夺世界其他国家和施行殖民统治作为代价,西方资本主义文明以暴力强制方式将世界各国文明强行卷入现代资本主义世界体系。所谓西方世界崛起的历史真相:"征服、奴役、劫掠、杀戮,总之,暴力起着巨大的作用。"[2] 近代以来资本主义世界体系所主导的世界现代化进程,是一部早期依靠殖民扩张与殖民统治作为原始资本积累,后期凭借帝国主义方式实行外围国家政治经济依附、榨取他国劳动价值的现代化发展史。正是强权造就了西方的富足,强权是确保富足的有效途径,富足反过来又为强权提供原动力,西方国家军事强权和国家富足相互补充、共同促进。[3]

西方现代化不仅破坏了他国实现现代化的民族国家基础和原始民族资本,使其丧失现代化的基础条件与经济前提,还锁定了发展中国家探索自主现代化的现实路径,使得发展中国家被迫服从发达资本主义国家的现代化模式和方案,成为国际垄断资本主义国际分工体系和政治经济秩序的依附性存在与边缘性角色。当前诸多发展中国家的现

---

1 [美]威廉·I.罗宾逊:《全球资本主义论:跨国世界中的生产、阶级与国家》,高明秀译,北京:社会科学文献出版社,2009年,第201页。
2 《资本论》第1卷,北京:人民出版社,2004年,第821页。
3 [美]罗纳德·芬德利、凯文·奥罗克:《强权与富足:第二个千年的贸易、战争和世界经济》,华建光译,北京:中信出版社,2012年,第255页。

代化本质是一种高度依附于西方发达资本主义国家、受到高度限制的依附性现代化,这种现代化是让渡部分甚至全部的国家主权、丧失部分甚至全部的国家能力、被动镶嵌于现代资本主义世界体系的依附性现代化[1],这种高度依附性的现代化就其本质而言并不是一种新的现代化方案,而只是原有西方资本主义现代化的翻版和复制,是为满足现代资本主义世界体系的需要而依存的。一旦无法满足现代资本主义世界体系的利益需要,这种依赖于中心——边缘结构的高度依附性的现代化就将难以为继、遭遇发展瓶颈。西方资本主义现代化是一种建立于依附关系之上,具有内在掠夺性的零和博弈方案,西方主导的现代资本主义世界体系既不希望也不支持其他国家实现现代化、突破现有的现代化版图格局。

3. 西方现代化具有隐蔽的剥削压榨性

自工业革命至今近250年的世界现代化进程中,到目前为止资本主义现代化仅推动全世界不到30个国家少于10亿人口实现工业化,资本主义现代化的广度、速度与效率都呈现高度局限性。因为西方资本主义现代化正是建立在通过资本主义世界体系压榨剥削广大发展中国家的劳动价值和经济剩余的基础之上,世界其他国家和民族成为西方世界崛起的代价与铺垫。因此这种建立于依附与被依附、压榨与被压榨、剥削与被剥削基础之上的资本主义现代化模式注定无法持久,也无法成为世界上那些希望既加快发展又保持自身独立性的国家参考的现代化方案。当今世界广大发展中国家普遍的不发达状况是资本主

---

[1] 姜辉:《中国式现代化道路的鲜明特征和重大意义——深入把握习近平总书记提出的"两个创造"的重大论断》,《财贸经济》,2021年第8期,第1—8页。

义在世界范围内扩张的结果,是资本主义发展的一种特殊形式即依附性资本主义。[1]

总体而言,西方是现代化的先行者,但远不是现代化的范本。西方现代化也不是后来者必须遵循的唯一样本,更不是衡量现代化的标准尺度。[2] 惨痛的现实早已明证,西方国家所许诺的现代化并未使得照搬照抄的发展中国家走向现代化,西方中心论的现代化叙事也并非放之四海而皆准的灵丹妙药。无论是亚洲、拉丁美洲还是非洲,照抄照搬西方现代化模式遭遇发展困境甚至停滞衰退的国家数不胜数。西方现代化道路并非发展中国家现代化的最佳选择,西方现代化的新自由主义药方甚至使得发展中国家持续形成对于发达国家的多重依附关系,在新自由主义全球化浪潮中固化现代资本主义"中心—外围"世界体系,陷入西方制度崇拜而丧失国家自主性。[3] 人类社会至今近250年的现代化历程,目前只有西方少数国家完成工业化与实现现代化,世界广大发展中国家依然徘徊于现代化的门槛之外,更不论步入迈向现代化的道路。西方资本主义强国所主导的现代化维持了西欧、北美地区的高度繁荣发达,却导致其他国家的畸形现代化与依附性现代化。因此西方资本主义现代化不是人类社会实现现代化的康庄大道,无法完成人类社会现代化的历史任务,世界需要新的现代化,人类需要通往现代化的新途径。

---

[1] [巴]特奥托尼奥·多斯桑托斯:《帝国主义与依附》,杨衍永等译,北京:社会科学文献出版社,2017年,第257页。

[2] 周文:《国家何以兴衰:历史与世界视野中的中国道路》,北京:中国人民大学出版社,2021年,第123页。

[3] 周文:《中国道路:现代化与世界意义》,杭州:浙江大学出版社,2021年,第163页。

二、中国式现代化的独特内涵

（一）现代化的协调性

中国式现代化是物质文明和精神文明相协调的现代化，是物质文明极大丰富和精神文明极大进步的现代化进程。中国式现代化不仅充分地解放和发展生产力，创造了举世瞩目的经济奇迹，创造了巨大的物质文明，而且也推动精神文明不断发展进步，社会主义精神文明建设取得历史性成就、发生历史性变革，中华文明精神的大厦正在巍然耸立。中国式现代化更是物质文明和精神文明协调发展、促进人的全面发展的现代化。丰富的物质文明是强大精神文明的基础与支撑，强大的精神力量促进物质文明的发展进步。中国共产党百年以来所领导的中国式现代化，正是"以辩证的、全面的、平衡的观点正确处理物质文明和精神文明的关系"[1]，物质生活水平和精神文化生活得到同步改善，物质文明与精神文明均衡发展、相互促进。仓廪实而知礼节，衣食足而知荣辱。

中国共产党领导人民实现全面建成小康社会的第一个百年奋斗目标，人民物质生活水平得到前所未有的提高，同时人民的精神文化生活也得到极大丰富，人的全面发展的条件、手段和内容不断得到充实、完善与实现。物质文明与精神文明的协调发展也是全面建成社会主义现代化强国、实现中华民族伟大复兴梦想的重要支柱。国家硬实力要强，国家软实力更要强。社会主义现代化强国不仅是以经济科技实力为代表的国家硬实力的强大，更要求精神文化软实力力量的强大。当

---

[1] 《习近平谈治国理政》第 2 卷，北京：外文出版社，2017 年，第 324 页。

前我国正开启全面建成社会主义现代化强国的第二个百年伟大征程，实现中华民族伟大复兴进入了不可逆转的历史进程，物质文明和精神文明相互促进、协调发展的中国式现代化必将有力促进中华民族伟大复兴梦想早日实现。

（二）现代化的体系性

建设现代化经济体系是社会主义现代化的重要实现战略。现代化是一系列现代要素及其组合方式的不同组合，现代化经济体系是科学总结国内外现代化发展道路所形成的、对于现代化大生产的系统性把握，不仅是对于经济活动的各领域、各层面与各环节的系统把握，也是对于现代化生产各要素以及要素之间内在组合关系的整体考察，注重实现现代要素的协同作用以及现代化的整体推进。[1]现代化经济体系是对现有经济现代化内涵和外延以及相关理论的拓展，这种拓展和当代中国的时代背景与面向未来的社会主义现代化强国的战略目标相结合，是中国特色社会主义伟大实践的经验总结。[2]建设现代化经济体系，既是对西方经济发展实践的经验与教训的深刻总结，又是对现代化经济发展的理论命题进行的重新思考和中国化提炼，是现代化经济发展的中国理论。现代化经济"体系论"，既突破了西方主流经济学的现代化经济发展二元论，又展现了现代化所蕴含的中国特色和中国智慧。

中国式现代化不是简单的工业化与经济现代化，不是单向的物质现代化，而是经济社会协调发展、社会得到全面发展进步与促进人的自由全面发展的现代化。近代中国面对西方列强的入侵和亡国灭种的

---

[1] 周文：《中国道路：现代化与世界意义》，杭州：浙江大学出版社，2021年，第147页。
[2] 周文：《中国道路：现代化与世界意义》，杭州：浙江大学出版社，2021年，第131页。

危机,衰落与屈辱迫使国防和军备现代化成为现代化的最紧要任务。新中国成立之后,中国共产党带领人民开启社会主义工业化和经济现代化的伟大探索。1954年全国人大第一次会议的《政府工作报告》首次提出"四个现代化",即建立强大的现代化的工业、现代化的农业、现代化的交通运输业和现代化的国防。改革开放前后,我们党深化对于现代化的认识,从强调农业现代化、工业现代化、国防现代化和科学技术现代化逐步转向建成"社会主义现代化强国"的伟大目标。党的十八大明确提出全面落实经济建设、政治建设、文化建设、社会建设、生态建设,实现"五位一体"总体布局统筹推进,促进现代化建设各方面协调发展。我国现代化建设从微观到宏观,从内容到层次,展现出鲜明的体系性、系统性与完备性。总体而言,我国现代化总体布局从经济现代化过渡到全面现代化再到全面协调各类现代化,从单一经济领域现代化到多领域现代化再到全面协调推进的现代化,我国统筹推进"五位一体"总体布局和协调推进"四个全面"战略布局,超越了以经济现代化与物质现代化为标志的西方现代化,为发展中国家创新和实现全面现代化提供重要借鉴。[1]

（三）现代化的复杂性和内聚性

中国式现代化是高度复杂的现代化,是发展环境的高度严苛、发展进程的高度压缩与发展任务的高度叠加的复杂现代化运动。自鸦片战争以来,中华民族的仁人志士先后进行洋务运动、戊戌变法、辛亥革命等一系列救亡图存探索,但是这些企图实现国家富强的现代化运动都是模仿西方资本主义范式的现代化运动,因此都以失败告终。作

---

[1] 周文:《建设现代化经济体系的几个重要理论问题》,《中国经济问题》,2019年第5期,第3—14页。

第一章 中国式现代化的独特内涵、鲜明特征与世界意义

为被延误的现代化,中国走向现代化的历程艰难在于:中国式现代化是民族国家内部衰败化,沦为资本主义世界体系的边缘化,争取民族国家独立与人民民主革命的革命化与向现代社会全面转变的现代化四重过程交织重叠、交错作用。[1]中国式现代化也是高度压缩的现代化,仅仅用了几十年的时间就完成了西方发达国家几百年的现代化历程,以不到西方国家现代化三分之一的时间完成西方200多年的现代化历程。中国的现代化更是多重现代化任务高度叠加的现代化。西方现代化是通过200多年时间依照工业化、城镇化、农业现代化与信息化顺序"串联式"发展的,我国现代化是一个工业化、信息化、城镇化、农业现代化"并联式"叠加发展的。[2]因此作为人类社会有史以来规模最大的现代化运动,中国式现代化是高度复杂的现代化进程。

中国式现代化是有目标、分阶段、有步骤地实现的现代化。现代化不是一蹴而就的,而是一个连续的、积累的发展和建设过程,是阶段性和连续性的统一。我国的现代化不是一步到位的现代化,既不好高骛远也不操之过急,而是脚踏实地一步一个脚印推进现代化建设。依据生产力发展水平与具体国情实际,新中国成立后毛泽东制定了我国"两步走"的现代化赶超战略,改革开放时期邓小平更加务实地提出了"三步走"的现代化递进发展战略,并明确提出中国式现代化的目标定位即小康社会。党的十八大以来,以习近平同志为核心的党中央取得全面建设小康社会的伟大胜利,开启了全面建设社会主义现代

---

[1] 罗荣渠:《现代化新论:世界与中国的现代化进程》,北京:北京大学出版社,1995年,第242页。

[2] 中共中央文献研究室编:《习近平关于社会主义经济建设论述摘编》,北京:中央文献出版社,2017年,第159页。

化国家新征程。五年规划是有步骤地推进我国社会主义现代化建设目标的战略安排，习近平总书记指出：从第一个五年计划，到第十四个五年规划，一以贯之的主题是把我国建设成为社会主义现代化国家。从第一个五年计划到第十四个五年规划，从小康到全面建设小康再到全面建成小康社会，从"四个现代化"到"三步走"再到"两个一百年"，我国的现代化建设连续性与阶段性相统一，战略步骤切实可行，阶段目标环环相扣，战略规划依次递进。

（四）现代化的独特性

中国式现代化是人口规模巨大、现代化体量巨大的现代化。中国式现代化是人类社会有史以来第一个实现10亿人口级别的现代化形态，将前所未有地使得占据世界五分之一的人口全面步入现代化。回顾现代化发展历程，18世纪由工业革命开启、英国领跑的现代化是千万人口级别的现代化，20世纪由美国领衔的现代化是上亿人口级别的现代化，自工业革命以来近250年的现代化进程，到目前为止人类社会完成工业化实现现代化的国家不超30个，实现现代化的人口级别不足10亿。

作为世界人口数量最多的国家，中国不仅用70多年的时间走完发达国家200多年的工业化历程，建立了全世界最完整的现代工业体系，实现从落后农业大国向世界性工业大国的历史性转变；而且将用100年时间完成西方发达资本主义国家自工业革命以来近300年的发展历程，带领14亿多中国人民全面进入现代化国家行列，创造人类历史上前所未有的规模巨大的现代化奇迹。中国将是人类社会历史上第一个在100年时间内通过社会主义现代化实现10亿人口级别超大规模现代化的国家。当中国这个世界最大发展中国家全面实现现代化、建成社会主义现代化强国之时,意味着比世界现在所有发达国家人口总和还多的14亿多中国人民整体实现现代化,这不仅是中华民族伟大复兴的重大历史跨越,也是人类历史前所未有的伟大壮举。这一人口规模巨大、体量巨大的现代化奇迹,不仅将完全拓展人类社会现代化的范围,彻底改写现代化的世界版图,而且将对人类社会产生广泛的、深远的影响。

(五)现代化的优越性

中国式现代化的社会主义市场经济体制显示出巨大的优越性。"在社会主义条件下发展市场经济,是我们党的一个伟大创举。我国经济发展获得巨大成功的一个关键因素,就是我们既发挥了市场经济的长处,又发挥了社会主义制度的优越性。"[1]建立社会主义市场经济体制是我们党前所未有的伟大创造,社会主义市场经济发挥社会主义制度的优越性,可以有效防范资本主义市场经济的弊端。正是社会主义市场经济体制创造了经济增长奇迹、共享发展奇迹与稳定发展奇迹,极大地解放和发展了社会生产力,取得了举世瞩目的辉煌成就。

社会主义市场经济开创了人类社会现代化的新动力与新路径,彰显了中国式现代化的巨大优越性。中国式现代化不同于西方现代化就在于在社会主义制度下引进了市场机制,更好地发挥了价值规律作用,充分调动了生产者的积极性,增强了经济活力和效率,从而避免了西方现代化的弊端。中国式现代化是对现代化实践的丰富和发展,但是西方却仍然固守和束缚于几百年前的发展道路,同时又对自身缺乏深刻反思,既不能处理好对内与对外的关系,又不能处理好市场与

---

1 中共中央文献研究室编:《习近平关于社会主义经济建设论述摘编》,北京:中央文献出版社,2017年,第64页。

政府的关系，因而反受其乱。特别是 2008 年金融危机以来，西方现代化越来越受到广泛质疑，越来越多的国家对西方发展模式开始动摇，让西方标榜的现代化优越性黯然失色、光芒不再。今天的西方世界，由于沉迷于自己的固化理念而无力自拔，并把这种理念当成衡量现实和实践的标准，从而丧失了解决问题和推进国家发展的能力。

三、中国式现代化的鲜明特征

中国式现代化是适应中国国情、符合中国特点、发挥中国优势、具有中国特色的原创性现代化。中国式现代化的鲜明特征显著体现为：坚持中国共产党的坚强领导、坚持社会主义方向、坚持独立自主、坚持对外开放。

（一）坚持中国共产党的坚强领导是中国式现代化成功的根本保证

西方现代化是以资本为中心、遵从资本逻辑自发驱动、以实现资本无限累积为目的的现代化运动。中国式现代化是由中国共产党团结带领中国人民历经艰难探索、付出巨大代价所开辟出来的正确道路。中国共产党诞生于中华民族孜孜以求实现现代化的危难存亡之际，无数仁人志士轮番上台寻求中国富强的各种现代化方案宣告失败的主要原因，正是在于缺乏先进的政党领导。只有中国共产党才能担当带领中国人民实现现代化的历史重任。世界现代化的发展历史也已证明：坚强有力的执政党是后发国家探索自主现代化、推进现代化进程、实现现代化目标的关键所在。没有坚强的政党领导，后发国家难以避免遭受西方现代化霸权的误导，更难完成自身的现代化之路。拉美国家正是由于缺乏坚强的政党领导现代化事业，误服新自由主义的错误现代化"药方"，最终陷入经济社会发展停滞的陷阱。中国特色社会主义，最本质的特征是中国共产党领导。实现社会主义现代化是一项复杂艰巨、浩瀚庞大的长期社会系统工程，中国共产党是中国式现代化的坚强领导核心，是中国式现代化建设的"领航者"，是亿万人民现代化建设事业的"主心骨"。

中国式现代化是中国共产党激发人民群众的创新智慧、发挥亿万人民的主体力量、凝聚全体人民强大合力的现代化。"办好中国的事情，关键在党。"[1] 百年以前，中国共产党开启中国式现代化的伟大征程；百年以来，中国共产党带领中国人民持续探索现代化的中国道路，成功走出独具特色的中国式现代化；百年征程，中国共产党团结领导人民，创造了举世瞩目的发展成就，造就了前所未有的人类社会现代化奇迹。正是中国共产党的坚强领导，坚持以人民为中心，充分发挥社会主义制度优势，激发全体人民积极性、主动性与创造性，汇聚成全体人民建设社会主义现代化的强大合力与蓬勃伟力。

正是由于中国共产党的坚强领导，中国人民才能开创超越西方资本主义现代化的社会主义现代化，才能有力驾驭我国现代化建设大局，并且一以贯之地推进社会主义现代化事业，才能锚定社会主义现代化强国目标、赓续接力实现社会主义现代化。面对人类社会有史以来规模最为庞大、任务最为艰巨、影响最为深远的现代化运动，只有中国共产党的坚强领导，充分发挥党总揽全局、协调各方的领导核心

---

[1]《习近平谈治国理政》第3卷，北京：外文出版社，2020年，第331页。

作用,发挥社会主义制度"集中力量办大事"的独特优势,长远谋划、顶层设计、统筹协调,一以贯之地赓续接力,一心一意地推进现代化,团结凝聚中华民族万众一心、无坚不摧的强大合力,才能领导中国人民开辟中国式现代化,实现全面建成小康社会的宏伟现代化目标,开启全面建成社会主义现代化强国新征程。因此中国共产党的坚强领导,既是中国特色社会主义现代化建设取得辉煌成就的最根本原因[1],也是不断推动中国式现代化行稳致远的最根本保证。

(二)坚持社会主义方向是中国式现代化的根本特征

方向决定道路,道路决定命运。方向问题是至关重要的问题,方向问题鲜明地决定着现代化的性质与成败。历史已经做出回答:资本主义现代化在中国行不通,近代中国为寻求国家富强而轮番登场的各种资本主义范式的现代化方案无一例外都宣告失败。社会主义现代化道路是历史的结论和人民的选择,也是我国实现现代化的必然选择。中国的现代化只能走社会主义的现代化,而不能走资本主义的现代化。早在社会主义革命和建设时期,毛泽东就已经指明了中国的前进方向:"只有社会主义才能救中国,社会主义制度促进了我国生产力的突飞猛进的发展。"[2] 毛泽东同志带领中国人民完成社会主义革命,确立社会主义制度,推进社会主义建设,实现了从一穷二白、人口众多的东方大国大步迈进社会主义社会的伟大飞跃。邓小平指出:"我们要实现工业、农业、国防和科技现代化,但在四个现代化前面有'社会主

---

[1] 周文、方茜:《中国特色社会主义拓展了发展中国家走向现代化的途径》,《求是》,2018年第6期。

[2] 《毛泽东文集》第7卷,北京:人民出版社,1999年,第214页。

义'四个字,叫'社会主义四个现代化'。"[1] 面对改革开放初期新自由主义的浪潮的冲击,邓小平一再强调:"在改革中坚持社会主义方向,这是一个很重要的问题。"[2] 苏东社会主义国家由于遭遇发展道路上的挫折,偏离社会主义方向,动摇社会主义信念,丢失科学社会主义基本原则,转向新自由主义的错误现代化方案,最终掉入西方制造的现代化发展陷阱。

习近平总书记强调:"科学社会主义原则不能丢,丢了就不是社会主义。"[3] 中国式现代化是社会主义的现代化,而不是什么别的现代化。中国式现代化的巨大成就,正是社会主义现代化巨大优越性的体现。改革开放以来中国式现代化的巨大成功,正是在于拒绝新自由主义的资本主义现代化方案的误导,牢牢坚持社会主义的正确前进方向。建成现代化强国、实现中华民族伟大复兴的征程,社会主义是须臾不可变更的前进方向。无论我国的现代化如何发展,社会主义方向都是坚决不可动摇的。

共同富裕是社会主义的本质要求,是中国式现代化的重要特征。中国式现代化是实现全体人民共同富裕的现代化。共同富裕本身就是社会主义现代化的重要目标。中国式现代化不是以资本为中心,贫富差距悬殊、两极分化的现代化,而是坚持以人民为中心,全体人民共享改革发展成果,逐步实现共同富裕的现代化。中国共产党自从成立之日起,就将实现共同富裕作为奋斗目标。历经百年风雨征程和不懈努力,中国共产党团结带领人民彻底消除绝对贫困,全面建成小康社

---

1 《邓小平文选》第3卷,北京:人民出版社,1993年,第138页。
2 《邓小平文选》第3卷,北京:人民出版社,1993年,第138页。
3 《习近平谈治国理政》第3卷,北京:外文出版社,2020年,第76页。

会，中华民族伟大复兴梦想迈出关键一步，也书写了人类减贫史上的奇迹。在全面建成小康社会基础上，开启全面建成社会主义现代化强国就是要不断推动人的全面发展、推进全体人民共同富裕取得更加实质性的进展。探索在一个拥有14亿多人口的国家实现全体人民共同富裕，这是一项前所未有的宏大现代化工程，也是近代以来西方资本主义现代化从未完成也不可能完成的现代化梦想。

（三）坚持独立自主是中国式现代化的重要原则

习近平总书记回顾中国共产党百年奋斗征程时指出："走自己的路，是党的全部理论和实践立足点，更是党百年奋斗得出的历史结论。"[1]西方依附性现代化道路通过发达国家主导的不公正不合理的国际分工体系以及政治经济秩序，压榨剥削后发国家，后发国家丧失发展独立性与自主性而被迫依附于发达国家。拉美陷阱正是高度依附资本主义世界体系、丧失国家经济主权、被迫接受新自由主义改造的恶果。所谓中等收入陷阱正是目前发展中国家高度依附性现代化遭遇发展瓶颈、难以突破西方限制性现代化天花板的例证。我国坚持走独立自主的现代化道路，既不走封闭僵化的老路，也不走改旗易帜的邪路[2]，而是坚定道路自信、理论自信、制度自信、文化自信，坚定不移地走独立自主、自力更生的中国式现代化。中国式现代化既不走殖民扩张与殖民统治的殖民性现代化老路，也不走政治经济文化社会丧失独立性的依附性现代化弯路，而是走出了一条符合中国国情实际、充分发挥制度优势、展现中国特色、独立自主自强的现代化道路。

---

[1] 习近平：《在庆祝中国共产党成立100周年大会上的讲话》，《人民日报》，2021年7月2日。
[2] 《习近平谈治国理政》第3卷，北京：外文出版社，2020年，第13页。

习近平总书记强调："当代中国的伟大社会变革，不是简单延续我国历史文化的母版，不是简单套用马克思主义经典作家设想的模板，不是其他国家社会主义实践的再版，也不是国外现代化发展的翻版。"[1] 党的十九届六中全会概括了具有重大的历史意义和现实指导意义的十条历史经验，其中一条就是"坚持独立自主"。独立自主是中华民族精神之魂，是我们立党立国的重要原则。正是因为我们党始终坚持独立自主，立足自身国情和实践，解决中国的现实问题，才能在革命年代开辟农村包围城市、武装夺取政权的正确道路，在建设时期建立起比较完整的工业体系和国民经济体系，在改革开放以后用几十年时间就走完发达国家几百年走过的工业化历程，在中国特色社会主义新时代推动党和国家事业取得历史性成就、发生历史性变革。正因为始终坚持独立自主，我们才能成功走出中国式现代化，创造人类文明新形态。

（四）坚持对外开放是中国式现代化成功的重要法宝

开放带来进步，封闭导致落后。"关起门来搞建设是不行的，发展不起来。"[2] 关起门来的现代化建设也注定行不通，是不可能成功的。任何一个国家要发展，孤立起来、闭关自守是不可能的。任何一个国家的现代化事业，都不可能闭门造车，脱离世界独自发展。开放是国家繁荣发展的必由之路，开放发展是中国式现代化的题中应有之义。我国现代化顺应现代化的开放发展规律与经济全球化的世界发展潮流，积极融入世界现代化进程，主动参与国际体系分工。实践已经证明：改革开放是当代中国发展进步的活力之源，改革开放是中国大踏步赶

---

1 《习近平谈治国理政》第3卷，北京：外文出版社，2020年，第76页。
2 《邓小平文选》第3卷，北京：人民出版社，1993年，第64页。

上时代的重要法宝。改革开放为中国式现代化开启了腾飞的大门，对外开放不仅深刻改变了中国，也深刻影响了世界经济。中国从对外开放中获益，同时又通过积极参与经济全球化为世界经济做出了巨大的贡献。[1] 2020年中国经济总量占世界经济总量的比重超过17%，2008年国际金融危机以来对世界经济增长的年均贡献率接近30%。[2] 中国经济高质量发展将给世界带来更多的机遇。麦肯锡全球研究院的研究报告显示，到2040年，中国和世界其他经济体的彼此融合有望创造22万亿至37万亿美元的经济价值，相当于全球经济总量的15%—26%。[3] 中国不仅是"世界工厂""世界市场"，也是世界研发基地和创投中心，在全球供应链、产业链和价值链中均占有重要地位。

中国过去40多年的经济发展奇迹是在开放的条件下取得的，未来经济实现高质量发展也必须在更加开放的条件下进行。中国式现代化的活力来自开放，只有对外开放才能发展好中国经济，同时又能让中国经济更好地融入世界经济，对外开放是中国式现代化成功的重要经验。坚持对外开放不但发展壮大自己、实现繁荣富强，而且可以进一步推动互利合作共赢、推动构建人类命运共同体。当前，国际上出现了一些反经济全球化的逆潮，一些国家实行保护主义、单边主义政策，破坏以规则为基础的国际秩序，严重干扰了世界经济的稳定复苏。正如习近平总书记所指出的："世界经济的大海，你要还是不要，都在那儿，是回避不了的。想人为切断各国经济的资金流、

---

[1] 周文、冯文韬:《中国奇迹与国家建构——中国改革开放40年经验总结》,《社会科学战线》,2018年第5期,第27—36页。

[2] 马建堂:《党领导经济建设的伟大成就和经验启示》,《人民日报》,2021年7月6日。

[3] 钟声:《"世界之中国"的时代内涵》,《人民日报》,2019年9月30日。

技术流、产品流、产业流、人员流,让世界经济的大海退回到一个一个孤立的小湖泊、小河流,是不可能的,也是不符合历史潮流的。"[1] 中国式现代化为经济全球化的新时代描绘了一幅新的蓝图。可以预见,这将大大增强国际社会对实现世界经济复苏的信心,有力遏制逆全球化的浊浪,助推世界经济走上强劲、可持续、平衡、包容增长之路。

四、中国式现代化的世界意义

(一)中国式现代化开辟了现代化新路

中国式现代化坚决不走西方国家对内掠夺压榨、对外殖民扩张的殖民主义老路,而是破除西方国家掠夺剥削他国的资本主义现代化窠臼,走出一条和平崛起、互利共赢的和平发展道路。新中国成立以来我国没有主动发动一起战争,没有侵占他国一寸土地。中国从一个积贫积弱的国家发展成为世界第二大经济体,靠的不是对外军事扩张和殖民掠夺,而是人民勤劳、维护和平。[2] 新中国 70 多年来的伟大发展奇迹绝不是也不可能是依靠他国的施舍和恩赐得来的,而是中国共产党团结带领勤劳勇敢的中国人民锲而不舍、赓续接力,付出超乎想象的艰辛努力,依靠勤劳智慧苦干实干拼搏得到的。中国的和平崛起,既改写了近代以来西方大国凭借暴力实行霸权扩张的发展逻辑,也改

---

1 《习近平谈治国理政》第 2 卷,北京:外文出版社,2017 年,第 478 页。
2 习近平:《共同构建人类命运共同体》,《人民日报》,2017 年 1 月 20 日。

写了大国崛起之后称王称霸的历史宿命。[1] 中国既以自身发展维护世界和平，中国式现代化是致力于实现世界和平和睦和谐的现代化，14亿人口的中国和平崛起本身就是对于世界和平的重大贡献；中国也积极以自身发展带动他国发展，中国式现代化不是牺牲别人发展自己的现代化，而是合作共赢、共同发展、促进世界发展繁荣的现代化，"一带一路"建设为世界提供更多的发展机遇与成果，人类命运共同体致力于建设持久和平共同繁荣的世界。

西方现代化曾经率先引领人类进入现代社会，然而资本主义现代化注定存在着内在的矛盾弊端、制度缺陷与历史局限。资本主义生产方式越发展，西方现代化危机愈加凸显，当前西方国家的尖锐矛盾冲突与经济社会乱象，已经揭示出西方现代化之路正在步入穷途末路。中国式现代化既克服了西方现代化的矛盾弊端，超越了资本逻辑主导的西方现代化，又不断探索人类现代化新高度，不断赋予现代化新内涵、新路径与新境界。中国共产党正在领导中国人民，在中国式现代化中创造面向未来的人类文明新形态。中国式现代化正致力于创造实现人的自由全面发展、社会全面发展进步与促进世界共同发展繁荣的人类文明新形态。中国式现代化发展正是顺应世界历史发展趋势，肩负人类文明形态变革伟大使命，充分满足人类社会发展价值诉求，驾驭资本、扬弃资本逻辑与吸收借鉴资本主义文明发展成果，竭力推动人类社会形态实现从物的依赖基础迈向自由全面发展的人类文明新形态。"中国共产党将团结带领中国人民深入推进中国式现代化，为人类

---

[1] 《习近平新时代中国特色社会主义思想基本问题》，北京：中共中央党校出版社，2020年，第159—160页。

对现代化道路的探索作出新贡献。"[1] 中国式现代化既超越了西方资本主义现代化道路，又发展创新了人类现代化的实践路径，提升了人类社会现代化的水平与高度。

（二）中国式现代化拓展了发展中国家走向现代化的新途径

第二次世界大战结束以后，广大发展中国家虽然摆脱了殖民统治，赢得了民族独立与人民解放，然而却未能摆脱对于资本主义发达国家的政治经济依附状态。特别是苏联解体、冷战格局结束以后，美国成为世界超级大国，不遗余力地在全球范围推行新自由主义方案，推销资本主义现代化模式。依附性现代化是后发国家通过让渡部分甚至全部政治经济主权以被纳入现代资本主义世界体系，获取发达资本主义集团分割的国际分工秩序、国际贸易活动以及国际金融援助，高度依赖与寄托发达资本主义国家发展进程的畸形现代化模式。中国式现代化打破了西方资本主义世界体系"核心国家"与"外围国家"之间统治与依附的不平等关系，破解了实现现代化与让渡独立性的西方现代化悖论，以更加独立自主的姿态屹立于世界东方，以更加昂扬雄伟的气势步入人类社会现代化强国。经历过帝国主义的殖民入侵、资本主义世界体系的围追堵截以及新自由主义全球化的浪潮冲击，中国这个世界最大发展中国家的现代化历程，典型地代表着诸多曾经遭受西方殖民侵略、第二次世界大战以后摆脱殖民统治、实现民族独立人民解放的国家实现现代化所面临的制约条件，中国式的现代化是真正值得广大发展中国家学习和借鉴的现代化。

环顾近代以来世界各国的现代化历程，但凡成功实现现代化的国

---

[1] 习近平：《加强政党合作 共谋人民幸福》，《人民日报》，2021年7月7日。

家都是依据本国具体实际自主选择适合自身的现代化道路,一味照抄照搬、盲目模仿他人则普遍遭受失败挫折、鲜有成功案例。作为拥有5000多年文明史、漫长的农业社会发展史、人口数量最多、世界最大的发展中国家,中国的现代化没有任何既定的道路可以直接套用,也没有任何现成的模式可以拿来就用。中国的现代化不存在现成的答案,只会产生于脚踏实地的探索中;中国的现代化也不需要外来的所谓标准答案,人类社会现代化注定会留下中国道路的辉煌篇章。现代化不是西方经典模式的单选题,而是世界各国共同探索的开放题;现代化也不是资本主义模式的单行道,而是人类文明争相绽放的百花园。习近平总书记强调:"现代化道路并没有固定模式,适合自己的才是最好的,不能削足适履。每个国家自主探索符合本国国情的现代化道路的努力都应该受到尊重。"[1]中国式现代化的成功表明:没有任何一种发展模式可以适合所有国家,人类社会并不存在放之四海而皆准的发展道路。相较于西方发展路径,中国式现代化更契合发展中国家的现实需要,更能有效助推发展中国家的改革实践,丰富发展中国家实现现代化的路径选择。[2]中国式现代化是一条行之有效又可资借鉴的现代化道路,拓展了发展中国家走向现代化的新途径。

(三)中国式现代化既发展自身又造福世界

中国式现代化是人类历史上前所未有的大变革。中国式现代化,既是为中国人民谋幸福、为中华民族谋复兴的道路,也是为人类社会谋进步、为世界人民谋大同的道路。当代中国的伟大成就,不仅彰显

---

[1] 习近平:《加强政党合作 共谋人民幸福》,《人民日报》,2021年7月7日。
[2] 周文、方茜:《中国特色社会主义拓展了发展中国家走向现代化的途径》,《求是》,2018年第6期。

第一章 中国式现代化的独特内涵、鲜明特征与世界意义

了中国式现代化道路的强大生机和活力,中国式现代化所蕴含的新国际合作观和合作模式,更加有助于发展中国家之间的互利合作共赢,避免了传统现代化发展中的地缘竞争陷阱,有望从根本上扭转现代化进程中富国越来越富、穷国越来越穷的发展格局。[1] 新中国 70 多年来特别是改革开放 40 多年来的伟大现代化进程,不仅维护了世界和平稳定、为世界人民提供了巨大的物质财富,还有力推动了国际分工体系深化、促进了世界经济繁荣发展、增进了世界各国人民福祉。中国式现代化创造了中西"大分流"之后中国经济的发展奇迹,扭转了中西"大分流"以后东亚社会与西方世界的发展鸿沟,推动以中国为代表的东亚社会逐步达到与西方世界的平衡。中国式现代化的伟大实践和巨大成就宣告了西方现代化霸权的历史终结。[2]

中国式现代化既以举世瞩目的伟大成就发展自身,又积极通过开放合作、互利共赢造福世界。中国式现代化所蕴含的中国智慧破解现代化发展的世界命题,使更多发展中国家可以更好搭上驶向现代化发展繁荣的"中国高铁"。中国顺应世界开放潮流,通过扩大开放持续惠及全球,积极彰显大国担当,携手各国构建人类命运共同体,为世界未来共同发展贡献中国智慧,为推动人类社会共同进步做出中国贡献。[3] 中国式现代化的巨大成功打破了西方现代化的唯一神话,瓦解了现代化的资本主义单一路径,突破了西方文明长期以来对于人类文明发展

---

[1] 周文:《国家何以兴衰:历史与世界视野中的中国道路》,北京:中国人民大学出版社,2021 年,第 337 页。

[2] 周文:《国家何以兴衰:历史与世界视野中的中国道路》,北京:中国人民大学出版社,2021 年,第 330 页。

[3] 周文:《中国道路:现代化与世界意义》,杭州:浙江大学出版社,2021 年,第 257—258 页。

道路的垄断与限制，破除了遮蔽现代文明的西方中心主义霸权行径与意识形态陷阱。因此，中国式现代化的世界意义正是在于中国开辟了将本国和世界从西方资本主义主导的世界体系中解放出来[1]的全新道路，中国将破除近代以来世界历史沦为西方史的文明困境，这意味着一个人类全新文明秩序的诞生。[2]

---

[1] ［意］乔万尼·阿里吉：《亚当·斯密在北京：21世纪的谱系》，路爱国等译，北京：社会科学文献出版社，2009年，第389页。

[2] ［英］马丁·雅克：《当中国统治世界：中国的崛起和西方世界的衰落》，张莉、刘曲译，北京：中信出版社，2010年，第292页。

第二章

中国式现代化的共同特征与中国特色

一、现代化的内涵、一般规律与共同特征

从历史实践角度来看,现代化虽产生于西方,却不等于西方。现代化并非西方国家的专利,而是具有普适性的历史发展过程。正如尤尔根·哈贝马斯(Jürgen Habermas)所说,"没有理性可以存在于真空当中"[1],现代化也一样,没有存在于真空当中的现代化。因而现代化既属于西方,也属于全世界。中国式现代化是现代化的一种模式,当然也具备各国现代化的共同内涵与特征。因此,通过分析人类现代化的内涵、一般规律和共同特征,能够更好地探讨中国式现代化的共同特征。

(一)现代化的内涵

现代化是人类文明的一种深刻变化,是遍及世界各地的,全球性、系统性、革命性、持续性的,从传统到现代的物质、结构、观念的革新与转型。从不同的领域、学科属性和专业知识出发,学者们对现代化进

---

1 [德]尤尔根·哈贝马斯:《后民族结构》,曹卫东译,上海:上海人民出版社,2002年,第195页。

行了多维度的研究与论述。

从经济学角度出发,学者们认为现代化一定程度上可以用工业和服务业在社会中所占比重、人均国民收入以及人对环境的控制能力来衡量。例如,经济学家阿瑟·刘易斯(Arthur Lewis)提出了"二元经济模型",认为发展中国家的经济由传统农业部门和现代资本主义部门两个不同的经济部门组成。而现代化的过程,就是不断减少传统农业部门的重要性,建成一个发达资本主义社会的过程。[1]华尔特·W.罗斯托(Walt W. Rostow)认为现代社会就是具备经济上自我持续增长能力的社会,创造性地提出了"罗斯托增长阶段理论"(Rostow's stages of economic growth)。他将经济增长分为五个基本阶段,即"传统社会阶段、起飞前提聚阶段、起飞阶段、趋向成熟阶段和高频消费阶段"[2];并在《政治与增长阶段》一书中追加了"追求生活质量阶段"。在罗斯托看来,现代化进程中最重要的是"起飞阶段",起飞完成后,社会才开始逐步向现代化过渡。马里昂·列维(Marion Levy)则主张以非生命能源的运用占所有能源的比例来衡量现代化,表示"认定一个社会是较高现代化还是较低现代化,根据的是该社会成员使用无生命能源和(或)使用工具来增加他们努力效果的程度"[3]。还有一些经济学家从人对环境的控制能力出发,把现代化定义为"人类通过这一过程将增强

---

[1] Arthur W. Lewis, "Economic Development with Unlimited Supplies of Labour", *The Manchester School*, 22(1954).

[2] [美]W. W.罗斯托:《经济增长的阶段:非共产党宣言》,郭熙保、王松茂译,北京:中国社会科学出版社,2001年,第10页。

[3] 谢立中、孙立平主编:《二十世纪西方现代化理论文选》,上海:上海三联书店,2002年,第104—105页。

第二章　中国式现代化的共同特征与中国特色

对外部环境的控制能力作为提高人均产量的手段"[1]。

从社会学,尤其是从结构—功能主义角度出发,学者们更多地强调结构功能的"分化",认为现代社会和传统社会的根本区别在于社会分层化和整合的程度。例如,塔尔科特·帕森斯(Talcott Parsons)把社会的发展过程看作结构的进步性分化和功能的专门化,他认为:"现代工业主义所需要的社会整体结构主要部分的经济生产力基本取向,在分化过程达到十分先进的阶段以前是不会出现的。"[2]A. R. 德赛(A. R. Desai)提出"现代化是对个人行动与制度结构的高度分化与专门化"[3]。詹姆斯·奥康内尔(James O'Connell)认为在现代化过程中,传统的社会或前技术的社会逐渐消失,转变为另一种社会,其特征是具有机械技术以及理性的或世俗的态度,并具有高度差异的社会结构。[4]什缪尔·N. 艾森斯塔德(Shmuel N. Eisenstadt)将解体和脱节视为现代化的基本部分,并把现代化看作高度的结构分化与社会流动的过程。他表示"现代化需要社会所有主要领域产生持续变迁这一事实,意味着它必然因接踵而至的社会问题、各种群体间的分裂和冲突,以及抗拒、抵制变迁的运动,而包含诸种解体和脱节的过程"[5]。"维系社会系统存

1　[美]斯塔夫里阿诺斯:《全球通史:从史前史到21世纪》下册,吴象婴等译,北京:北京大学出版社,2012年,第306页。

2　[美]T. 帕森斯:《现代社会的结构与过程》,梁向阳译,北京:光明日报出版社,1988年,第84页。

3　[印]A. R. 德赛:《重新评价现代化概念》,载[美]塞缪尔·亨廷顿等著,罗荣渠主编:《现代化:理论与历史经验的再探讨》,张景明译,上海:上海译文出版社,1993年,第30页。

4　[美]詹姆斯·奥康内尔:《现代化的概念》,载[美]西里尔·E. 布莱克编:《比较现代化》,杨豫、陈祖洲译,上海:上海译文出版社,1998年,第19页。

5　[以]S. N. 艾森斯塔德:《现代化:抗拒与变迁》,张旅平、沈原等译,北京:中国人民大学出版社,1988年,第23页。

在的资源必须从不同的社会群体中动员出来，因此，各个社会群体的成员不仅在现有的制度中活动，而且在其他制度中活动。"[1]

从政治学角度出发，学者们主要从政治机构的改革、组织结构的分化和政治参与的扩大来解释现代化。例如，塞缪尔·P. 亨廷顿（Samuel P. Huntington）通过对第三世界国家的总体评估得出了一个结论，即"第三世界新兴国家，除了若干共产党国家外，从传统到现代的过渡时期就是一个克服社会动荡和防止政治衰朽的历史阶段"[2]。他把强大的政府看作现代化的有力保障，指出世界各国之间的最大差别不是他们的政治形式，而是他们政府实行有效统治的程度。一个政府是否强大和稳定，取决于它能否实现政治制度化与群众参与度的平衡。这就意味着强大且稳定的政府，既要有推动经济发展与社会进步的能力，又要具备将现代化所产生的社会力量吸进政治系统的能力，从而实现政治参与和政治制度化的平衡。

从心理学角度出发，学者们普遍认为人们的性格、心理和行为的变化是现代化过程中的关键因素。例如大卫·C. 麦克勒兰德（David C. McClelland）提出的成就动机理论（achievement motivation），他认为企业家能力与国民经济的发展有着密切联系，而成就动力值能够提高人们的工作效率，为社会造就更多优秀的企业家；反过来，这批企业家会推动经济社会更快地发展。在麦克勒兰德看来，人们头脑

---

[1] Shmuel N. Eisenstadt, "Process of Change and Institutionalization of the Political System of Centralized Empires", in *Explorations in Social Change*, eds. G. K. Zollschan and Walter Hirsch, New York: Houghton Mifflin, 1964.

[2] ［美］塞缪尔·P. 亨廷顿：《变化社会中的政治秩序》，王冠华、刘为译，沈宗美校，上海：上海人民出版社，2021年，序言，第3—4页。

第二章 中国式现代化的共同特征与中国特色

中的变化能够推动经济增长,因此他提出,"一个国家的经济发展不能仅仅从资本形成率等经济因素来理解,还要从成就动力值水平的角度来理解"[1]。智利知识界的领袖萨拉扎·班迪(Salazar Bandi)曾说过:"落后和不发达不仅仅是一堆能勾勒出社会经济图画的统计指数,也是一种心理状态。"阿历克斯·英格尔斯(Alex Inkeles)在班迪的基础上提出了"现代人的理论",他认为一个国家的经济增长与社会发展和国民的心理状态息息相关,在任何时代、任何社会,人都是现代化进程中不可或缺的组成部分。他表示,"如果一个国家的人民缺乏能够赋予先进制度以生命力的广泛的现代的心理基础,如果执行和运用这些现代制度的人,自身还没有从心理、思想、态度和行为方式上都经历一个现代化的转变,失败和畸形发展的悲剧结局是不可避免的"[2]。

除经济学、社会学、政治学、心理学等研究方向外,还有学者从历史学、人类学、传播学等角度出发研究现代化,例如历史学家西里尔·E. 布莱克(Cyril E.Black)认为,"现代化是近世以来知识爆炸性增长所带来的结果",在现代化过程中,"历史上形成的制度发生着急速的功能变迁——它伴随着科技革命的到来,反映了人类知识的空前增长,从而使人类控制环境成为可能"[3]。人类学家曼宁·纳什(Manning Nash)认为:"现代化是使社会、文化和个人各自获得经过检验的知识,

---

[1] David C. McClelland, "National Character and Economic Growth in Turkey and Iran", in *Communications and Political Development*, ed. Lucian Pye, Princeton, 1963, p.172.

[2] [美]阿历克斯·英格尔斯等:《人的现代化》,殷陆君编译,成都:四川人民出版社,1985年,第4页。

[3] [美]C. E. 布莱克:《现代化的动力》,景跃进、张静译,杭州:浙江人民出版社,1989年,第6页。

并把它运用于日常生活的一种过程。"[1]传播学家丹尼尔·勒纳（Danniel Lerner）则认为现代化是由国际或社会间的交流触发的，"欠发达国家通过这样的社会变化获得比较发达的现代工业社会的共同特征"[2]。

（二）现代化的一般规律与共同特征

现代化发展是世界各国的普遍期盼与追求，其一般性规律与普遍性特征也建立在各国的国情与实践基础之上，主要指进程中的一些共性经验。

首先，现代化过程涵盖了政治、经济、文化、社会等多方面内容，是全社会范围内一系列现代要素及其组合方式连续发生的从低级到高级的突破性变革过程。[3]概括起来，现代化可以看作经济领域的工业化、政治领域的民主化、社会领域的城市化以及价值观念领域的理性化的互动过程。[4]现代化的第一次浪潮发生在18世纪下半叶到19世纪中期，发端于英国而后向西欧扩散的工业化进程。这次浪潮不仅仅是经济、技术与生产方式的变革，还包括了广泛的政治与社会变革，是史无前例的经济革命与政治革命结合的"双元革命"。在英国工业革命发生的同时，还包括1776年的美国独立战争、1789年的法国大革命、1810年的拉丁美洲独立战争与1820年的葡萄牙资产阶级革命。这些

---

[1] [美]贝迪阿·纳思·瓦尔马：《现代化问题探索》，周忠德、严炬新编译，北京：知识出版社，1983年，第12页。

[2] [美]丹尼尔·勒纳：《现代化》，载《国际社会科学百科全书》第6卷，第386页，转引自[美]西里尔·E.布莱克编：《比较现代化》，杨豫、陈祖洲译，上海：上海译文出版社，前言，第1页。

[3] 周文：《中国道路：现代化与世界意义》，杭州：浙江大学出版社，2021年，第122页。

[4] [美]西里尔·E.布莱克编：《比较现代化》，杨豫、陈祖洲译，上海：上海译文出版社，1998年，前言，第7页。

第二章　中国式现代化的共同特征与中国特色

革命联合在一起，共同构成了"大西洋革命"时代。在此期间，首批完成工业革命的国家（如英、法、美）快速实现了现代化。第二次现代化浪潮发生在19世纪下半叶到20世纪初，主要由第二次工业革命推动。相较于第一次工业革命，以电气化为主要标志的第二次工业革命极大提高了社会生产力，并推动现代化的范围迅速从西欧扩大到了东欧和北美地区。在此期间，经济领域的变革为政治领域的发展奠定了基础，带来了政治上的法治化、民主化，同时也促进了思想上的科学化和社会生活的文明化。第三次现代化浪潮发生在20世纪中叶至今，是从"二战"恢复中建立起来的、与新技术革命相伴而生的、真正意义上席卷全球的现代化。正如吉尔伯特·罗兹曼（Gilbert Rozman）强调，现代化是"各社会在科学技术革命的冲击下，已经历或正在进行的转变过程"，是"人类历史上最剧烈、最深远并且显然是无可避免的一场社会变革"。[1] 社会信息化、智能化、微电子工程、生物工程、宇航工程和海洋工程逐渐成为新兴工业的主干，使人们生活方式多样化、价值观念多元化，人们更加注重生态环境等。由此可见，现代化既包括经济的增长与效率的提升，也包括政治的稳定、文化的繁荣、科技的创新和生态的改善。

其次，现代化进程以市场配置资源为基本方式，以政府的宏观调控为必要手段。17世纪下半叶到19世纪中叶，资本主义迅速发展，工业革命掀起，最终形成了以英国为代表的市场经济模式。在此期间，自由放任经济政策占据主导地位，主张经济的自主经营、自由竞争与自由贸易。以亚当·斯密（Adam Smith）为代表的经济学家，普遍认

---

[1] ［美］吉尔伯特·罗兹曼主编：《中国的现代化》，国家社会科学基金"比较现代化"课题组译，南京：江苏人民出版社，1995年，第4—5页。

为生产者与消费者能够在自我利益的引导下有效地进行生产和消费。1776年,斯密的巨著《国富论》的问世,标志着古典经济学的建立。他强调自由竞争和价值规律对市场的作用,并将自由主义经济思想建立在"看不见的手"理论上,认为"总的来说,到目前为止,最好的监管(政府政策)就是顺其自然"。19世纪70年代到20世纪70年代,经历了两次世界大战与世界经济危机的西方国家经济失调、失业严重,市场配置资源的局限性和弊病逐渐显现,自由贸易遭受了前所未有的冲击。正如马克思所说,"商品生产者及其生产资料在社会不同劳动部门中的分配上,偶然性和任意性发挥着自己的杂乱无章的作用"[1]。在此背景下,约翰·M.凯恩斯(John M. Keynes)提出了国家干预的经济政策,强调宏观经济政策对市场的干预、调控和指导。在凯恩斯看来,产生经济危机和非自愿失业的原因是有效需求不足,而"资本之边际效率则变化多端,非常不稳定,故有效需求很难维持在一个高的水准"[2]。因此,他提出要解决有效需求不足,不能靠市场经济的自发调节,而必须靠国家的干预,特别是财政税收的干预。20世纪80年代初期至今,随着政府职能的扩张与规模的扩大,政府开支尤其是社会福利的支出急剧膨胀,财政负担加重、经济入不敷出,造成了严重的财政赤字与超负荷。在此背景下,人们开始重新审视和界定政府与市场的关系,新自由主义思想也随之盛行。代表人物弗里德里希·A.哈耶克(Friedrich A. Hayek)认为,极权主义独裁者的出现就是由政府对市场进行过多干预和管制造成的。他表示,"我们逐渐放弃了经济事务中的自由,而离开这种自由,就绝不会存在以往的那种个人的和政治

---

1 《马克思恩格斯全集》第23卷,北京:人民出版社,1975年,第394页。
2 [英]凯恩斯:《就业、利息和货币通论》,北京:商务印书馆,1983年,第174页。

第二章　中国式现代化的共同特征与中国特色

的自由"[1]。

最后，现代化发展是开放型经济体的发展，以深度参与全球化为必要途径。发端于英国棉纺织业的技术革命掀起了第一次现代化浪潮，从区域来看，英、法、美等国家最先得到发展，而后西欧国家的产业、技术、分工、投资等逐步向中东欧国家扩散，世界各国联系加强。随着原材料和劳动力的短缺以及新航道的发现和航海业的发展，资本主义各国为争夺原料产地和商品市场，进一步加强了对外殖民扩张，世界贸易快速增长，世界市场的雏形初步形成。第二次现代化浪潮掀起后，北美、东欧、亚洲等地区也相继开启了现代化进程，全球范围内经济联系更加活跃，国际贸易步入新一轮高速增长期，对经济增长的拉动作用愈加明显。在第二次工业革命的影响下，各种新技术、新发明层出不穷，科技创新成果转化而来的生产力直接推动了工业由初级向高级跃升，企业规模进一步扩大，国际垄断组织应运而生。"二战"结束后，第三次现代化浪潮由大西洋片区向欧美和亚洲地区过渡，形成了阶梯式递进的趋势。美国、德国、日本等迅速实现现代化的国家都采取出口导向型战略，极大地推动了全球产业链、供应链的布局。与此同时，联合国、国际货币基金组织、世界银行、世界贸易组织等国际机构和组织相继成立，世界形成了一个密不可分的整体。正因为开放性、全球性是现代化的本质特征和内在规律，因此全球化发展的浪潮势不可挡。

与其他现代化国家一样，中国也经历了生产方式的变革、思想观念的转化、生活方式的变迁和社会结构的分化等一系列变化，强调市

---

[1]　[英]弗里德里希·奥古斯特·冯·哈耶克：《通往奴役之路》，王明毅等译，北京：中国社会科学出版社，1997年，第20页。

场与政府的有机结合，积极实施对外开放战略，参与全球化进程。正是在此基础上，习近平总书记才指出："中国式现代化既切合中国实际，体现了社会主义建设规律，也体现了人类社会发展普遍规律。"[1]

二、中国式现代化的中国特色

世界上不存在一个普遍的、绝对的、抽象的、适用于所有国家的现代化标准，现代化后发社会中没有一个会再造出与现代化早发社会相同的现代制度模式。[2] 党的二十大报告强调："中国式现代化，是中国共产党领导的社会主义现代化，既有各国现代化的共同特征，更有基于自己国情的中国特色。"[3]

（一）中国式现代化以其人本逻辑超越了西方现代化的资本逻辑

目前世界上的现代化国家都是资本主义发达国家，直接导致长期以来人们将资本主义现代化模式视为现代化的唯一标准。而中国式现代化的产生，直接打破了西方现代化以"资本逻辑"为中心、片面追求利润最大化的倾向，摆脱了资本设置的"物化"困境，回归了"人本逻辑"。

---

[1] 《习近平谈治国理政》第4卷，北京：外文出版社，2022年，第124页。

[2] ［美］C. E. 布莱克：《现代化的动力》，景跃进、张静译，杭州：浙江人民出版社，1989年，第50页。

[3] 习近平：《高举中国特色社会主义伟大旗帜　为全面建设社会主义现代化国家而团结奋斗——在中国共产党第二十次全国代表大会上的报告》，《人民日报》，2022年10月26日。

第二章 中国式现代化的共同特征与中国特色

首先,从发展动力来看,西方现代化是以资本为驱动的现代化,而中国式现代化是以人为价值追求的现代化。资本与生俱来的逐利性、剥削性和扩张性,决定了不断攫取剩余价值是资本主义生产的唯一目的。当这一要求无法在国内得到满足时,资本必然走向对外掠夺与殖民扩张的道路。正如马克思在《资本论》中指出的,"资本是死劳动,像吸血鬼一样,必须吸收活的劳动,方才活得起来,并且吸收得愈多,它的活力就愈是大"[1]。资本一旦停止运动,就丧失了它的生命力,因此它只有在不断的运动中才能够不断地榨取剩余价值。在经济全球化的背景下,资本主义虽一再进行生产关系的调整,但依旧无法从根本上改变其逐利的本质。"资本害怕没有利润或利润太少,就象自然界害怕真空一样"[2],在利润率最大化面前,一切道德、法律、良知都不能约束它的贪婪。

与之相反,中国式现代化坚持以人民为中心的根本立场。中国共产党一经诞生,就把为中国人民谋幸福、为中华民族谋复兴确立为自己的初心和使命,始终坚持"为政之要,以顺民心为本",真正做到了"江山就是人民,人民就是江山"。一方面,中国式现代化建设离不开人民的主体力量。人民是历史的创造者,同时也是中国式现代化的主要践行者和推动者。只有坚持发展全过程人民民主,激发人民的主人翁精神,发挥人民群众在现代化建设中的积极性、主动性、创造性,才能更好地促进现代化建设取得更多成果。另一方面,中国式现代化以"为了人民"为价值旨归。始终坚持人民当家作主的地位,反映人民意愿、维护人民权益、增进人民福祉,保障人民群众对美好生活的向往

---

[1] 《资本论》,北京:经济科学出版社,1987年,第207页。
[2] 《马克思恩格斯全集》第23卷,北京:人民出版社,1972年,第829页注。

和追求。归根结底，中国式现代化的本质是人的现代化。

其次，从奋斗目标来看，西方现代化是为实现少数资产阶级利益最大化的现代化，中国式现代化是为实现全体人民共同富裕的现代化。前者体现了物质利益至上的发展逻辑，加剧了资本和劳动的对立与冲突；后者体现了以人民为中心的发展逻辑，消除了物的现代化与人的现代化之间的对抗性矛盾。

资本主义的"进步的戏剧"体现在资本主义世界里的千百万穷人。[1]以私有制为经济基础的西方现代化，注定了始终无法摆脱"马太效应"。一方面，资本主义生产方式依赖着大量靠自由出卖劳动力为生的雇佣工人；另一方面，资本主义生产方式将大量的货币财富集中在少数人手里。这意味着资本主义社会的资本积累，一极是财富的积累，而另一极是贫困的积累。资本与劳动的对立决定了国家物质财富增长越快，资本就越集中在少数资产阶级手里，无产阶级的贫困就进一步加剧。15世纪开始，英国的圈地运动、法国的土地改革、德国的农业改革、俄国的农奴制改革等，皆迫使农民与土地分离，进一步剥夺了农民的生产资料，加剧了农民生活的困苦和社会的两极分化。正如马克思指出，"从十五世纪最后三十多年到十八世纪末，伴随着对人民的暴力剥夺的是一连串掠夺、残暴行为和人民的苦难"[2]。因此，西方现代化是建立在对劳动者剥削和掠夺基础之上的现代化，是加剧贫富差距、激化社会矛盾、造成两极分化的现代化，是实现少数资产阶级利益最大化的现代化。

---

1 ［英］艾瑞克·霍布斯鲍姆：《资本的年代：1848～1875》，张晓华等译，南京：江苏人民出版社，1999年，导言。

2 《马克思恩格斯全集》第23卷，北京：人民出版社，1972年，第796页。

第二章　中国式现代化的共同特征与中国特色

不同于西方现代化，中国式现代化强调如何利用和限制资本，把资本看作重要的生产要素和经济发展的重要方式，而非是支配一切的经济权力。作为后发现代化国家，中国汲取了西方国家现代化进程中的经验教训，始终坚持以民为本，把实现人民对美好生活的向往作为现代化建设的出发点和落脚点，有效避免了"富者累巨万，贫者食糟糠"的现象。中国式现代化是全体人民共同富裕的现代化，是以普遍富裕为基础，消除两极分化但允许差异存在的现代化，是坚持发展成果由人民共享的现代化，而不是贫穷的、两极分化的现代化。共同富裕是社会主义的本质要求，是中国式现代化的重要特征。它是一个总体概念，是相对全社会而言的，全局性、整体性的统筹推进，是发展生产力和完善生产关系的统一。习近平指出："我国 14 亿人口要整体迈入现代化社会，其规模超过现有发达国家的总和，将彻底改写现代化的世界版图，在人类历史上是一件有深远影响的大事。"[1]

（二）中国式现代化以其全面性超越了西方现代化的片面性

党的二十大指出，"物质贫困不是社会主义，精神贫乏也不是社会主义"，"中国式现代化是物质文明与精神文明相协调的现代化"[2]，是物的全面丰富和人的全面发展。

首先，坚持物质富足与精神富有的辩证统一是中国式现代化的应有之义。"我们要建设的社会主义国家，不但要有高度的物质文明，而

---

[1] 习近平：《新发展阶段贯彻新发展理念必然要求构建新发展格局》，《求是》，2022 年第 17 期，第 10 页。

[2] 习近平：《高举中国特色社会主义伟大旗帜　为全面建设社会主义现代化国家而团结奋斗——在中国共产党第二十次全国代表大会上的报告》，《人民日报》，2022 年 10 月 26 日。

且要有高度的精神文明。"[1]要坚持两手抓、两手都要硬。一方面，良好的物质条件是追求精神生活的基础和保障，并在一定程度上规定着精神生活的水平。没有相应的物质支撑，精神生活也就无从谈起。正如马克思、恩格斯所说，"当人们还不能使自己的吃喝住穿在质和量方面得到充分保证的时候，人们就根本不能获得解放"[2]，"人们首先必须吃、喝、住、穿，然后才能从事政治、科学、艺术、宗教等等"[3]。只有在生存的物质条件得到保障并且达到一定水平时，人们才有更多的时间和精力去追求更加充实、更为丰富和更高质量的精神生活。另一方面，良好的精神生活对物质生活起着重要的推动作用。"科学技术是生产力，现在还要扩大一点，人类的全部精神财富都是生产力。"[4]丰富的文化生活，能够不断提升人民的科学文化素养与思想道德修养，有效提高国民素质与社会文明程度，从而为社会发展提供有力的思想保证、强大的精神力量和良好的文化条件。

进入新时代，我国社会主要矛盾已经转化为人民日益增长的美好生活需要和不平衡不充分的发展之间的矛盾。[5]人民对美好生活的需要不断提升，不仅对物质生活提出了更高的要求，在精神生活方面的要求也日益增长。中国式现代化不仅充分地解放和发展了生产力，创造了举世瞩目的经济奇迹，创造了巨大的物质文明，而且推动了精神文明不断发展进步，社会主义精神文明建设取得历史性成就、发生历

---

1 《邓小平文选》第2卷，北京：人民出版社，1994年，第367页。
2 《马克思恩格斯文集》第1卷，北京：人民出版社，2009年，第527页。
3 《马克思恩格斯文集》第3卷，北京：人民出版社，1995年，第601页。
4 钱学森：《关于新技术革命的若干基本认识问题》，《计划经济研究》，1984年第24期。
5 习近平：《决胜全面建成小康社会 夺取新时代中国特色社会主义伟大胜利——在中国共产党第十九次全国代表大会上的报告》，《人民日报》，2017年10月28日。

第二章 中国式现代化的共同特征与中国特色

史性变革。[1]中国共产党带领人民实现了全面建成小康社会的第一个百年奋斗目标,极大提高了人民的生活质量,提高了人民生活水平,既为解决我国发展不平衡不充分问题、实现全体人民共同富裕奠定了坚实的物质基础,也为人民追求更高层次、更为多样的精神生活提供了强有力的精神文化支撑。国家硬实力要强,国家软实力更要强。只有保证物质文明与精神文明的辩证统一,才能够更好地服务于全面建成社会主义现代化强国、实现中华民族伟大复兴梦想的第二个百年奋斗目标。

其次,人的现代化是中国式现代化的目的和归宿。一方面,人类的现代化建设,归根结底是为了实现人的全面发展和人的现代化。人既是社会的主体,也是现代化的主体,更是现代化的实际承担者。无论是经济现代化、政治现代化、科技现代化,还是社会结构现代化等等,归根到底最终都需要人去实现,并且由人去享受。离开人的现代化,离开人的需要和人的全面发展的现代化,就失去了其本身的意义。另一方面,"人的现代化是国家现代化必不可少的因素。它并不是现代化过程结束后的副产品,而是现代化制度和经济赖以长期发展并取得成功的先决条件"[2]。只有人实现了现代化,才可能实现全社会的现代化。

人作为一个自由的、富有创造性的社会实践的主体,具有个性、否定性和自主性的特点。而以资本逻辑为导向的西方现代化,促使人在资本主义经济关系中逐渐丧失了否定性、创造性和批判精神。"工业

---

[1] 周文、肖玉飞:《中国式现代化道路的独特内涵、鲜明特征与世界意义》,《马克思主义与现实》,2022年第5期。

[2] [美]阿历克斯·英格尔斯等:《人的现代化》,殷陆君编译,成都:四川人民出版社,1985年,第8页。

文明以使生活于其中的一切机械化的力量，威胁着独具人类素质特征的创造性"[1]，使人逐渐沦为了资本主义统治社会的工具，变成了只有物质生活、没有精神生活的"单向度的人"。相反，中国式现代化始终坚持以人为逻辑起点和价值旨归，将实现人的现代化作为社会主义现代化的核心目标和任务，强调以人为本，强调人的物质文明与精神文明的全面提升和人的全面发展。习近平总书记在党的二十大报告中强调，要"坚持把实现人民对美好生活的向往作为现代化建设的出发点和落脚点"，"增进民生福祉，提高人民生活品质"，最终"促进物的全面丰富和人的全面发展"。[2]

（三）中国式现代化以其和谐性超越了西方现代化的掠夺性

首先，从人与自然的关系层面来看，西方现代化以征服自然为价值理念，中国式现代化以人与自然和谐共生为价值理念。资本主义国家在完成工业文明的过程中，片面强调对象控制和效率优先的"工具理性"，逐渐丧失了对自然的敬畏感和恐惧感。主体性欲望的膨胀必然导致"人类中心主义"思想的肆虐，最终在人与自然之间形成了主奴关系、改造与被改造的关系、控制与被控制的关系。费正清指出，"人，在西方世界居于中心地位，自然界其他东西所起的作用，是作为色彩不鲜明的背景材料，或是他们的敌手"[3]。在西方国家过度开发利用自然的同时，环境污染也进一步加剧，例如英国的"烟雾中毒"事件、

---

1 F. R. Leavis, *Thought, Words and Creativity: Art and Thought in Lawrence*, London: Chatto &.Windus, 1976. p. 26.
2 习近平:《高举中国特色社会主义伟大旗帜　为全面建设社会主义现代化国家而团结奋斗——在中国共产党第二十次全国代表大会上的报告》,《人民日报》, 2022 年 10 月 26 日。
3 [美] 费正清:《美国与中国》第 4 版, 张理京译, 北京: 世界知识出版社, 1999 年, 第 14 页。

第二章 中国式现代化的共同特征与中国特色

德国的"红河"事件、日本的"铜矿开采"事件、美国的"光化学烟雾"事件等等。事实证明,"不要过分陶醉于我们人类对自然的胜利,对于每一次这样的胜利,自然界都对我们进行报复"[1]。

不同于西方"先污染、后治理""控制自然、掠夺自然"的现代化发展模式,中国式现代化是人与自然和谐共生的现代化,是超越"资本逻辑"生产方式、摒弃外延式发展和粗放式发展的绿色现代化,是强调物质文明和生态文明并重的现代化,是实现工具理性与价值理性有机统一的现代化。我们始终坚持"生态优先、绿色发展"的发展理念,突出生态文明建设在新时代党和国家事业发展中的地位,尊重自然和社会经济的发展规律,注重经济发展质量,既要金山银山,也要绿水青山。一方面,中国式现代化拒绝经济发展与环境保护的"零和游戏",坚持两个方面同时发力、相向而行,积极寻找二者共赢的平衡点。另一方面,中国式现代化始终保持"双碳"目标的战略定力,加强绿色自主技术创新,着力推进能源绿色低碳转型。人与自然的生命共同体理念告诉我们,"发展经济不能对资源和生态环境竭泽而渔,生态环境保护也不是舍弃经济发展而缘木求鱼,要坚持在发展中保护、在保护中发展"[2]。党的二十大再次强调:"尊重自然、顺应自然、保护自然,是全面建设社会主义现代化国家的内在要求。必须牢固树立和践行绿水青山就是金山银山的理念,站在人与自然和谐共生的高度谋划发展。"[3]

其次,从实现方式来看,西方现代化以殖民掠夺和诱导渗透为主

---

1 《马克思恩格斯全集》第26卷,北京:人民出版社,2014年,第769页。
2 习近平:《在深入推动长江经济带发展座谈会上的讲话》,《人民日报》,2018年6月14日。
3 习近平:《高举中国特色社会主义伟大旗帜 为全面建设社会主义现代化国家而团结奋斗——在中国共产党第二十次全国代表大会上的报告》,《人民日报》,2022年10月26日。

旋律，中国式现代化以和平发展和交流互鉴为主旋律。经济全球化带来了资本主义生产方式在全球的扩张，"正像它使乡村从属于城市一样，它使未开化和半开化的国家从属于文明的国家，使农民的民族从属于资产阶级的民族，使东方从属于西方"[1]。17世纪中叶到19世纪初，欧洲列强为了争夺新大陆的资源、领土和贸易，展开了旷日持久的斗争。这一时期流行的重商主义的信条就是：攫取新大陆财富是一场零和游戏，诸列强都把自己的殖民地视为原材料的供应地和本国产品的倾销地，必要时，他们会动用武力驱逐外来入侵者。[2]近代以来的殖民化、市场化与和平演变，再次印证了资本主义国家奉行"国强必霸"的原则。其高调宣扬的"普世价值"和"西方文明中心论"，强调西方文化对其他一切民族文化的优越性，强调西方资本主义国家的价值立场和话语体系，其实质不过是为了维护西方主导的国际秩序、国家利益和战略需要，掩盖资本的逐利性、剥削性和扩张性。

不同于西方国家暴力掠夺殖民地的现代化，中国式现代化以"人类文明的多样性及其和平相处"为价值愿景，谋求"和而不同"的共同价值，克服了资本主义现代化所固有的先天性弊端，超越了"丛林法则""西方中心论"的零和博弈模式，开创了和平发展的现代化。中国始终坚持和平共处、互利共赢，坚持加强国际交流与合作，反对霸权主义、单边主义，积极推动构建人类命运共同体，以文明交流超越文明隔阂、文明互鉴超越文明冲突、文明共存超越文明优越，充分展现出了中国人民对自身发展理念和发展战略的自信与自觉。总之，中

---

1 《马克思恩格斯选集》第1卷，北京：人民出版社，2012年，第405页。
2 [美]罗纳德·芬德利、凯文·奥罗克：《强权与富足：第二个千年的贸易、战争和世界经济》，华建光译，北京：中信出版社，2012年，第254—255页。

国式现代化打破了只有遵循资本主义现代化模式才能实现现代化的论调,为后发国家提供了现代化的全新选择,开辟了现代化的崭新道路。历史和实践充分证明,中国式现代化不但以举世瞩目的伟大成就发展自身,而且积极通过开放合作、互利共赢造福世界。[1]

三、拓展和深化基于国情的中国式现代化

人类历史上没有一个民族、一个国家可以通过依赖外部力量、照搬外国模式,跟在别人后面亦步亦趋实现强大、振兴和现代化的。[2] 各国通向现代化的道路不同,实现现代化的方式不同,因而各国之间现代化的变革顺序与发展模式也各有差异。现代化没有固定的模式,适合自己的才是好的。中国独特的文化传统、历史命运和基本国情决定了中国式现代化既要遵循现代化的普遍规律和特征,又要体现自身现代化的特点与优势。

(一)中国式现代化是自主性现代化

走自己的路,是党的全部理论和实践立足点,更是党百年奋斗得出的历史结论。[3] 中国式现代化,是中国共产党带领全国人民立足我国基本国情、把马克思主义与我国发展实际相结合的原创性现代化,

---

1 周文:《理解中国式现代化的三个维度》,《中国社会科学报》,2023 年 2 月 13 日。
2 《中共中央关于党的百年奋斗重大成就和历史经验的决议》,《人民日报》,2021 年 11 月 17 日。
3 习近平:《在庆祝中国共产党成立 100 周年大会上的讲话》,北京:人民出版社,2021 年,第 13 页。

是区别于西方资本主义国家和其他发展中国家的自主性现代化,具有独立性、自主性、内生性和创新性的综合特征。中国式现代化超越了西方现代化的"范本",打破了各国最终都要以西方制度模式为归宿的单线式历史观,用实践宣告了"历史终结论"的破产,走出了一条"中式"现代化道路,一定程度上重新定义了现代化。

纵观现代化的历史进程,学者主要依据现代化的动因和起源将其分为两种类型:一类是内源的现代化(modernization from within),这是由社会自身力量产生的内部创新,经历漫长过程的社会变革的道路;一类是外源或外诱的现代化(modernization from without),这是在国际环境影响下,社会受外部冲击而引起内部的思想和政治变革并进而推动经济变革的道路。[1]前者是一种自发的、自下而上的、渐进式的变革,主要集中在发达资本主义国家,后者是一种诱发的、自上而下的、跨越式的变革,主要发生在政治经济相对落后的国家。早发内源性现代化国家所产生的"示范效应",会表现在经济、政治、思想和价值观等多个方面。在此背景下,外源性现代化国家可能会面临先发国家的技术壁垒和规则壁垒、陷于"依附性发展"和"后发优势陷阱"[2],大大增加了现代化进程的难度。事实证明,"依附现代化""模仿现代化"和"援助现代化"都是行不通的。

不同于西方发达国家的内源性现代化,也不同于其他欠发达国家的外源性现代化,中国式现代化开辟了自主性现代化。既吸收借鉴西方现代化的合理有益部分,也立足基本国情与实践;既拒绝西方现代

---

[1] 罗荣渠:《现代化新论:中国的现代化之路(增订本)》,上海:华东师范大学出版社,2013年,第101页。

[2] 陈希颜、陈立旭:《中国式现代化的共同特征与中国特色》,《治理研究》,2022年第6期。

第二章　中国式现代化的共同特征与中国特色

化先在模式的"游戏规则",也遵循现代化建设的基本规律;既摆脱对内源性现代化国家的依附,也掌握自己国家经济社会发展的自主权。

新中国成立以来,中国共产党就从中国的历史发展阶段和基本国情出发,开始探索中国式现代化建设的新道路。从毛泽东的"四个现代化"战略,邓小平的"三步走"发展战略,党的十五大的"新三步走"战略,十六大的全面建设小康社会发展目标,十七大的全面建设小康社会的新要求,十八大的全面建成小康社会目标与"新四化",十九大的"两个阶段"战略安排,到二十大的中国式现代化的丰富内涵、本质要求和重要特征,充分展现了中国式现代化的动态发展过程,体现了中国式现代化的继承性、连续性、发展性和创新性。

首先,中国式现代化道路与全面建成小康社会相辅相成、有机统一。改革开放初期,邓小平指出,"我们要实现的四个现代化,是中国式的四个现代化。我们的四个现代化的概念,不是像你们那样的现代化的概念,而是'小康之家'"[1],"我们摆在第一位的任务是在本世纪末实现现代化的一个初步目标,这就是达到小康的水平"[2],"这个小康社会,叫做中国式现代化"[3]。建党 100 周年大会上,习近平总书记指出,"我们实现了第一个百年奋斗目标,在中华大地上全面建成了小康社会,历史性地解决了绝对贫困问题,正在意气风发向着全面建成社会主义现代化强国的第二个百年奋斗目标迈进"[4]。实践证明,小康社

---

[1] 《邓小平文选》第 2 卷,北京:人民出版社,1994 年,第 237 页。
[2] 《邓小平文选》第 2 卷,北京:人民出版社,1994 年,第 416—417 页。
[3] 《邓小平文选》第 3 卷,北京:人民出版社,1993 年,第 54 页。
[4] 习近平:《在庆祝中国共产党成立 100 周年大会上的讲话》,北京:人民出版社,2021 年,第 2 页。

会是适合中国国情、独具中国特色、体现中国风格的原创现代化阶段性目标[1],与中国式现代化是相互促进的有机统一体。

其次,中国式现代化的发展伴随着社会主义市场经济体制的完善。在"南方谈话"中,邓小平解决了计划与市场、改革姓"资"姓"社"等难题,指出"计划经济不等于社会主义,资本主义也有计划;市场经济不等于资本主义,社会主义也有市场。计划和市场都是经济手段",重新定义了市场与政府的关系,将现代化建设推向新阶段。党的十四大明确提出,"我国经济体制改革的目标是建立社会主义市场经济体制"[2],深化了对计划与市场关系认识。十八届三中全会提出,要"充分发挥市场在资源配置中的决定性作用,更好发挥政府作用",对社会主义市场经济的规律有了新把握。十九届四中全会提出把社会主义市场经济体制纳入社会主义基本经济制度,"标志着我国社会主义市场经济在理论和实践上都有了重大突破"。二十大强调,要构建高水平社会主义市场经济体制[3],再次将社会主义市场经济理论上升到新高度。社会主义市场经济是中国式现代化的重要组成部分,遵循市场经济一般规律和中国特色社会主义市场经济特殊规律的辩证统一[4],强调有效市场与有为政府的有机结合,既发挥了市场对资源的高效配置作用,也发挥了社会主义制度的优越性和政府的积极作用,

---

1 周文、肖玉飞:《共同富裕:基于中国式现代化道路与基本经济制度视角》,《兰州大学学报(社会科学版)》,2021年第6期。

2 《江泽民文选》第1卷,北京:人民出版社,2006年,第226页。

3 习近平:《高举中国特色社会主义伟大旗帜 为全面建设社会主义现代化国家而团结奋斗——在中国共产党第二十次全国代表大会上的报告》,《人民日报》,2022年10月26日。

4 周文、刘少阳:《再论社会主义市场经济》,《社会科学战线》,2020年第9期。

突破了资本主义国家的市场经济模式,完成了对资本主义市场经济的扬弃,以及市场经济理论的丰富和发展。

最后,国家治理现代化是中国式现代化的必然选择。推进国家治理体系与治理能力的现代化,是对国家全面深化改革目标的新定位,是"完善和发展中国特色社会主义制度的必然要求,是实现社会主义现代化的应有之义"[1]。党的十八届三中全会提出:"完善和发展中国基本经济制度,推进国家治理体系与治理能力现代化。"党的十九大提出:"必须坚持和完善中国特色社会主义制度,不断推进国家治理体系和治理能力现代化。"[2]把推进国家治理体系和治理能力现代化纳入全面深化改革总目标,意味着中国特色社会主义制度优势将更好转化为管理国家的效能,意味着我国将大步走向现代法治社会,各方面制度也更加成熟、完善和定型,从而为中国式现代化奠定坚实的制度基础。

中国近代以来的全部历史告诉我们,中国的事情必须按照中国的特点、中国的实际来办,这是解决中国所有问题的正确之道。[3] 中国式现代化始终坚持把国家和民族发展放在自己力量的基点上,坚持把我国发展进步的命运掌握在自己手中,坚持中国的事情由中国人民自己作主张、自己来处理,牢牢把握发展的主动权,保障国家长期稳定和高质量发展,充分体现了我国自主性现代化的特点和优势。

---

[1] 《习近平谈治国理政》第1卷,北京:外文出版社,2018年,第90页。
[2] 习近平:《决胜全面建成小康社会 夺取新时代中国特色社会主义伟大胜利》,《人民日报》,2017年10月28日。
[3] 习近平:《在纪念邓小平同志诞辰110周年座谈会上的讲话》,《人民日报》,2014年8月21日。

（二）中国式现代化是"并联式"现代化

世界上没有任何两个国家的发展进程是完全相同的，每一种类型都有多种发展模式和实现方式，都是适合一定历史发展阶段、一定生产力发展水平的产物。从现代化发展过程的次序、发展模式和道路来看，可将现代化分为"串联式"现代化和"并联式"现代化。

首先，在发展次序与发展速度上，"串联式"现代化表现为不同发展阶段任务的单一性，其道路主要呈现出渐进性微变或突发性微变的特点。"并联式"现代化则表现为同一阶段中发展任务的高度叠加性，其道路主要呈现出创新性巨变和传导性巨变的特点。"串联式"现代化国家起步早，发展时间充裕，每个阶段的发展任务和矛盾相较单一。受自身内部因素的影响，"串联式"现代化国家的发展动力更多由市场、分工和科技等现代化要素组成，政府干预程度有限，每一阶段的发展目标明确、任务单一、边界清晰，是典型的、自发的、自下而上的、渐进式的、自然演进的过程，发展速度比较均匀。"并联式"现代化国家起步时间相对较晚，发展过程呈现出一种"时空压缩"的特点，"发展中国家由于实行赶超战略和跨越式发展，会在比较短的时间里走过发达国家很长时间走过的路程，相对于发达国家而言，似乎时间和空间都被压缩了"[1]。这种压缩的"时空"决定了后发国家各阶段任务的叠加性、急剧性、艰巨性和紧迫性，每一阶段的任务繁重、每个任务之间没有明确的边界，这就决定了"并联式"现代化国家必须依赖政府或组织的领导，呈现出一种典型的、自上而下的、跨越式的、计划的过程。

---

[1] ［英］戴维·哈维：《后现代的状况：对文化变迁之缘起的探究》，阎嘉译，北京：商务印书馆，2013年，第230页。

第二章　中国式现代化的共同特征与中国特色

其次，在时间跨度与发展理念上。"串联式"现代化国家的现代化普遍花了 150—300 年的时间，并依次经历了工业化、城镇化、农业现代化和信息化四个发展阶段，体现了早期现代化国家的有序发展理念，如英国的现代化始于 17 世纪 40 年代的资产阶级革命，成熟于 20 世纪初期，跨度约 250 年；美国的现代化始于 1776 年美国独立，成熟于 20 世纪 30 年代，跨度约 150 年；法国的现代化从 1789 年法国大革命到 20 世纪中期，跨度约 160 年；德国的现代化从 1807 年的普鲁士政治改革运动到 20 世纪 90 年代，跨度约 180 年。相对而言，"并联式"现代化国家在"串联式"现代化国家的影响下，拥有了一定的"后发优势"，其工业化、城镇化、农业现代化和信息化并非按照顺序进行，通常一个阶段任务没有完成就进入了下一个阶段，呈现出了明显的"时空压缩"，进而形成了跨越式赶超的发展理念。"正是这种历史'跳跃'方式而出现的'压缩式'现代化，自然孕育了追赶型、非均衡型现代化发展战略的强烈需求。"[1]

中国式现代化过程表现为发展任务的高度叠加性、发展时间的高度压缩性、发展要求的多重协调性和发展战略的后发赶超性。"我们要后来居上，把'失去的二百年'找回来，决定了我国发展必然是一个'并联式'的过程，工业化、信息化、城镇化、农业现代化是叠加发展的。"[2] 一方面，中国作为后发现代化国家，目睹了西方几百年来的现代化进程，其每一发展阶段的瓶颈、经验和教训，都能为我国现代化

---

[1] 黄建洪：《现代化进程中的政府能力发展：一般规律与中国选择》，《社会科学研究》，2010 年第 4 期。

[2] 中共中央文献研究室编：《习近平关于社会主义经济建设论述摘编》，北京：中央文献出版社，2017 年，第 159 页。

进程提供启示。我们能够直接利用人类文明的最新成果和先进知识，如技术、管理、制度、商业模式等，服务于中国式现代化建设。另一方面，机遇叠加的同时伴随着矛盾与问题的叠加，现代化的突飞猛进也会带来无法估量的威胁与潜在风险。"现代性产生稳定性，而现代化不产生稳定性"[1]，尤其中国先天不足却又要在短短几十年走完发达国家几百年走完的路，挑战与矛盾更不必言说。任务的"时空压缩"，不仅增加了任务的实施难度，同时也造成了风险和矛盾的叠加与集中性爆发，通常一个矛盾还未解决就迎来了新的矛盾，形成了多种不同类型矛盾交织的局面。因此，如何趋利避害，跨越西方国家的"中等收入陷阱"，在充分利用"后发优势""后发红利"的基础上减少其带来的风险与矛盾，是我国需要长期思考的问题。

（三）中国式现代化根植于独特的文化传统、历史命运和基本国情

历史是现实的根源和出发点，任何国家的现代化都深深根植于本国的国情和文化传统。中国式现代化，是不同于西方现代化模式的新图景，是一种全新的人类文明形态。我们独特的文化传统，独特的历史命运，独特的国情，决定了中国必然走适合自己特点的发展道路。[2]

首先，中华优秀传统文化是中国式现代化的文化基础。蕴含着丰富哲学思想、人文精神、价值理念和道德规范的中华优秀传统文化，为中国式现代化提供了赖以生存的土壤和发展壮大的空间。马克思指出，"人们自己创造自己的历史，但是他们并不是随心所欲地创造，并

---

1 ［美］塞缪尔·P.亨廷顿：《变化社会中的政治秩序》，王冠华、刘为译，沈宗美校，上海：上海人民出版社，2021年，第45页。

2 习近平：《在布鲁日欧洲学院的演讲》，《人民日报》，2014年4月2日。

第二章　中国式现代化的共同特征与中国特色

不是在他们自己选定的条件下创造,而是在直接碰到的、既定的、从过去继承下来的条件下创造"[1]。任何一个抛弃或背叛自己民族历史文化与民族基因的国家,都不可能得到延续和发展。"虽然每一个传统都是既定的,但它们为多种不同的反应提供了许多潜在的可能性。"[2]如果没有中华五千年文明,就没有中国特色,如果没有中国特色,就不会有成功的中国特色社会主义道路。中国式现代化深深根植于中华优秀传统文化,汲取民族文化的生命养分,充分体现了科学社会主义的先进本质以及我国现代化的丰富内涵、文化价值和精神追求,彰显了民族的历史自觉和文化自信。正是基于这种独特的文化传统,才造就了独特的精神气质、民族色彩和价值体系,造就了赓续优秀传统的现代化发展之路。

其次,中国独特的历史命运是中国式现代化的历史基础。不同于现代化"领跑"国家自下而上的自然发展过程,中国的现代化经历了由"外部冲击"到"主动谋强",由"学习模仿"到"创新超越",由"高度依赖"到"逐步独立"的艰难转变。费正清认为,中国"同许多国家的情形一样,外来的威胁最初唤起了维护传统社会准则的排外反应"[3]。并在此基础上勾勒出了"西方冲击—中国反应"这一中国走向近现代的模式。一方面,"冲击—反应"模式洞察到了中国传统机制与框架的弊端,肯定了西方近代工业文明对中国传统封建社会解体的历史性作

---

1 《马克思恩格斯文集》第2卷,北京:人民出版社,2009年,第470—471页。
2 [美]爱德华·希尔斯:《论传统》,傅铿、吕乐译,上海:上海人民出版社,2014年,第47页。
3 [美]费正清:《美国与中国》第4版,张理京译,北京:世界知识出版社,1999年,第179页。

用；另一方面，"冲击—反应"模式忽视了中国社会的历史文化背景，忽视了中国社会内部既包含着矛盾又包含着克服矛盾的因素。

从历史维度来看，中国早期的现代化主要在外部冲击与生存威胁的条件下被迫进行，"1840年鸦片战争以后，中国逐步成为半殖民地半封建社会，国家蒙辱、人民蒙难、文明蒙尘，中华民族遭受了前所未有的劫难"[1]。民族危机的加重刺激了民族意识的觉醒，激发了一大批仁人志士探索救亡图存的道路。从洋务运动、戊戌变法、辛亥革命到新文化运动，中国依次经历了从器物变革、制度变革到思想变革的艰难历程，虽然这些运动最后均以失败告终，但也为中国共产党的诞生和现代化进程的推动起了重要作用。俄国十月革命一声炮响，为中国送来了马克思列宁主义，不久后，中国共产党诞生，由此拉开了符合中国国情的现代化发展道路的帷幕，展开了一系列以马克思主义理论为指导的革命、建设和改革运动。党带领人民夺取了新民主主义革命的伟大胜利，完成了社会主义革命，进行了改革开放和社会主义现代化建设，开创了中国特色社会主义新时代。中国共产党成立一百周年之际，"我们实现了第一个百年奋斗目标，在中华大地上全面建成了小康社会，历史性地解决了绝对贫困问题，正在意气风发向着全面建成社会主义现代化强国的第二个百年奋斗目标迈进"[2]。回顾中国式现代化建设的发展史，不难发现中国式现代化道路深深根植于中国独特的历史命运，实践证明，只有沿着历史的发展轨迹，才能找到适合自己的

---

[1] 习近平：《在庆祝中国共产党成立100周年大会上的讲话》，北京：人民出版社，2021年，第2页。

[2] 习近平：《在庆祝中国共产党成立100周年大会上的讲话》，北京：人民出版社，2021年，第2页。

第二章　中国式现代化的共同特征与中国特色

发展道路。

再次,中国独特的基本国情是中国式现代化的现实基础。一方面,中国正处于并将长期处于社会主义初级阶段。东西之间、城乡之间、地域之间的经济文化社会发展不平衡,利益格局错综复杂。我国社会的主要矛盾已经转化为人民日益增长的美好生活需要和不平衡不充分的发展之间的矛盾。另一方面,中国是世界上人口最多的发展中国家。从人口角度来说,在所有国家中,人口超过1亿的国家有14个,而发达国家只有美国和日本,人口在5000万以上的国家有30个,其中发达国家只占7个。"我国十四亿多人口整体迈进现代化社会,规模超过现有发达国家人口的总和,艰巨性和复杂性前所未有,发展途径和推进方式也必然具有自己的特点。"[1] 可以说,中国式现代化是世界级现代化,必将改变世界现代化的版图。再一方面,中国式现代化的本质要求,首要的就是"坚持中国共产党领导,坚持中国特色社会主义"[2]。"一个单独的提琴手是自己指挥自己,一个乐队就需要一个乐队指挥。"[3] 中国共产党领导是中国特色社会主义最本质的特征,坚持中国共产党领导是实现中国式现代化的必由之路。

---

[1] 习近平:《高举中国特色社会主义伟大旗帜　为全面建设社会主义现代化国家而团结奋斗——在中国共产党第二十次全国代表大会上的报告》,《人民日报》,2022年10月26日。

[2] 习近平:《决胜全面建成小康社会　夺取新时代中国特色社会主义伟大胜利》,《人民日报》,2017年10月28日。

[3]《资本论》,北京:经济科学出版社,1987年,第313页。

第三章

中国式现代化与人类文明新形态

经典现代化理论试图"从西方社会的一般形象中获得'现代性'的属性,然后又把这些属性的获得设想为现代化的标准"[1],本质上是将现代化等同于西方价值观、制度模式和现代化道路普遍化的过程。亨廷顿也揭示了"普世文明的概念是西方文明的独特产物。20世纪末,普世文明的概念有助于为西方对其他社会的文化统治和那些社会模仿西方的实践和体制的需要作辩护"[2]。

　　在庆祝中国共产党成立100周年大会的讲话中,习近平总书记指出,"我们坚持和发展中国特色社会主义,推动物质文明、政治文明、精神文明、社会文明、生态文明协调发展,创造了中国式现代化新道路,创造了人类文明新形态"[3]。中国式现代化新道路打破了现代化等于西方化的迷思,"宣告了各国最终都要以西方制度模式为归宿的单线式

1　[美]迪恩·C.蒂普斯:《现代化理论与社会比较研究的批判》,载[美]西里尔·E.布莱克:《比较现代化》,上海:上海译文出版社,1996年,第103—104页。
2　[美]塞缪尔·亨廷顿:《文明的冲突与世界秩序的重建》,周琪等译,北京:新华出版社,2010年,第45页。
3　习近平:《在庆祝中国共产党成立100周年大会上的讲话》,《人民日报》,2021年7月2日。

历史观的破产"[1]，为世界其他发展中国家现代化提供可借鉴的中国经验和中国智慧。党的二十大报告指出，"在新中国成立特别是改革开放以来长期探索和实践基础上，经过十八大以来在理论和实践上的创新突破，我们党成功推进和拓展了中国式现代化。中国式现代化，是中国共产党领导的社会主义现代化，既有各国现代化的共同特征，更有基于自己国情的中国特色"[2]。

一、中国式现代化：从资本无序扩张逻辑到驾驭引导资本规范健康发展

（一）超越西方现代化的资本逻辑：为资本设置"红绿灯"

西方国家在资本积累和扩张的过程中拉开了现代化的序幕，创造了现代文明，但同时也陷入了"自我扩张悖论"，在现代化过程中市场从社会中"脱嵌"导致经济危机和社会失序。[3] 不同于西方现代化的资本扩张逻辑，中国式现代化的基本特征是驾驭资本，即一方面承认和利用资本从而解放和发展生产力，另一方面把握资本运行规律和特性从而防止资本无序扩张。

首先，对资本逻辑二重性的科学把握是中国式现代化新道路驾

---

[1] 中共中央文献研究室编：《习近平关于社会主义政治建设论述摘编》，北京：中央文献出版社，2017年，第7页。

[2] 习近平：《高举中国特色社会主义伟大旗帜　为全面建设社会主义现代化国家而团结奋斗——在中国共产党第二十次全国代表大会上的报告》，《人民日报》，2022年10月26日。

[3] 参见［英］卡尔·波兰尼：《大转型：我们时代的政治与经济起源》，冯钢、刘阳译，杭州：浙江人民出版社，2007年。

第三章　中国式现代化与人类文明新形态

驭资本的理论基石。历史唯物主义超越单纯物质层面看待资本,认为资本不仅是生产工具,更是"一种以物为中介的人与人之间的社会关系","生产资料和社会资料,作为直接生产者的财产,不是资本。他们只有在同时还充当剥削和统治工人的手段的条件下,才成为资本"。[1]在把握资本本质的基础上,马克思曾对资本逻辑进行深刻阐述,"资本只有一种生活本能,这就是增殖自身,创造剩余价值,用自己的不变部分即生产资料吮吸尽可能多的剩余劳动"[2]。由此,资本逻辑展现出二重性。一方面,资本具有"伟大的文明作用":其创造的先进生产方式更有利于生产力和社会关系的发展,以及"更高级的新形态的各种要素的创造"[3],"创造出社会成员对自然界和社会联系本身的普遍占有"[4]。正如马克思所总结的,"资本在精力、贪婪和效率方面,远远超过了以往一切以直接强制劳动为基础的生产制度"[5]。在这个意义上,资本逻辑创造了现代社会,并在"向外扩张"和"向内吸收"的过程中始终支配着现代社会的运行和发展过程。[6]然而另一方面,资本追求价值增殖和利润攫取的扩张逻辑造成了"非文明"的后果:一是对劳动力无度钳制下的剥削和异化;二是对自然界贪婪宰制下的生态灾难;三是对社会关系狭隘主导下的社会分化。[7]对此,马克思认为"这些限制在

---

1 《资本论》第1卷,北京:人民出版社,2004年,第878页。
2 《资本论》第1卷,北京:人民出版社,2004年,第269页。
3 《资本论》第3卷,北京:人民出版社,2004年,第927—928页。
4 《马克思恩格斯全集》第30卷,北京:人民出版社,1995年,第390页。
5 《资本论》第1卷,北京:人民出版社,2004年,第359页。
6 郗戈:《从资本逻辑看现代性逻辑的生成与发展》,《社会科学辑刊》,2010年第1期,第29—32页。
7 毛勒堂:《资本逻辑与经济正义》,《湖南师范大学社会科学学报》,2010年第5期,第75—78页。

资本发展到一定阶段时，会使人们认识到资本本身就是这种趋势的最大限制，因而驱使人们利用资本本身来消灭资本"[1]。换言之，资本逻辑中蕴含着从无限扩张走向自我克服、从自我建构走向自我扬弃的发展趋势。中国式现代化新道路正是在驾驭资本的基础上扬弃和超越资本逻辑的现代化。

其次，中国共产党领导是中国式现代化新道路驾驭资本的首要前提。中国共产党是中国式现代化的组织者和领导者，是中国式现代化新道路的根本推动力量。[2] 中国式现代化新道路是中国共产党在探索利用和限制资本的过程中形成的。

一是1949年后到1978年的对限制资本的曲折探索阶段，主要集中于对资本野蛮性的批判。新中国成立初期，以毛泽东为代表的中国共产党人意识到国家利用资本的重要性。刘少奇认为"私人资本是有积极作用的，必须充分发挥"[3]，陈云也指出"为着发展商品的交流，国家允许私人资本经营商业，人民政府保护一切有利于国计民生的资本家的利益"[4]。但是随着"三大改造"完成和计划经济体制的确立，加之意识形态对立的国际环境影响，资本被看作资本主义特有的生产关系而成为应当消灭的对象。

二是1978年到2012年，在激活资本文明性和规范资本发展双重主线中推进社会主义市场经济建设的阶段。党的十一届三中全会是全

---

[1] 《马克思恩格斯文集》第8卷，北京：人民出版社，2009年，第91页。
[2] 杨安、张艳涛：《论中国式现代化新道路的三重结构》，《青海社会科学》，2022年第1期，第74—81页。
[3] 刘崇文、陈绍畴：《刘少奇年谱》，北京：中央文献出版社，1996年，第204页。
[4] 《陈云文选》第2卷，北京：人民出版社，1995年，第103页。

面审视资本文明性的开端。以邓小平同志为核心的党中央不断深化对社会主义本质的认识,党的十四大确立社会主义市场经济体制,党的十五大首次提出"公有资本"的概念,使得各类资本在生产领域共同发挥积极作用,激活社会主义经济发展,并利用资本逻辑快速融入全球市场经济秩序中。同时,在中国共产党的领导下,对资本发展的规制和警惕体现在对公有制和按劳分配的高度重视、对非公有制经济的逐步放开、市场开放水平逐步提高、以人为本的科学发展观、加强对资本的引导等方面。[1]

三是党的十八大以来在构建更高水平社会主义市场经济体制中驾驭资本的阶段。随着社会主义市场经济体制改革的深化,资本的文明性和野蛮性不断被放大。我国社会主要矛盾的转化一方面体现了我国经济发展站在了全面建成小康社会的更高起点上,人民生活水平显著提高,另一方面也突出了不平衡、不充分的结构性问题,解决贫富差距、地区差距、城乡差距问题需要在更高层次上驾驭资本。从方式上看,更高层次体现在混合所有制改革是中国共产党探索驾驭资本的伟大创举,既能挖掘资本生产潜力,又能通过巩固公有制经济主体地位而抑制资本无序扩张;从目标上看,更高层次体现在以扎实推进共同富裕目标为驾驭资本指引方向。

(二)人类文明新形态的必由之路:市场与政府有机结合引导资本健康发展

中国式现代化驾驭资本的基本特征,体现了人类文明新形态的超越性。这种超越性本质上源于社会主义市场经济中有效市场与有为政

---

[1] 朱忆天、胡博成:《论新中国 70 多年来的资本文明观:历史演进与现实启示》,《华东理工大学学报(社会科学版)》,2020 年第 4 期,第 1—10 页。

府的更好结合。

一方面,为资本设置"红绿灯"要求充分发挥市场在资源配置中的决定性作用,做到市场有效。其一,充分发挥市场配置资源的决定性作用,有利于通过减少市场主体间的信息不对称,完善由价格信号引导资本流向的机制,对资本操纵信息的行为设置"红灯"。其二,充分激发市场的创新、创造活力,有利于资本市场的产品和服务进行创新升级,不断满足多层次、多样化的投资需求,为低门槛、普惠性的财富管理方式设置"绿灯"。其三,充分发挥市场平等竞争的功能,有利于使各类资本主体之间形成优胜劣汰的竞争机制[1],促进各类主体自身运行效益提升和社会财富的增长。但是,如果一味奉行市场原教旨主义、新自由主义,对一切市场行为开"绿灯",那么"市场缺陷""市场失灵"等问题将导致社会资源占有比例失调,不正当竞争和垄断等问题将阻碍技术进步,最终抑制资本促进生产力发展的积极作用。

另一方面,为资本设置"红绿灯"要求更好地发挥政府作用,做到政府有为。一是政府要在引导和约束资本流向上设置"红绿灯"。在创新技术领域、高端制造业、绿色低碳领域设置鼓励资本流入的"绿灯",将加速我国发展方式转变、经济结构优化和增长动力转换;在涉及国家安全和国民经济平稳运行的关键领域,要妥善设置严格进入的"红灯"规则,防止公共服务领域的投资乱象和威胁国家安全的投资风险。二是政府要在规范资本扩张和垄断上设置"红绿灯"。随着数字经济的发展,加强互联网平台新型垄断的识别、动态反垄断监管和约

---

[1] 林炎志:《驾驭资本——社会主义市场经济的政治经济学》,《文化纵横》,2021年第3期,第28—38页。

束，以及对反垄断行为的事后治理都成为政府设计"红绿灯"规则的重要内容。既不能一路"红灯"遏制平台资本的创新发展，也不能一路"绿灯"放纵平台资本的无序扩张。三是政府要在划清职能边界上设置"红绿灯"。资本向政治、文化和社会各个领域的渗透扩张使得资本有可能通过操纵政治和社会舆论实现其经济权力。因此，需要审慎设置政府治理边界的"红绿灯"，例如对资本的直接介入和管理模式适时设置"红灯"。[1] 警惕政府在驾驭资本过程中的越位、缺位和错位现象，厘清有为政府与有效市场的行为边界。

二、中国式现代化：从工业文明到"五位一体"总体布局

（一）超越西方现代化的工业文明范式：体现系统思维的科学布局

300多年的工业文明史创造和积累了前所未有的社会财富，但同时，工业文明的生产和生活方式也暴露了惊人的破坏力，西方式现代化过程中对地球资源的掠夺性使用造成了环境污染与生态破坏、资源与能源消耗过度、气候变暖等难以逆转的后果。然而，位于全球分工产业链上游的发达国家有能力和条件将环境及能源代价转移至产业链下游的发展中国家。中国式现代化新道路超越于西方现代化的工业文明范式，不是简单地强调经济增长，而是注重经济发展与环境资源保护相协调的发展，是体现系统思维的"五位一体"总体布局。

---

[1] 董志勇、毕悦：《为资本设置"红绿灯"：理论基础、实践价值与路径选择》，《经济学动态》，2022年第3期，第12—20页。

首先,"五位一体"总体布局体现了中国式现代化的整体协同性。马克思在《哲学的贫困》中提出"社会机体"范畴,而后在《资本论》第一版序言中进一步揭示了"社会有机体"理论,即"现在的社会不是坚实的结晶体,而是一个能够变化并且经常处于变化过程的有机体"[1]。《1844年经济学哲学手稿》阐释了人的生产在本质上区别于动物的生产,就在于人的生产是社会全面生产,即按照美的规律再生产整个自然界。[2] 中国式现代化新道路体现了对马克思社会发展理论的继承和发展。党的十八大报告提出:"全面落实经济建设、政治建设、文化建设、社会建设、生态文明建设五位一体总体布局,促进现代化建设各方面相协调……不断开拓生产发展、生活富裕、生态良好的文明发展道路。"[3] 需要注意的是,"五位一体"总体布局系统内部是相互独立又相互联系、相辅相成、互为补充的子系统。经济现代化作为国家现代化的基础,为全面现代化提供物质基础;政治现代化作为制度支持和法治保障;文化现代化作为精神动力和思想引领;社会现代化提供良好秩序和运行空间;生态现代化是可持续现代化的基础条件。[4] 只有在相互协调中全面推进各个子系统的建设,才能推动我国现代化由局部的、不大协调的现代化进入全面协同的现代化。总之,整体协同性是中国式现代化的题中应有之义。

其次,"五位一体"总体布局体现了中国式现代化的动态发展性。

---

[1] 《马克思恩格斯文集》第5卷,北京:人民出版社,2009年,第10—13页。

[2] 《马克思恩格斯文集》第1卷,北京:人民出版社,2009年,第162—163页。

[3] 胡锦涛:《坚定不移沿着中国特色社会主义道路前进,为全面建成小康社会而奋斗》,《人民日报》,2012年11月18日。

[4] 参见颜晓峰:《全面建设社会主义现代化国家的系统布局》,《马克思主义理论学科研究》,2020年第6期。

第三章　中国式现代化与人类文明新形态

中国特色社会主义现代化建设的总体布局并不是一蹴而就的，而是经历了一个动态发展过程。从 1978 年中共十一届三中全会明确"以经济建设为中心"，党的十二大提出社会主义物质文明与精神文明建设"两个文明一起抓"，到 1986 年中共十二届六中全会首次提出包含政治文明、物质文明和精神文明建设的"总体布局"的概念，标志着我国社会主义现代化建设"三位一体"总体布局的初步形成。其后，由中共十六届四中全会提出"构建社会主义和谐社会"命题到党的十七大将"社会建设"正式纳入并形成中国特色社会主义事业的"四位一体"总体布局。党的十八大正式把"社会主义生态文明建设"提高到"五位一体"总体布局的战略高度，形成我国社会主义现代化建设的系统布局。随着中国特色社会主义进入新时代，"我国社会主要矛盾已经转化为人民日益增长的美好生活需要和不平衡不充分的发展之间的矛盾"[1]，动态发展性成为中国式现代化的必然要求。

（二）人类文明新形态的必然要求：工业文明与生态文明的有机统一

对现代化建设总体布局的科学把握离不开我们党对社会主义文明结构的认识深化，从简单的物质文明与精神文明的二分法，到物质文明、精神文明、政治文明、社会文明、生态文明"五位一体"的社会主义文明观，中国式现代化新道路克服了西方式现代化的片面性和残缺性，体现出人类文明新形态的全面性，实现了工业文明与生态文明的有机统一。

一方面，中国式现代化不是去工业化。工业系统是现代经济发

---

[1] 习近平：《决胜全面建成小康社会　夺取新时代中国特色社会主义伟大胜利——在中国共产党第十九次全国代表大会上的报告》，北京：人民出版社，2017 年，第 11 页。

展和国际竞争力培育的基石。工业化是中国作为世界第一制造业大国、第二大经济体最重要的经济基础。[1] 西方发达国家在完成工业化之后逐步将过剩或落后产能转移至发展中国家的"去工业化"过程造成了制造业"空心化"趋势。而中国式现代化强调决不能弱化或放弃制造业,而是要走强化与深化制造业的新型工业化道路。党的十六大正式提出:"坚持以信息化带动工业化、以工业化促进信息化,走出一条科技含量高、经济效益好、资源消耗低、环境污染少、人力资源优势得到充分发挥的新型工业化路子。"《中国制造2025》将"绿色发展"列为基本方针之一,以坚持可持续发展为着力点。工业化发展的过程包括两个相互交融的方面:其一是数量的扩张和增长,其二是"伴随数量增长的工业质量、国际竞争力和现代化水平的提高"[2],中国式现代化的新型工业化道路就是以后者推动前者的工业化道路。生态文明并不是对工业文明的简单否定,而是通过发展生态技术和生态产业去改造、提升工业文明。中国式现代化新道路是以"改善生态环境就是发展生产力"[3] 为实践指引,将工业文明与生态文明有机结合起来。

另一方面,中国式现代化是以绿色发展理念统筹推进"五位一体"的现代化发展。一是通过构建绿色生产方式、形成绿色产业体系、促进绿色科技创新,实现物质文明和生态文明的统一;二是通过弘扬绿色价值观、发展绿色文化事业以及文化产业,实现精神文明和生态文

---

1 金碚:《全球竞争新格局与中国产业发展新趋势》,《中国工业经济》,2012年第5期。

2 陈佳贵、黄群慧:《工业发展、国情变化与经济现代化战略》,《中国社会科学》,2005年第4期。

3 《习近平谈治国理政》第1卷,北京:外文出版社,2014年,第209页。

明的统一；三是通过发展绿色民主政治、完善绿色制度体系和健全绿色法治保障，实现政治文明和生态文明的统一；四是通过提升绿色公共服务供给水平、探索绿色乡村振兴路径等，实现社会文明和生态文明的统一。事实上，不仅要以生态文明理念引导和规范其他各个领域的现代化建设，而且要以其他领域的现代化保障和推动生态现代化建设。工业化和工业文明是造成生态危机的表层原因，究其根源是资本主义现代化道路本身具有二重性。[1]因此，工业文明与生态文明有机统一的新型工业化道路是人类文明新形态的必然要求。

三、中国式现代化：从单向度现代化到现代化经济体系

（一）超越西方现代化的单维比较优势：现代化经济体系的构建

西方现代化是由农业社会过渡到工业社会，再到知识社会的单向度社会转型，然而中国式现代化是农业社会向工业社会和知识社会的双重社会转型。[2]因此，中国式现代化超越了西方现代化的单一线性发展逻辑，同时超越了西方主流经济学理论的单维比较优势，在构建现代化经济体系的过程中通过转变发展方式、优化经济结构和转换增长动力培育国际竞争与合作新优势。

---

[1] 张云飞、曲一歌：《建设人与自然和谐共生现代化的系统抉择》，《西南大学学报（社会科学版）》，2021年第6期。

[2] 杨安、张艳涛：《论中国式现代化新道路的三重结构》，《青海社会科学》，2022年第1期，第74—81页。

第一，基于国家竞争优势的现代化经济体系。要实现经济发展方式从粗放型向集约型的转变，必然涉及一国如何认识并发挥自己的优势。[1] 西方传统主流经济学的资源禀赋学说和比较优势理论认为，一国应当利用本国最丰富的生产要素，按照比较利益原则加入国际分工国际贸易，才能使各国都获得最大的福利。然而，比较优势理论的局限性在于，该理论指导下的国际贸易虽然能使发展中国家获得贸易利益，但不能缩短其与发达国家的经济差距，更难以使其突破中等收入陷阱，进而实现本国的现代化。如果说比较优势是静态的先天优势，那么竞争优势则是通过国家战略布局突破发展瓶颈、实现赶超的关键。[2] 只有将比较优势转化为竞争优势，才能使后发国家实现经济发展方式的转变，推动其现代化发展进程。

第二，经济结构优化的现代化经济体系。现代化经济体系是"由社会经济活动各个环节、各个层面、各个领域的相互关系和内在联系构成的一个有机整体"[3]。一方面，优化经济结构并不意味着淡化发展实体经济，而是要以实体经济为发展着力点。习近平总书记指出："实体经济是一国经济的立身之本，是财富创造的根本源泉，是国家强盛的重要支柱。"[4] 另一方面，优化经济结构意味着注重实体经济、科技

---

1 洪银兴：《从比较优势到竞争优势——兼论国际贸易的比较利益理论的缺陷》，《经济研究》，1997年第6期。

2 周文、冯文韬：《经济全球化新趋势与传统国际贸易理论的局限性——基于比较优势到竞争优势的政治经济学分析》，《经济学动态》，2021年第4期。

3 《习近平在中共中央政治局第三次集体学习时强调 深刻认识建设现代化经济体系重要性 推动我国经济发展焕发新活力迈上新台阶》，《人民日报》，2018年2月1日。

4 《习近平在中共中央政治局第三次集体学习时强调 深刻认识建设现代化经济体系重要性 推动我国经济发展焕发新活力迈上新台阶》，《人民日报》，2018年2月1日。

创新、现代金融与人力资源协同发展的产业体系。[1] 中国式现代化要求通过科技创新促进传统工业转型升级，推动战略性新兴产业和高端制造业发展；通过深化金融体制改革，增强金融服务实体经济的能力；通过提高人力资本投入，改善实体经济人才需求与现有人才供给之间的结构性矛盾。

第三，增长动力转换的现代化经济体系。不同于西方工业化、城镇化、农业现代化和信息化"串联式"的发展进程，我国"并联式"的发展方式决定了"四化"是叠加发展的。[2] 党的十八大报告中提出，"坚持走中国特色新型工业化、信息化、城镇化和农业现代化道路，推动信息化和工业化深度融合、工业化和城镇化良性互动、城镇化和农业现代化相互协调，促进工业化、信息化、城镇化和农业现代化同步发展"[3]。中国式现代化发展时间的压缩性、发展任务的叠加性以及发展战略的赶超性要求构建增长动力转换的现代经济体系。实质上就是通过抓住新的科技革命和产业变革机遇，以新技术、新产业、新业态和新模式驱动经济增长，解决传统人口红利逐步消失、出口需求常态化萎缩等原有动力减弱问题。

（二）人类文明新形态的内在特征：国家自主性与人民主体性的有机统一

西方发达国家是在没有外力冲击下，经过"市场化—工业化—民

---

[1] 习近平：《决胜全面建成小康社会　夺取新时代中国特色社会主义伟大胜利——在中国共产党第十九次全国代表大会上的报告》，《人民日报》，2017年10月28日。
[2] 参见中共中央文献研究室：《习近平关于社会主义经济建设论述摘编》，北京：中央文献出版社，2017年，第12页。
[3] 中共中央文献研究室编：《十八大以来重要文献选编》上，北京：中央文献出版社，2014年，第16页。

主化"的过程实现现代化。而中国式现代化是国家主导下优先发展重工业、继而进行民主革命、计划经济下的工业化,以及改革开放后工业化、市场化、民主化同步推进的过程。[1] 在这个过程中,国家自主性与人民主体性有机统一的国家治理现代化发挥了关键作用,成为人类文明新形态的内在特征。

其一,国家治理现代化要求发挥国家自主性。《国家何以兴衰:历史与世界视野中的中国道路》提出国家发展的"托尔斯泰定律",即失败的国家各有各的失败,但是成功的国家相似之处在于更强的国家治理能力。[2] 从西欧各国现代化的经验来看,国富国穷之谜离不开国家,"中国奇迹"更是凸显了背后的国家自主性。[3] 无论是亚当·斯密对有效国家下秩序对个人自由、安全重要性的论述,还是中西军事大分流时间节点下国家能力为英国工业革命保驾护航的史实,都表明国家自主性在对内对外两方面对经济发展发挥积极作用。事实上,国家自主性对后发国家现代化进程的推进具有决定性作用。[4] 中国式现代化过程中创造了人类文明新形态,就在于国家能够摆脱来自国内、国际各种利益集团的牵制,依据自身国情实际和长期战略规划,依靠强大的

---

[1] 武力:《论中国现代化过程中的工业化与市场化——西欧现代化与中国现代化比较研究》,《教学与研究》,2022年第9期。

[2] 周文:《国家何以兴衰:历史与世界视野中的中国道路》,北京:中国人民大学出版社,2020年,第3页。

[3] 周文、包炜杰:《国家主体性、国家建构与建设现代化经济体系——基于西欧、美国与中国的现代化发展经验》,《经济社会体制比较》,2018年第5期。

[4] 王家峰:《现代化进程中的国家自主性:一个解释框架》,《天津社会科学》,2009年第6期。

第三章 中国式现代化与人类文明新形态

国家系统实现独立自主地选择现代化发展道路、构建现代化经济体系和培育竞争新优势。

其二，国家治理现代化要求坚持人民主体性。在资本逻辑主导的西方现代化过程中，人民群众并不是主动参与者，而是在生存需求下被迫卷入资本增殖过程的劳动者，沦为机器的附庸而丧失了人的主体性。相反，中国式现代化新道路的基本价值立场是以人民为中心。"现代化的本质是人的现代化"[1]，也正因为如此，坚持以人民为中心是国家治理合法性、有效性和正当性的保证。[2] 党的十九届四中全会强调"坚持以人民为中心的发展思想"是中国国家制度和国家治理体系的显著优势。[3] 在推进国家治理体系和治理能力现代化的过程中，一是要优化国家权力配置，以科学的权力结构和运行机制保证权力的人民属性。"建设人人有责、人人尽责、人人享有的社会治理共同体。"[4] 二是要建设服务型政府，以信息化赋能政府职能转变、简政放权和监管方式创新，更好贯彻全心全意为人民服务的宗旨。三是要共享现代化发展成果，通过健全城乡融合发展体制机制、城乡公共资源配置的普惠性和共享性补齐"四化同步"的短板问题。[5]

---

[1] 中共中央文献研究室编：《习近平关于社会主义经济建设论述摘编》，北京：中央文献出版社，2017年，第164页。

[2] 宁洁、韩桥生：《以人民为中心：我国国家治理现代化的价值导向》，《江西社会科学》，2020年第6期。

[3] 《中共中央关于坚持和完善中国特色社会主义制度 推进国家治理体系和治理能力现代化若干重大问题的决定》，《人民日报》，2019年11月6日。

[4] 《中共中央关于坚持和完善中国特色社会主义制度 推进国家治理体系和治理能力现代化若干重大问题的决定》，《人民日报》，2019年11月6日。

[5] 周文、施炫伶：《共同富裕的内涵特征与实践路径》，《政治经济学评论》，2022年第3期。

四、中国式现代化：从高速增长到高质量发展的新发展理念

（一）超越西方现代化的经济增长范式：新发展理念

党的十九届六中全会《决议》强调，必须实现创新为第一动力、协调为内生特点、绿色为普遍形态、开放为必由之路、共享为根本目的的高质量发展。[1] 新发展理念作为我国现代化建设的指导原则[2]，至少于三方面超越于西方主流经济学：一是西方主流经济学理论过于重视以 GDP 为标志的经济增长数量上的差别，而新发展理念强调通过提高全要素生产率实现可持续的高质量经济增长。二是西方主流经济学片面地将制度变迁方向固化为"私有化、市场化、自由化"，而新发展理念认为在现代化发展过程中，经济发展应当与深化体制改革相协同，应注重结构优化的经济发展。三是西方主流经济学过分强调"自由竞争"和要素报酬论的分配方式，而新发展理念提出共享发展理念和重视按劳分配。[3]

第一，创新是高质量发展的动力机制。经济发展主要依靠劳动、资金和土地高积累的传统模式已难以为继，中国式现代化新道路强调高质量发展的关键是通过科技创新、管理创新和制度创新实现全要素生产率的提高。第二，协调是高质量发展的应有形态。习近平总书记指出，"协调既是发展手段又是发展目标，同时还是评价发展的标准和

---

1 《中共中央关于党的百年奋斗重大成就和历史经验的决议》，北京：人民出版社，2021年，第34页。
2 习近平：《把握新发展阶段，贯彻新发展理念，构建新发展格局》，《求是》，2021年第9期。
3 周文：《建设现代化经济体系的几个重要理论问题》，《中国经济问题》，2019年第5期。

尺度"[1]。高质量发展要通过京津冀协同发展、长江经济带、"东数西算"等战略，统筹东中西部地区协调发展，促进要素自由流动，缩小现代化发展的地区差距；要健全城乡发展一体化体制机制，以乡村振兴战略提升农村地区现代化水平。第三，绿色是高质量发展的内在要求。中国式现代化不可能采取西方现代化过程中高污染或是将污染转移至发展中国家的路径。从横向上看，高质量发展既要对传统制造业进行绿色化改造，又要对绿色制造的新兴产业进行结构调整；从纵向上看，高质量发展注重将绿色产业链贯穿产品的全生命周期，全方位、全地域、全过程开展生态环境保护。第四，开放是高质量发展的必由之路。中国式现代化新道路要求建立高质量的开放型经济体系，在更大范围、更宽领域、更高层次上利用"两个市场""两种资源"。在以国内大循环为主体、国内国际双循环的新发展格局中不断提升在全球产业链价值链的地位。第五，共享是高质量发展的价值追求。不同于西方现代化中资本主义私有制的生产目的，以及由此造成的贫富差距不断扩大的社会现象，社会主义公有制的生产目的是满足全体人民物质和文化需要，高质量发展强调以共建共享实现社会和谐、公平的发展。

（二）人类文明新形态的价值旨归：工具理性与价值理性的有机统一

以工具理性为核心支撑的西方现代化过程中，人沦为一种工具，人的现代化仅仅是畸形的、片面的工人劳动能力"现代化"。[2] 而中国式现代化是以新发展理念推动人的全面发展，以实现人的现代化为社

---

1 中共中央文献研究室编：《习近平关于社会主义经济建设论述摘编》，北京：中央文献出版社，2017年，第35页。
2 张三元：《以新发展理念推动和引领的现代化》，《思想理论教育》，2021年第8期。

会主义现代化的根本价值目标。换言之，在生产力高度发达的基础上实现工具理性与价值理性的有机统一是人类文明新形态的价值旨归。高速增长转向高质量发展的过程，是经济运行的目标和动力机制由侧重经济总量扩张的工具性价值，转向更侧重产品和经济活动的使用价值。[1] 这种转向在现实中表现为对满足人民日益增长的美好生活需要的重视，对供给侧结构性改革的重视，以及对共同富裕的扎实推进。

首先，高质量发展就是能够很好满足人民日益增长的美好生活需要的发展。党的十九大报告明确指出，关于全面建成小康社会，人民日益广泛的美好生活需要不仅局限于物质文化生活，而且"在民主、法治、公平、正义、安全、环境等方面的要求日益增长"[2]。可以说，"美好生活是与新发展阶段相适应的生活方式，是人类文明新形态在生活方式维度的创造与变革"[3]。一方面，人民群众多层次、个性化的美好生活需要为高质量发展提供牵引作用；另一方面，高质量发展进一步创造出人民的多样化生活需求，实现需求与供给的良性互动，构成了中国式现代化新道路的独特优势。

其次，深化供给侧结构性改革是高质量发展的主线。不同于以解决经济"滞胀"问题为目标、以减税为主要政策手段、强调自由放任和减少政府干预的西方供给学派，供给侧结构性改革的理论基石是马克思主义政治经济学，强调以"去产能、去杠杆、去库存、降成

---

[1] 金碚：《关于"高质量发展"的经济学研究》，《中国工业经济》，2018年第4期。

[2] 中共中央党史和文献研究院编：《十九大以来重要文献选编》上，北京：中央文献出版社，2019年，第8页。

[3] 项久雨：《新发展理念与美好生活》，《马克思主义研究》，2021年第10期。

本、补短板"为重点推进改革，解决我国在供给侧方面积累的矛盾和问题。同时，为了提升供给体系的质量和效率，从而增强经济发展的韧性，在三方面下功夫：一是通过优化营商环境"增强"微观主体活力，二是通过技术创新和规模效应"提升"产业链水平，三是通过建设国内统一大市场"畅通"国民经济循环。社会生产力水平整体性跃升的基础上，以更高水平的供给能力更好满足人民群众日益增长的美好生活需要。

再次，推进共同富裕是高质量发展的最终目标。共同富裕是中国式现代化的重要特征，而西方现代化的高福利模式无法成为中国实现共同富裕的道路选择。[1] 高质量发展一方面有利于解放和发展生产力，推动实现共同富裕"做大蛋糕"的目标，另一方面有助于调整生产关系，形成更加公正合理的分配格局，推动实现共同富裕"分好蛋糕"的目标。党的十九大报告将共同富裕目标与社会主义现代化建设目标相统一，提出到 2035 年基本实现社会主义现代化时，"全体人民共同富裕迈出坚实步伐"；到 21 世纪中叶建成富强民主文明和谐美丽的社会主义现代化强国时，"全体人民共同富裕基本实现"。[2] 党的十九届五中全会将"人民生活更加美好"目标描述为"人的全面发展、全体人民共同富裕取得更为明显的实质性进展"，并作为 2035 远景规划的目标之一。[3]

---

[1] 周文、施炫伶：《共同富裕的内涵特征与实践路径》，《政治经济学评论》，2022 年第 3 期。
[2] 习近平：《决胜全面建成小康社会 夺取新时代中国特色社会主义伟大胜利——在中国共产党第十九次全国代表大会上的报告》，北京：人民出版社，2017 年，第 28—29 页。
[3] 《中国共产党第十九届中央委员会第五次全体会议文件汇编》，北京：人民出版社，2020 年，第 23 页。

五、中国式现代化：市场扩张从海外殖民到构建人类命运共同体

（一）超越"西方中心论"的零和博弈模式：构建人类命运共同体

从发展路径来看，中国式现代化克服了西方现代化市场扩张的殖民性。西方现代化是通过圈地运动和海外殖民达到市场扩张目的，在这个过程中输出本国的商品、文化、制度和价值观，也由此形成了现代化等于西方化的"西方中心主义"话语体系。正如马克思在《资本论》中的描述，"一种与机器生产中心相适应的新的国际分工产生了，它使地球的一部分转变为主要从事农业的生产地区，以服务于另一部分主要从事工业的生产地区"[1]。在西方现代化资本积累和市场扩张的过程中，生产力相对落后的经济体不得不成为中心资本主义国家的外围附属。此外，两次世界大战都是西方现代化过程中霸权逻辑和"零和博弈"模式的现实表现，通过战争和冲突解决利益争端成为西方现代化的内在发展逻辑。

党的十八大报告提出，构建人类命运共同体着眼于"在追求本国利益时兼顾他国合理关切，在谋求本国发展中促进各国共同发展，建立更加平等均衡的新型全球发展伙伴关系，同舟共济，权责共担，增进人类共同利益"[2]。一方面，国际交往的扩展、经济全球化程度不断加深使各国之间的经济联系愈加密切，找到人类普遍利益的"公约数"，

---

[1] 《资本论》第1卷，北京：人民出版社，2004年，第519—520页。
[2] 胡锦涛：《坚定不移沿着中国特色社会主义道路前进为全面建成小康社会而奋斗——在中国共产党第十八次全国代表大会上的讲话》，《人民日报》，2012年11月18日。

第三章　中国式现代化与人类文明新形态

形成构建"人类命运共同体"的基础。习近平总书记指出,"当今世界,各国人民是一个休戚与共的命运共同体,市场、资金、资源、信息、人才等等都是高度全球化的"[1],因此我国务必要"树立世界眼光,更好地把国内发展与对外开放统一起来,把中国发展与世界发展联系起来,把中国人民利益同各国人民共同利益结合起来"[2]。另一方面,世界市场中出现"治理赤字、信任赤字、和平赤字与发展赤字"的挑战,国际经济秩序中的不平等性加深,全球性的劳动分工本质上是"中心—外围"结构下不同国家之间的不平等交换。[3]

构建人类命运共同体是为全球治理体系朝着更加公正合理的方向发展贡献中国方案和中国智慧。[4]针对"中心—外围"与低端锁定格局,中国构建人类命运共同体致力于担当双环流体系中联结上环发达国家与下环发展中国家的枢纽,推进多边合作和加快国际经济秩序变革;针对国际经济秩序中包容性不足的问题,中国顺应世界市场中经济全球化趋势,致力于与世界各国共同解决世界市场环境在自由贸易和贸易保护之间摇摆的对外难题,通过将各国特殊价值的实践道路统一于全球共同价值的实现途径,不断解放全球生产力水平。[5]中国式现代化新道路强调构建"人类命运共同体",是批判和革新强权独霸、零和博

1　习近平:《携手追寻中澳发展梦想并肩实现地区繁荣发展——在澳大利亚联邦议会的演讲》,《人民日报》,2014 年 11 月 18 日。

2　习近平:《更好统筹国内国际两个大局夯实走和平发展道路的基础——在十八届中共中央政治局第三次集体学习上的讲话》,《人民日报》,2013 年 1 月 30 日。

3　刘伟、王文:《新时代中国特色社会主义政治经济学视阈下的"人类命运共同体"》,《管理世界》,2019 年第 3 期,第 1—16 页。

4　习近平:《在庆祝改革开放 40 周年大会上的讲话》,《人民日报》,2018 年 12 月 19 日。

5　周文、李超:《中国共产党推进新型经济全球化的宏大视野、使命担当和核心理念》,《学术研究》,2022 年第 2 期,第 9 页。

弃的全球治理新主张，是对"中国威胁论""中国崩溃论""修昔底德陷阱论"等误解误判的正面回应，是向世界宣告中国致力于"建设持久和平、普遍安全、共同繁荣、开放包容、清洁美丽的世界"的责任担当。[1]

（二）中国式现代化的世界意义：民族性与世界性的有机统一

资本主义文明下，西方现代化的过程变成"使未开化和半开化的国家从属于文明的国家，使农民的民族从属于资产阶级的民族，使东方从属于西方"[2]的过程。面对民族性与世界性的矛盾，行动上诉诸战争和冲突方式、思想上构建"西方中心主义"话语体系成为西方现代化发展模式的内在价值逻辑。中国式现代化强调民族性与世界性有机统一的和平发展道路，彰显了人类文明新形态的包容性。

现代化发展既有世界性又有民族性。在全球化语境下，世界性与民族性并不是相互独立、泾渭分明的，而是高度关联、相互依存、相互促进的辩证关系。[3]

首先，中国式现代化蕴含着世界历史逻辑中的"文明共性"。"现代文明，本质上是一种世界性文明，它的发生、发展，本身就是一部把世界各民族的生存、发展日益纳入一体化轨道的世界史。"[4]任何民族都不可能忽视全球化的影响而孤立地迈向现代化。中国式现代化新道路的世界性体现在两方面：一是对时代主题的准确把握。从邓小平同志

---

[1] 习近平：《决胜全面建成小康社会 夺取新时代中国特色社会主义伟大胜利——在中国共产党第十九次全国代表大会上的报告》，北京：人民出版社，2017年，第58—59页。

[2] 《马克思恩格斯选集》第1卷，北京：人民出版社，2012年，第405页。

[3] 贺方彬：《论社会主义发展的世界性与民族性相统一》，《中共天津市委党校学报》，2012年第4期。

[4] 陈振昌：《试论现代化的世界性与民族性》，《西北大学学报（哲学社会科学版）》，1994年第4期。

第三章　中国式现代化与人类文明新形态

提出"和平与发展"是当今世界主体的重要论断,到习近平总书记强调"发展是人类永恒的主题,合作才能办成大事,办成好事,办成长久之事","人类是不可分割的安全共同体,和衷共济才能维护世界和平与安宁"。[1]和平发展的中国式现代化新道路体现了中国承认和尊重世界历史的多元化,超越了民族、国家、阶级和意识形态的划分,丰富了人类走向现代化的理论图景。[2]二是注重与世界各国文明的交流互鉴。习近平总书记指出,"文明因多样而交流,因交流而互鉴,因互鉴而发展"[3],"不同文明要取长补短、共同进步,让文明交流互鉴成为推动人类社会进步的动力、维护世界和平的纽带"[4]。文明交流互鉴不仅有利于营造合作互信的国际经济环境、建立公正合理的国际经贸规则,更有利于消解逆全球化,推动经济全球化和世界各国的现代化进程。

其次,中国式现代化承载着"中国特色"的民族性特征。不同民族国家现代化道路的选择及进程必然受到其历史文化传统的规定、制约和引导。[5]其一,中国式现代化的发展阶段与发展目标是立足于社会主义初级阶段的基本国情,以及我国社会主要矛盾的转变。正如邓小平同志指出的,"无论是革命还是建设,都要注意学习和借鉴外国经验。但是,照搬照抄别国经验、别国模式,从来不能得到成功"[6]。其

---

1 《让金砖大船继续乘风破浪、勇毅前行》,《人民日报》,2022年6月24日。
2 张明:《中国道路70年:内涵、视角与方法》,《人文杂志》,2019年第10期。
3 习近平:《深化文明交流互鉴　共建亚洲命运共同体:在亚洲文明对话大会开幕会上的讲话》,北京:人民出版社,2019年,第5页。
4 习近平:《论坚持推动构建人类命运共同体》,北京:中央文献出版社,第421页。
5 [美]西里尔·E.布莱克等:《日本和俄国的现代化》,北京:商务印书馆,1992年,第23页。
6 《邓小平文选》第3卷,北京:人民出版社,1993年,第2页。

二，中国式现代化新道路是在中国共产党领导下探索社会主义建设，并深刻总结经验教训基础上形成的。近代以来，在党的领导下探索并形成了符合中国实际的新民主主义工业化道路、过渡时期工业化道路、"四个现代化"、中国式现代化道路，以及新发展阶段的中国式现代化新道路。[1] 其三，中国式现代化新道路注重挖掘和提炼中华传统文化的精华，并进行"创造性转化与创新性发展"。创造性转化强调根据时代特点和要求，改造传统文化中有借鉴价值的内涵和陈旧表现形式，激发其生命力；创新性发展强调在时代的新进步新发展下，"对中华优秀传统文化的内涵加以补充、拓展、完善，增强其影响力和感召力"[2]。"以和为贵""和而不同""天下大同"的中华民族文化基因造就了中国式现代化新道路对"和平、发展、公平、正义、民主、自由的全人类共同价值"的弘扬。

---

[1] 任志江、林超、汤希：《从新民主主义工业化道路到中国式现代化新道路——中国共产党对现代化道路的百年探索》，《经济问题》，2022年第2期，第17—26页。
[2] 中共中央宣传部：《习近平总书记系列重要讲话读本》，北京：人民出版社，2014年，第101页。

第四章

再论中国式现代化与人类文明新形态

中华民族历史悠久，中华文明源远流长，五千年来勤劳勇敢的中国人民创造了辉煌灿烂的中华文明，有力推动了人类文明发展进程。近代以来，中华民族遭受前所未有的劫难，国家蒙辱、人民蒙难、文明蒙尘。现代化是近代以来中国人民孜孜以求的夙愿，中国人民为实现现代化历经艰难探索和不懈奋斗。百年风雨兼程，百年不懈奋斗。"一百年来，党既为中国人民谋幸福、为中华民族谋复兴，也为人类谋进步、为世界谋大同，以自强不息的奋斗深刻改变了世界发展的趋势和格局。党领导人民成功走出中国式现代化道路，创造了人类文明新形态，拓展了发展中国家走向现代化的途径，给世界上那些既希望加快发展又希望保持自身独立性的国家和民族提供了全新选择。"[1]中国特色社会主义、中国式现代化与人类文明新形态是当代中国伟大变革诞生出的优秀文明成果，中国特色社会主义创造出中国式现代化和人类文明新形态，中国式现代化和人类文明新形态是中国特色社会主义

---

[1]《中共中央关于党的百年奋斗重大成就和历史经验的决议》，北京：人民出版社，2021年，第64页。

绽放出的文明之花，中国特色社会主义既是迈向社会主义现代化强国的中国式现代化，也是实现人的全面发展和社会全面进步的更高文明形态。中国式现代化奠定人类文明新形态的文明基石，人类文明新形态呈现中国式现代化的实践图景，中国式现代化与人类文明新形态相辅相成、同生共进。面对百年未有之大变局与世纪疫情的交织叠加，中国式现代化为破解人类社会发展难题贡献了中国方案和中国智慧，为世界其他国家和民族实现现代化提供了全新选择，人类文明新形态为世界文明发展与人类前途命运指明新路向，人类命运共同体正谱写人类文明形态演进的新篇章。

一、中国式现代化与文明新形态

文明是人类社会自诞生以来创造出来的所有物质、制度与精神成果的总和，文明社会是人类社会发展进步的演进方向，文明形态是人类社会在不同发展阶段、不同社会制度环境下所呈现的不同文明形式，不同的发展阶段和不同制度环境具有不同的文明形态。人类社会从原始社会、奴隶社会到封建社会、资本主义社会再到社会主义社会、共产主义社会，遵循从低级到高级、从野蛮到文明、从简单到复杂的演进方向，人类文明形态也必然逐步走向人的充分自由与解放和社会的全面发展与进步。工业革命开启了人类社会轰轰烈烈的现代化浪潮的序幕，现代化是人类社会文明发展的重大历史性跨越。西方资本主义国家率先引领人类步入现代社会，然而西方资本主义现代文明却愈加暴露出自身的道路困境、制度缺陷与历史局限。中国式现代化是驾驭资本、扬弃资本逻辑与批判吸收资本主义文明发展成果的现代化新道路，破除了现代化道路的资本主义路径垄断与现代化的西方霸权历史，为世界其他民族和国家的现代化提供了全新的选择，拓展了发展中国家走向现代化的新途径，创造了现代化的中国道路与现代文明的社会主义新形态。

（一）西方现代化：资本逻辑与现代化悖论

现代化是人类社会自工业革命以来从传统社会向现代社会发生急剧变革、引发社会全方位各领域深刻变化的世界性历史过程。[1] 现代化是人类社会生产力发展的巨大成果，深刻地改变着人类社会。工业革命之后 200 年间人类物质文化的变化比此前 5000 年里发生的变化都还要巨大。[2] 工业革命 200 多年以来，现代社会所创造的物质财富比过去人类一切世代所创造的物质财富总和都还要大还要多。现代化也深刻地改变了人类的生产方式和生活方式，促进了生产关系的形式性解放与历史性变革，"一切固定的僵化关系以及与之相适应的素被尊崇的观念和见解都被消除了"[3]，实现了人类社会的巨大变革与人类历史的前进发展。因此现代化毫无疑问是人类文明发展进步的跃迁阶梯和人类文明形态变革的直接推力。

西方是现代化的先行者，但不是实现人类现代化的唯一答案和最优选择。正如恩格斯所言，资产阶级"文明时代的基础是一个阶级

---

1 罗荣渠：《现代化新论：世界与中国的现代化进程》，北京：北京大学出版社，2014 年，第 17 页。

2 [美] 斯塔夫里阿诺斯：《全球通史：从史前史到 21 世纪》第 7 版，董书慧等译，北京：北京大学出版社，2005 年，第 477 页。

3 《马克思恩格斯选集》第 1 卷，北京：人民出版社，2012 年，第 403 页。

对另一个阶级的剥削，所以它的全部发展都是在经常的矛盾中进行的"[1]。西方现代化进程就是不断制造现代化悖论的发展历程，资本主义文明发展历史正是不断地重新制造出来自身无法克服的矛盾的恶性循环运动，因此它所达到的结果总是同它希望达到的或者佯言希望达到的相反。[2]

西方现代化是蕴含内外双重矛盾对抗的现代化，呈现出显著的内部失衡性与强烈的外部扩张性特征。内部失衡性鲜明地体现为发展不平衡性、发展严重不公性以及社会分裂对抗性，外部矛盾性主要表现为侵略扩张性、专制排他性与剥削压榨性。一方面，西方现代化道路初期以对外侵略扩张和殖民统治积累丰厚原始资本，由此得以开启大工业机器生产的现代化进程；另一方面，工业文明推动了西方国家的全球殖民侵略与资本扩张，西方现代化又不断通过本国内部的各种形式的剩余价值剥削以及对落后国家的劳动价值的剥削榨取，不断维持资本增殖的需求以及发达国家的垄断收益，驱动发达国家的现代化进程前进。因此，对外剥削压榨和对内压迫榨取贯穿西方现代化进程的始终，西方现代化就是一条依靠资产阶级剥削无产阶级、发达资本主义国家剥削发展中国家的现代化道路，它不仅存在着周期性经济危机、巨大的贫富差距、突出的精神文化矛盾、严重的社会分裂、紧张的人与自然关系等发展难题，而且天然无法支持发展中国家实现现代化，反而是以牺牲世界其他国家的现代化维持自身的繁荣状态。

20 世纪初资本主义世界体系形成之后，特别是 20 世纪 80 年代以

---

[1] 《马克思恩格斯选集》第 4 卷，北京：人民出版社，2012 年，第 194 页。
[2] 《马克思恩格斯文集》第 9 卷，北京：人民出版社，2009 年，第 276 页。

来，资本主义取得前所未有的世界统治地位，新自由主义所代表的西方现代化更是蜕变为锁定发展中国家保持低端产业水平、强化发展中国家的政治经济依附、排斥发展中国家实现现代化的弯路。因此西方现代化注定不是人类社会实现现代化的最优和唯一选择。历史恰恰做出明证：迄今为止西方现代化250年的发展历程，只使全世界不到10亿的人口步入现代化。因此西方现代化是一条速度缓慢、效率不高、质量不高、两极分化严重、矛盾尖锐的现代化。

（二）中国式现代化：开创驾驭资本的文明新形态

第一，社会主义现代化新路。从一百年前积贫积弱、屈辱不堪的落后旧中国，到如今昂首阔步迈向全面建成社会主义现代化强国新征程，100年间中国共产党团结带领中国人民创造了人类现代化史上的奇迹。中国特色社会主义发展道路的历史性开辟，意味着开启一种新文明类型的可能。[1]中国特色社会主义开辟了一条驾驭资本、扬弃资本逻辑与吸收借鉴资本主义文明发展成果的全新社会主义现代化道路。中国式现代化既突破了以原有计划经济模式为代表的传统社会主义现代化，也超越了西方资本主义现代化，将马克思主义基本原理同中国具体实际相结合，坚持走中国特色社会主义道路，创造性开拓出社会主义市场经济的新路。[2]中国创造前所未有的现代化奇迹正是源于社会主义市场经济的伟大成功实践。"在社会主义条件下发展市场经济，是我们党的一个伟大创举。"[3]社会主义与市场经济的有机结合，开创了

---

1 吴晓明：《世界历史与中国道路的百年探索》，《中国社会科学》，2021年第6期，第30—48、204—205页。
2 周文：《中国道路：现代化与世界意义》，杭州：浙江大学出版社，2021年，第67页。
3 习近平：《不断开拓当代中国马克思主义政治经济学新境界》，《求是》，2020年第16期。

人类社会现代化的新动力与新路径,彰显了社会主义现代化的巨大优越性。社会主义市场经济既发挥了市场经济的长处,又发挥了社会主义制度的优越性,不仅有利于解放和发展社会生产力、改善人民生活,还有利于维护社会公平正义、实现共同富裕。社会主义制度与市场经济的有机结合,既通过市场经济体制激发作为生产要素的资本的自然属性,激活"资本的文明面",发挥资本发展生产力、创造社会财富的作用,又以生产资料的社会主义制度基础扬弃了资本的社会属性,剥离了资本剥削性的社会制度基础与前提条件,消除了"资本的黑暗面"。社会主义市场经济通过改变调整生产关系,用公有制及其资本形态驾驭传统的资本逻辑,逐步实现对资本主义生产方式的内在性超越。[1] 社会主义制度和市场经济的有机结合,为开拓现代化新道路、创造人类文明新形态提供了制度基石。

第二,社会主义市场经济的伟大创造。市场经济不是独立的经济形态,它的本质是交换经济,市场经济具有自然属性和社会属性双重属性,在不同社会条件下和不同社会制度结合形成不同性质的社会经济关系。[2] 市场经济是商品经济发展的高级阶段,资本主义率先产生以生产资料私有制和雇佣劳动制度为基础的市场经济,资本主义市场经济成为占据统治地位的经济形态。西方主流经济学将市场经济与资本主义等同,牢牢占据市场经济的定义权与话语权,以资本主义市场经济体制作为判定市场经济的标准尺度和唯一参照。资产阶级经济学家悄然地全面改写了市场经济的历史,"目的是为了符合现在的新自由

---

[1] 周丹:《社会主义市场经济条件下的资本价值》,《中国社会科学》,2021年第4期,第128—145页。

[2] 周文:《中国道路:现代化与世界意义》,杭州:浙江大学出版社,2021年,第70页。

第四章 再论中国式现代化与人类文明新形态

主义正统"[1]。新自由主义的乌托邦是无法实现的,因为它从非历史的、抽象的个体概念出发,以追求普遍的和非历史的真理。[2]市场经济概念本身具有内在的规定性和外在的延展性,市场经济不是资本主义的专属特权,市场经济也不是只有西方自由市场经济为唯一模式,市场经济没有唯一的标准答案,西方市场经济体制不是市场经济的理想参照。社会主义市场经济既破除了市场经济与资本主义的绑定关系,还原了市场经济的本质,还创造性地将社会主义制度和市场经济有机结合,实现了市场经济的重大理论与实践创新。社会主义市场经济既不是复制与对标西方自由市场经济,也不是社会主义制度与市场经济机制的简单相加与拼接,而是社会主义制度与市场经济的有机融合,是体制机制的重构与再造。[3]社会主义市场经济开拓市场经济的新路,是对西方市场经济的扬弃和全面超越。社会主义市场经济不仅破除了西方市场经济的迷思,拨开了市场经济的西方意识形态迷雾,还实现了市场经济的重大理论突破与实践创新,突破了市场经济的西方意识形态霸权。

第三,不断破解政府与市场关系的世界性难题。政府与市场关系是市场经济的永恒话题。真实的人类历史从未存在自由放任的市场经济,自由市场是西方经济学的乌托邦幻想,"建立在不严密的假设和主观狭隘的幻想之上"[4]。自然产生、自我调节的自由市场经济是"一个彻

---

1 [英]张夏准:《富国的伪善:自由贸易的迷思与资本主义秘史》,严荣译,北京:社会科学文献出版社,2009年,第9页。

2 Geoffrey M. Hodgson, *Economics and Utopia: Why the Learning Economy Is Not the End of History*, London: Routledge, 1999, p. 103.

3 周文:《深化认识社会主义市场经济》,《经济日报》,2021年12月29日。

4 [英]张夏准:《经济学的谎言:为什么不能迷信自由市场主义》,孙建中译,北京:新华出版社,2015年,第1页。

头彻尾的乌托邦"，如果没有国家，仅凭市场自身自由演化，那么自由市场将永远不会形成。[1] 西方并不是自由市场经济的模范生，300年的西方主流经济学始终囿于政府与市场此消彼长的二元对立窠臼，从而始终无法消除市场失灵或政府失灵问题。[2] 中国与西方的最大不同就在于国家的角色和作用，中国经济的成功秘诀就在于中国政府发挥的关键性作用。中国的经济改革不是简单复制西方的市场化，其实质是对西方政府与市场关系的重构。[3] 改革开放的伟大实践不断实现市场与政府关系的认识深化、理论突破与实践创新，深入推进形成市场作用与政府作用有机统一、相互补充、相互协调、相互促进的格局，不断破解政府与市场关系的世界性难题。改革开放以来我们不断加强党对经济工作的集中统一领导，充分发挥社会主义制度优越性，逐步探索出以中国共产党总揽全局、协调各方，既充分发挥市场的决定性作用，同时更好发挥政府作用的中国经济发展道路，系统性地形成"党—政府—市场"的"三维谱系"稳定结构，实现了对西方主流经济学的超越和颠覆。[4]

（三）迈向社会主义现代化强国

第一，在社会主义市场经济条件下规范和引导资本发展。从产业资本到金融资本再到当下的技术资本，历经几百年演进的资本既表现为更加复杂的多样形态，各种资本形态合谋又产生更为强大的力量，

---

[1] ［英］卡尔·波兰尼：《大转型：我们时代的政治与经济起源》，冯钢、刘阳译，杭州：浙江人民出版社，2007年，第145页。
[2] 周文：《中国道路：现代化与世界意义》，杭州：浙江大学出版社，2021年，第62页。
[3] 周文：《中国道路：现代化与世界意义》，杭州：浙江大学出版社，2021年，第61页。
[4] 周文：《中国道路：现代化与世界意义》，杭州：浙江大学出版社，2021年，第71页。

第四章 再论中国式现代化与人类文明新形态

然而资本无限自我增殖的根本逻辑没有丝毫改变。资本具有逐利本性，也具有扩张本性，资本无限逐利、无序扩张就会从经济领域"资本的那种不可抗拒的购买的权力"[1]渗透扩张至整个社会，形成支配经济政治文化社会领域的总体性权力，如不加以规范和约束，就会给经济社会发展带来不可估量的危害。新自由主义全球化浪潮就是资本特别是金融资本的全面复活、全球自由流动与无序扩张，资本总体性权力特别是资本主义国家资产阶级金融权力的回归和全球范围内发达资本主义国家金融霸权的回归。[2]从国际经验教训来看，很多发展中国家步入中等收入阶段、深陷中等收入陷阱的重要原因，就在于盲目实行新自由主义改革，无力招架国外垄断资本集团的侵入而丧失国家主体性，资本力量特别是金融资本失去国家监管进而野蛮生长、无序扩张，导致金融泡沫化严重、实体经济衰落、贫富分化严重、民生危机突出、生态环境恶化等问题。社会主义市场经济是一个伟大创造，社会主义市场经济中必然会有各种形态的资本。资本是社会主义市场经济的重要生产要素，改革开放以来资本作为生产要素，发挥积极作用，促进生产力发展、创造经济快速增长奇迹的同时，资本扩张的消极作用也逐步显现。在社会主义市场经济条件下规范和引导资本发展，既是一个重大经济问题，也是一个重大政治问题；既是一个重大实践问题，也是一个重大理论问题；关系坚持社会主义基本经济制度，关系改革开放基本国策，关系高质量发展和共同富裕，关系国家

---

1 《马克思恩格斯文集》第1卷，北京：人民出版社，2009年，第130页。
2 ［法］多米尼克·莱维、热拉尔·迪梅尼：《资本复活：新自由主义改革的根源》，徐则荣译，北京：中国社会科学出版社，2017年，第11、87页。

安全和社会稳定。[1]

第二，切实引导各类资本在全面建成社会主义现代化强国新征程中发挥更大作用。当前全球化、金融化与数字化的新的时代条件下，产业资本、金融资本与技术资本深度融合，资本增殖展现出更为复杂多样的形式、更加深入彻底的程度与更加隐蔽复杂的链条，资本增殖获得前所未有的广度、速度与深度。面对全面建成社会主义现代化强国新征程，坚持党的领导是驾驭资本、约束资本权力、规范和引导资本健康发展的根本政治保证，社会主义制度优势是发挥资本积极作用，使之始终服从和服务于人民和国家利益的根本制度保障。要正确认识和把握资本的特性和行为规律，依法加强对资本的有效监管，防止资本野蛮生长。充分发挥社会主义制度优势，坚持社会主义基本经济制度，坚持两个"毫不动摇"，发挥资本的积极作用，抑制资本的消极作用，依法规范和引导资本健康发展，切实引导各类资本在促进我国经济社会高质量发展、全面建成社会主义现代化强国新征程中发挥更大作用。不断深化对资本的性质、作用和规律的理解和认识，提高驾驭资本、治理资本的本领和能力，全面提升资本的治理效能，从而不断探索社会主义市场经济条件下更加深入地驾驭资本、扬弃资本逻辑、吸收借鉴资本主义文明发展成果的现代化道路，为全面建成社会主义现代化国家、实现中华民族伟大复兴贡献力量。

（四）中国式现代化的人类文明贡献

第一，中国式现代化引领世界现代化变革的历史潮流。中国仅用几十年的时间就走完了西方发达国家几百年的发展历程，创造了前

---

[1] 习近平:《依法规范和引导我国资本健康发展　发挥资本作为重要生产要素的积极作用》,《人民日报》,2022年5月1日。

第四章 再论中国式现代化与人类文明新形态

所未有的人类现代化奇迹，彻底改写了人类社会的现代化版图，在人类发展史上开创了现代化的新纪元，具有划时代的历史意义。当前人类社会正处于百年未有之大变局，新一轮科技革命和产业变革蓬勃兴起，新一轮现代化变革方兴未艾，人类社会正处于生产力大幅跃迁的历史前夜。中国式现代化为在探索资本主义全球化、高度金融化与深度科技化紧密结合的时代背景下，破解全球资本主义、金融资本主义与技术资本主义三重资本逻辑合谋，治理过度金融化和科技霸权难题贡献中国方案和中国智慧。因此，中国式现代化遵循现代化发展规律与人类社会发展规律，不断开辟现代化新路径、刷新现代化新高度、赋予现代化新内涵，为人类现代文明增添新内容、注入新动力、开辟新境界，注定引领世界新一轮现代化变革潮流，承担指引人类现代文明新路向的历史重任。

第二，中国式现代化不断开辟人类文明新境界。我国现代化是人口规模巨大的现代化，是全体人民共同富裕的现代化，是物质文明和精神文明相协调的现代化，是人与自然和谐共生的现代化，是走和平发展道路的现代化。[1]中国式现代化不仅创造了不同于资本主义的物质文明、政治文明、精神文明、社会文明和生态文明，而且推动物质文明、政治文明、精神文明、社会文明、生态文明协调发展，取得了人类文明发展史上的巨大成就，实现了非西方、非资本主义大国的伟大文明变革，为人类文明演进做出巨大贡献。中国是人类历史上第一个以和平共赢而非殖民掠夺方式实现崛起复兴的文明型国家，中国式现代化坚持走和平发展道路，实现大国崛起复兴，完全是依靠自我积

---

[1] 习近平：《把握新发展阶段，贯彻新发展理念，构建新发展格局》，《求是》，2021年第9期。

累、独立自主地探索出符合国情实际的文明崛起之路,开创了和平崛起、和谐发展的文明发展路径。中国共产党正团结带领14亿多中国人民乘风破浪,开启实现全体人民共同富裕的社会主义现代化强国新征程,中国式现代化蕴含以人民为中心的价值追求和实现人的自由全面发展的文明内核,走出一条驾驭资本、扬弃资本逻辑和吸收借鉴资本主义文明发展成果的社会主义现代化道路,不断开辟人类文明新境界。中国的崛起复兴是21世纪最重要的历史事件,中国式现代化打破西方文明霸权的压迫和宰制,以中国特色社会主义的人类文明新形态彰显人类文明发展的多样性,为世界文明发展与人类前途命运指明新路向。

二、中国式现代化:超越西方文明困境与发展悖论

(一)西方现代化的维度:物质中心主义与发展悖论

第一,物质中心主义的西方现代化。西方现代化是物质中心主义的现代化,商品拜物教是物质中心主义的必然结果。西方现代化是物的膨胀和人的异化的现代化。物质中心主义的单一维度现代化虽然实现了生产力的巨大发展与庞大的物质财富堆积,然而高度繁荣的物质文明是建立在牺牲其他文明发展的基础上,物质文明的高度繁荣与尖锐的精神文化危机以及人与自然的紧张对立关系形成鲜明对比。西方现代化不仅通过资本与现代形而上学的合谋征服自然,最大限度地榨取自然以满足资本增殖需求,形成人与自然的紧张对立,而且,物质中心主义现代化还造成西方发达工业社会普遍的精神文化危机,一方

第四章 再论中国式现代化与人类文明新形态

面是逐渐形成普遍流行的商品拜物教、物质享乐主义、无节制消费主义的社会思潮,社会成员放纵沉溺于感性需要与物质满足,另一方面是拜金主义、利己主义、虚无主义盛行,社会伦理道德遭遇消解,社会成员逐步蜕变为丧失理性思考能力、迟钝麻木的单向度的人。因此,西方物质中心主义现代化是物的高度膨胀与人的高度异化的现代化。

第二,西方工业文明的困境。西方现代化盲目追求资本的最大增殖和经济规模的增长,是一条自我毁灭的工业化道路。西方工业文明社会是自我毁灭的工业化的未来。[1] 西方工业文明是不可持续的文明模式,因为西方资本主义工业文明是一种无限攫取自然资源实现资本积累的生产方式,以及无节制的消费主义的帝国式生活方式,这引发了全球资源短缺、世界能源危机、生态环境危机、享乐主义泛滥等等问题。"当代的一个尖锐问题就是要弥合工业文明的深刻分裂。"[2] 工业文明呈现出鲜明的矛盾性,即"它能够将人类的物质财富增加到前所未有的水平,它也能对社会造成前所未有的伤害"[3]。资本主义发达工业文明的现实已经昭示:资本主义工业文明的每一次巨大经济进步都会引发前所未有的社会灾难。因此,现代资本主义整个文化工业将人类塑造成为能够在每个产品中都可以实现不断再生产的类型[4],这导致

---

1 [日]山本新、秀村欣二:《中国文明与世界——汤因比的中国观》,周颂伦等译,北京:东方出版社,1988年,第44页。

2 [美]丹尼尔·贝尔:《后工业社会的来临》,高铦等译,北京:新华出版社,1997年,第122页。

3 [德]格罗·詹纳:《资本主义的未来:一种经济制度的胜利还是失败》,宋玮译,北京:社会科学文献出版社,2004年,第6页。

4 [德]马克斯·霍克海默、西奥多·阿多尔诺:《启蒙辩证法——哲学断片》,渠敬东、曹卫东译,上海:上海人民出版社,2006年,第114页。

了人类精神领域的荒芜衰退。资本主义社会的社会结构(经济秩序)和文化之间存在惊人的分裂,正是这种断裂导致了所有西方资产阶级社会的历史文化危机,这种文化矛盾将作为社会的致命分裂而长期存在。[1]所以资本主义现代化所塑造的正是高度丧失主体性与自反性、沦为资本积累工具的单向度的人。它表征着西方现代文明使资本主义意识形态占据、吞没了异化的主体。[2]

(二)中国式现代化:"五位一体"的现代化建设总体布局

第一,"五位一体"的现代化建设总体布局。中国式现代化是政治建设、经济建设、文化建设、社会建设、生态文明建设"五位一体"的现代化建设总体布局。改革开放以来我们党不断深化对现代化的认识、拓展现代化内涵与把握现代化建设规律,从经济现代化到各领域现代化再到逐步形成全面协调发展的现代化总体布局。从党的十三大提出"三位一体"的战略布局,到党的十六届六中全会正式提出"四位一体"思想,再到党的十七届四中全会明确提出"五位一体"布局。党的十八大以来以习近平同志为核心的党中央将"五位一体"总体布局纳入中国特色社会主义道路中,不断深化中国共产党执政规律、社会主义建设规律和人类社会发展规律,从中华民族伟大复兴战略全局和世界百年未有之大变局高度推进落实"五位一体"总体布局,为全面建成社会主义现代化强国不懈奋斗。我国"五位一体"总体布局协调推进的现代化超越了以经济现代化与物质现代化为标志的西方现代

---

1 [美]丹尼尔·贝尔:《资本主义文化矛盾》,严蓓雯译,南京:江苏人民出版社,2012年,第88页。

2 [美]赫伯特·马尔库塞:《单向度的人:发达工业社会意识形态研究》,刘继译,上海:上海译文出版社,2006年,第9—13页。

化，为发展中国家创新和实现全面现代化提供重要借鉴。[1]

第二，突破西方现代化发展悖论。现代化是全社会范围内系统性的现代化，不是单一领域或者单一内容的现代化。一方面，现代化不等同于工业化，工业化虽然是现代化的核心内容，但现代化不是工业化，工业化不是现代化的全部内容，不能简单地以工业化代替现代化。另一方面，现代化也不是唯"工业化"、唯"生产力化"，虽然生产力的高度发展是现代文明的基础，工业文明是现代文明的根基。然而现代文明是包含物质文明、政治文明、精神文明、社会文明、生态文明的总体文明演进历程，不能以简单的生产力及物质财富总量GDP指标作为衡量现代化的唯一标准。现代化不可能停滞不前，工业文明不是现代文明进程的终结，工业文明也越来越脱离现代化发展潮流[2]，人类文明正迈向更高发展阶段。西方现代化导致人的物化和异化的发展悖论，资本主义越发展，人的异化程度就越高；资本主义越发展，人与自然的关系就越紧张对立；资本主义越发展，人的精神文化危机就越严重。因此资本主义现代化越发展，资本主义社会越失衡，资本主义国家的社会成员越异化。因此资本主义现代化制造了现代化的发展悖论。中国式现代化突破西方资本主义现代化的发展悖论，紧紧围绕以人为核心的现代化发展理念，通过经济建设、政治建设、文化建设、社会建设、生态文明建设"五位一体"总布局，推动物质文明、政治文明、精神文明、社会文明、生态文明协调发展，致力于实现社会的全面进步和人的全面发展。

（三）中国式现代化的文明意蕴

第一，协调发展的现代文明形态：西方现代化是以资本为中心的

---

[1] 周文：《中国道路：现代化与世界意义》，杭州：浙江大学出版社，2021年，第135页。
[2] 周文：《中国道路：现代化与世界意义》，杭州：浙江大学出版社，2021年，第124页。

物的现代化，西方资本主义文明的显著弊病就是文明体系的内部失衡，人与自然关系、人与社会关系、人与人关系、人与自身关系的全面失衡，物质文明的发展以牺牲其他文明为代价，庞大的物质财富堆积的背后是难以跨越的贫富分化、人的精神文化的衰落和自然生态危机的加剧。中国式现代化是以人为核心的现代化，是全面协调均衡发展的现代化，是五大文明协调发展的文明形态，是实现社会全面进步和人的全面发展的现代化。中国式现代化打破了西方现代化的单一线性发展逻辑，超越了西方的简单现代化，实现了现代化的跨越式发展，在高度复杂的社会现实条件下探索着复杂现代化的发展难题。中国式现代化坚持人与自然和谐共生的现代化，坚决抛弃控制自然、征服自然、支配自然的资本主义现代化方案，坚定不移走绿色低碳循环发展之路，致力于实现人与自然的和谐共生、推动全球绿色可持续发展。中国式现代化是实现全体人民共同富裕的现代化，始终把增加人民福祉、促进人的全面发展、朝向共同富裕稳步前进作为经济发展的出发点和落脚点，不断满足人民对美好生活的向往。中国式现代化坚持物质文明和精神文明协调发展，坚持"以辩证的、全面的、平衡的观点正确处理物质文明和精神文明的关系"[1]，人民物质生活水平和精神文化生活实现均衡发展、同步提高、相互促进。中国式现代化破解了人类文明失衡发展的核心难题，彰显了人类文明体系的协调性，创造了全面协调发展的现代文明形态。

第二，面向人的自由全面发展的文明形态。中国式现代化是促进社会全面进步与人的全面发展的全方位系统性现代化道路，是实现社

---

[1]《习近平谈治国理政》第2卷，北京：外文出版社，2017年，第324页。

会文明与人的解放的崭新文明形态。资本主义文明形态通过资本主义制度和市场经济实现了社会成员之间互相的和全面的依赖,人与人之间被卷入依赖交换价值纽带连接的普遍的物化社会联系之中,获得了打破传统封建人身依附关系的形式解放。资本主义商品生产"在产生出个人同自己和同别人的普遍异化的同时,也产生个人关系和个人能力的普遍性和全面性"[1]。然而,资本主义文明却让人陷入资本剥削压榨劳动的奴役关系里面,获得表面的形式自由却陷入实质的剥削奴役是资本主义文明的固有缺憾。以中国式现代化为基石的社会主义文明形态是面向人的自由全面发展的崭新文明形态,创造了以物质文明为基础、政治文明为保障、精神文明为支撑、社会文明为依托、生态文明为前提的总体文明体系,五大文明之间良性互动、协调发展、整体推进,人的全面发展的条件、手段和内容逐步得到充实、提高、完善,人类解放的趋势与程度不断得到切实彰显,面向人的自由全面发展的崭新文明形态正在中国式现代化中不断标注着人类文明新高度。

三、中国式现代化经济体系:比较优势与西方现代化产业理论缺陷

(一)西方现代化产业理论的缺陷

第一,比较优势理论的误导:长期以来,西方推行比较优势的国际贸易理论。依照西方比较优势理论的理论逻辑,发展中国家应该

---

[1]《马克思恩格斯文集》第8卷,北京:人民出版社,2009年,第56页。

利用自身的丰富自然资源大力发展农业而非工业，长此以往发展中国家必然趋向"去工业化"趋势，这一"去工业化"趋势背后隐藏的目的就是让更多发展中国家沦为世界生产体系中的原料产地和商品倾销市场。比较优势理论只宣扬各国通过分工生产效率最高的商品参与世界市场交换，因此带来总体财富增加的静态过程，却避而不谈动态的交易过程将会加剧弱者的弱势地位，形成依附性经济。[1]比较优势理论是为了维护西方发达国家的产业分工优势，将后发国家牢牢锁定于依附性经济陷阱里面，发展中国家永远无法利用现有的比较优势条件实现对发达国家的赶超，更难以实现自身的跨越式发展。[2]世界经济发展历史表明：500年来还没有哪个国家发生过在没有国家对市场强有力的干预下，穷国可以从不对称的自由贸易中摆脱贫困的国际分工。[3]

第二，实体经济与虚拟经济的严重失衡。西方经典产业结构理论片面强调服务业比重越大现代化程度越高的错误认识，单纯将诸如发达的金融证券产业、股票市场以及房地产业等虚拟经济作为现代化经济的标志，认为虚拟经济越发达，经济现代化程度就越高。然而，脱离实体经济支撑的虚拟经济只是从事钱生钱的简单过程，无法创造物质财富，失去实体经济支撑的虚拟经济只是纯粹的金钱泡沫游戏，过度发展虚拟经济无法推动社会生产力的提高，进而实现现代化，只能

---

[1] 周文：《国家何以兴衰：历史与世界视野中的中国道路》，北京：中国人民大学出版社，2021年，第144—145页。

[2] 周文：《中国奇迹背后的密码——来自中国改革开放40年的经验与总结》，《东北财经大学学报》，2018年第4期，第3—9页。

[3] ［美］埃里克·S.赖纳特：《富国为什么富 穷国为什么穷》，杨虎涛等译，北京：中国人民大学出版社，2013年，第92页。

助推和加剧经济泡沫化。发展中国家盲目按照西方现代化发展经验简单归纳出来的"现代产业结构"理论,刻意降低制造业产业比重,而不顾实际大力发展服务业和虚拟经济,不仅无法解决自身发展动能不足、国内消费不足、产业转型升级等问题,反而陷入经济不断"脱实向虚"的陷阱难以自拔。[1] 当前西方发达资本主义面临过度金融化与产业空心化难题,20世纪80年代以来的新自由主义全球化解除了对金融行业的监管,重新激活了金融资本,金融资本自由流动的所有的壁垒——国家间的监管和界限都被解除,形成脆弱又臃肿的全球金融结构。[2] 金融资本高踞于实体经济之上,整个世界经济越来越趋向金融化,快速的金融化和资本市场自由化甚至一度把世界带到全球性崩溃的边缘[3],2008年国际金融危机是当今世界虚拟经济与实体经济严重失衡的集中表现。

(二)建设现代化经济体系

第一,现代化的经济学新话语。现代化经济体系是一个全新的概念,是当代中国马克思主义政治经济学的"崭新话语",是现代化的重大理论突破与实践创造。我国的现代化经济体系不同于西方现代化经济体系,是社会主义的现代化经济体系,是吻合并服务于我国社会主义现代化强国建设的现代化经济体系。我国的现代化经济体系既不是简单对标西方国家、以西方现代化为目标的现代化经济体系,不

---

[1] 周文、李思思:《高质量发展的政治经济学阐释》,《政治经济学评论》,2019年第4期,第43—60页。

[2] [法]热拉尔·迪梅尼尔、多米尼克·莱维:《新自由主义的危机》,魏怡译,北京:商务印书馆,2015年,第142页。

[3] [美]约瑟夫·斯蒂格利茨:《全球化及其不满》,李扬、章添香译,北京:机械工业出版社,2010年,第72页。

能用西方标准衡量现代化经济体系的优劣,也不是一步到位的经济体系,而是在我国现代化过程中不断完善的现代化经济体系,与西方现代化经济体系存在着本质的区别。现代化经济体系是由社会经济活动各个环节、各个层面、各个领域的相互关系和内在联系构成的一个有机整体,是多个体系、紧密联系的有机整体。现代化经济体系是社会主义市场经济新的规律和体系化的发展,没有经济体系的现代化,就没有社会主义国家的现代化。国家强,经济体系必须强,建设现代化经济体系是实现全面建成社会主义现代化强国的必由之路。现代化经济体系既源自新中国70多年社会主义经济建设特别是改革开放40多年的伟大实践基础,又是中国共产党百年现代化建设实践的经验总结与理论升华,更是新时代全面建成社会主义现代化强国的战略谋划。

第二,现代化经济体系强调新发展理念。西方主流经济理论正是抽掉曾经帮助自己繁荣富强的梯子,通过西方占据主导地位的经典产业结构分工理论和比较优势理论,误导发展中国家的经济现代化发展方向和产业结构,维持西方国家的国际高端分工地位以及产业技术垄断霸权,企图将发展中国家牢牢锁定在国际产业分工体系的中低端,竭力制造发展中国家经济现代化的隐形壁垒和现代化发展的天花板。由此广大发展中国家迟迟难以跨越中等收入阶段迈向高收入阶段,新自由主义方案更是误导中等收入阶段的发展中国家实行彻底私有化、完全市场化与绝对自由化改革,使其陷入中等收入陷阱难以自拔,现代化误入歧途。新发展理念不再单纯追求经济增长规模和速度的数量层面,而是更加重视经济发展的质量层面,注重经济高质量发展、产业结构优化升级、经济体制改革完善和经济发展成果分配共享。新发

第四章 再论中国式现代化与人类文明新形态

展理念坚持创新在现代化建设全局中的核心地位,加快建设创新型国家和世界科技强国,以创新发展解决发展动力问题;推动区域、城乡、行业协调发展,缩小发展差距,以协调发展解决发展不平衡问题;推进经济社会发展全面绿色低碳转型,以绿色发展实现人与自然和谐共生;以更高水平开放加快构建双循环新发展格局,形成全面对外开放新局面,以开放发展实现内外发展联动;坚持以人民为中心的发展思想扎实推动全体人民共同富裕,以共享发展彰显社会公平正义。创新、协调、绿色、开放、共享的新发展理念是建设现代化经济体系、破解经济发展难题的整体方案,是指导新时代中国经济实现高质量发展的根本方略,也是引领中国经济从经济大国迈向经济强国的根本遵循。[1]

第三,现代化经济体系强调生产力与生产关系的协调互动。现代化经济体系既是生产力发展的现代化,也是生产关系变革的现代化,更是生产力与生产关系协调互动的现代化。现代化经济体系的生产力内容体现为高质量的要素资源、更加合理的产业结构与系统完备的产业体系等等,现代化经济体系的生产关系内容表现为所有制、收入分配制度与经济运行体制等内容,现代化经济体系需要生产力与生产关系的良性互动、协调发展。现代化经济体系建设的关键在于以供给侧结构性改革为主线,建设现代产业体系和构建现代经济体制。面对我国全面建成社会主义现代化强国的发展要求以及世界新一轮科技革命和产业变革机遇,建设现代化经济体系既要不断深化经济体制改革,加快高水平社会主义市场经济体制建设,着力构建市场体制有效、微

---

[1] 周文:《国家何以兴衰:历史与世界视野中的中国道路》,北京:中国人民大学出版社,2021年,第379页。

观主体有活力、宏观调控有度的经济体制，使经济体系不断适应我国全面建成社会主义现代化强国的要求，又要加快创新驱动引领，加快建设实体经济、科技创新、现代金融、人力资源协同发展的产业体系，推动经济发展的质量变革、效率变革、动力变革。

（三）现代化经济体系的理论新内涵

第一，现代化经济体系突破西方主流经济学的产业理论误导。我国的现代化经济体系论突破西方主流经济学的三大产业划分理论，打破传统产业结构理论的误导。实体经济是一国经济的立身之本，是财富创造的根本源泉，是国家强盛的重要支柱。中国经济的成功证明制造业乃是强国之本，去工业化是国家衰落之因。如果缺乏一个强大且富有创新性的制造业体系以及它所创造的就业机会，那么任何一个先进的经济体都不可能繁荣发展。[1]制造业是实体经济的基础，实体经济是我国发展的本钱，是构筑未来发展战略优势的重要支撑。习近平总书记强调："建设现代化经济体系，必须把发展经济的着力点放在实体经济上。"[2]建设现代化经济体系要求充分认识创新是第一动力，健全社会主义市场经济条件下新型举国体制，提高高质量科技供给，依靠科技创新掌握关键核心技术，突破关键核心技术领域"卡脖子"问题，着力支撑现代化经济体系。我国的现代化产业体系正不断迈向全球价值链中高端，逐步打破西方发达国家的技术壁垒和技术霸权，打破西方发达国家限制发展中国家现代化发展的隐形壁垒和天花板。中国式现代化正破解西方现代化的限制和束缚，打破资本主义国际分工体系

---

1 [美]瓦科拉夫·斯米尔：《美国制造：国家繁荣为什么离不开制造业》，李凤海、李寅龙译，北京：机械工业出版社，2014年，第IV页。

2 《习近平谈治国理政》第3卷，北京：外文出版社，2020年，第24页。

"中心—外围"结构,突破资本主义世界体系,为世界广大发展中国家开辟现代化发展新境界。

第二,现代化经济体系标注现代物质文明新高度。近代以来西方对于现代化的理解过于简单化,从传统社会到现代社会的转换过程存在明显的二元对立矛盾与线性历史思维,因此经济发展过程往往出现量与质的失调、规模与结构的失衡等问题。不同于西方国家的经济体系,我国紧密联系、有机统一的现代化经济体系,是系统化指向发展水平、发展质量、发展结构、发展空间布局及发展体制机制等多方面的现代化水平和状态。我国现代化经济体系是生产力与生产关系协调发展的统一,既注重推动生产力高质量发展,依靠科技创新创造更坚实的物质财富,又致力于通过社会主义市场经济体制创造的平等劳动生产关系,推动全体人民共享改革发展成果、最终实现共同富裕。当前人类社会正处于新一轮科技革命和产业变革的前夜,新一轮科技革命和产业变革必将推动全球生产关系的重大调整和生产力的巨大进步,推动人类社会生产力的更大跃升发展。我国现代化经济体系坚持创新作为引领发展的第一动力,将自主创新作为转变经济发展方式的中心环节,加快建设科技强国,实现高水平科技自立自强,还坚持以全球视野谋划和推动科技创新,全方位加强国际科技创新合作,积极主动融入全球科技创新网络,从全人类文明发展高度和历史高度推动科技创新与生产力发展,为人类文明进步和增进人类文明福祉贡献中国力量。因此现代化经济体系是实现社会生产力高质量发展的制度体系,正以物质生产力的坚实基础重塑现代物质文明结构,不断刷新现代物质文明的高度。

四、中国式现代化拓展世界市场的新路径

（一）西方主导的世界市场体系

第一，西方主导下世界市场体系的问题。新航路的开辟既打破了原有世界相对封闭隔绝的发展状态，为形成统一的世界市场创造了条件，世界开始成为一个整体，也开启了西方国家殖民掠夺的血腥历史，资本主义文明逐渐成为主导世界的文明形态，东方逐渐从属于西方。近代以来，西欧资本主义国家实行残暴的对外殖民侵略扩张和严酷的对内掠夺剥削榨取，血腥的原始资本积累成为世界近代史的开端，"资本来到世间，从头到脚，每个毛孔都滴着血和肮脏的东西"[1]。资本无限自我增殖的欲求驱动着世界市场的形成，"资产阶级，由于开拓了世界市场，使一切国家的生产和消费都成为世界性的了"[2]。枪炮、病菌和钢铁武器既是欧洲殖民者征服美洲大陆的原因，"也使现代欧洲人能够去征服其他大陆的民族"[3]。西方资本主义文明依靠自身的暴力强制将世界各国文明卷入现代资本主义世界体系，资本主义世界市场体系初步形成。第二次工业革命大大加速了资本主义的发展，19世纪末20世纪初各主要资本主义国家步入帝国主义阶段，资本主义制度取得世界统治地位，整个世界被几个主要的帝国主义国家瓜分完毕，资本主义世界市场最终形成。20世纪80年代以来新自由主义全球化大行其道，经济全球化到达前所未有的程度，以美国为首的西方发达资本主

---

1 《马克思恩格斯选集》第2卷，北京：人民出版社，2012年，第297页。

2 《马克思恩格斯选集》第2卷，北京：人民出版社，2012年，第404页。

3 ［美］贾雷德·戴蒙德：《枪炮、病菌与钢铁：人类社会的命运》，谢延光译，上海：上海译文出版社，2006年，第58—59页。

第四章 再论中国式现代化与人类文明新形态

义国家利用自身的霸权地位和力量优势，继续强化不公正、不合理的国际政治经济秩序，牢牢把持着全球贸易治理机制、全球金融治理机制以及全球发展治理机制的话语权和控制权，形成西方发达国家主导世界市场的不公格局。

第二，新自由主义全球化的危机。自从西方国家开启全球化序幕以来，西方引领的资本主义全球化始终处于不平等、不均衡、不稳定的状态。新自由主义全球化是资本主义全球化发展的新阶段，引导了全球化发展的错误方向。新自由主义全球化的游戏规则完全有利于以美国为代表的西方发达国家，这是以牺牲发展中国家的利益为代价的，特别是国际贸易领域，美国几乎获得了想要的一切。[1] 它制造了发达国家与发展中国家的巨大发展鸿沟，发达国家攫取了全球化的主要果实，发展中国家却沦为全球化风险承受者和代价承担者。逆全球化是资本主义全球化困境与危机的表征，现阶段的新自由主义全球化走向失败，因为当前全球化已经形成了显著的南北发展失衡，托马斯·皮凯蒂（Thomas Pikety）通过翔实的历史数据发现：21世纪"当前的贫富分化程度已经逼近甚至超越了历史高点"[2]。当前全球财富分配不均已经到达极限状态，正在形成前所未有的全球性大分裂。[3] 百年变局与世纪疫情加剧逆全球化思潮涌动，贸易保护主义、单边主义抬头，世界市场急剧萎缩，全球经济增长乏力，经济全球化动能衰弱，全球

---

1 ［美］约瑟夫·斯蒂格利茨：《美国真相：民众、政府和市场势力的失衡与再平衡》，刘斌等译，北京：机械工业出版社，2020年，第119页。

2 ［法］托马斯·皮凯蒂：《21世纪资本论》，巴曙松等译，北京：中信出版社，2014年，第485页。

3 ［美］威廉·I.罗宾逊：《全球资本主义论：跨国世界中的生产、阶级与国家》，高明秀译，北京：社会科学文献出版社，2009年，第201页。

治理框架应对无力,人类再次走到何去何从的十字路口。

(二)人类命运共同体是世界市场发展的新理念

人类命运共同体引领世界市场发展的新理念与新方向。经济全球化是人类历史发展的趋势潮流,是生产力不断发展的客观要求。当今世界经济全球化将世界市场推向更广泛、更深入、更紧密的发展阶段,人类经济交往比以往任何时候都更广泛、更深入,经济全球化的需求和呼声比以往任何时候都更强烈、更急切,世界市场也随着经济全球化的发展愈加紧密相连、不可分割。人类命运共同体是拓展世界市场空间、增强世界市场联系、推动世界市场向前发展的新理念。过去5个世纪西方主导的世界市场主要由外延型增长驱动,从新航路开辟至今的新自由主义全球化阶段已经将世界市场的范围和边界拓展至全球每一个角落,传统外延性动力驱动的世界市场的增长空间日益缩小。[1] 中国作为经济全球化的参与者,向世界贡献的不仅是发展机遇和发展红利,而且是发展理念和发展思维的更新和发展。[2] 人类命运共同体坚持开放式市场发展理念、包容性竞争发展理念、创新性动力发展理念与共赢式共享发展理念[3],秉持正确义利观和发展智慧,超越新自由主义的"丛林竞争"、赢家通吃和零和博弈思维,推动全球市场从外延式增长转变为内涵式发展,以开放合作精神反对单边主义、保护主义,以创新赋能全球市场发展动力,以发展成果合作共赢取代发展利

---

[1] 周文、冯文韬:《经济全球化新趋势与传统国际贸易理论的局限性——基于比较优势到竞争优势的政治经济学分析》,《经济学动态》,2021年第4期,第27—37页。

[2] 周文:《国家何以兴衰:历史与世界视野中的中国道路》,北京:中国人民大学出版社,2021年,第379页。

[3] 周文:《人类命运共同体的政治经济学意蕴》,《马克思主义研究》,2021年第4期,第89—97、164页。

益独占独享的零和博弈思维,推动构建开放、包容、普惠、平衡、共赢的新型全球化。

(三)共商共建共享拓展世界市场的新路径

第一,共商共建共享拓展世界市场空间。当前美国为首的发达资本主义国家联盟主导了不公正不合理的国际政治经济秩序和全球治理体系,奉行国际政治领域的霸权主义、强权政治做法和国际经济领域的独享独占、赢家通吃逻辑,赤裸裸地以拳头大小、实力强弱罔顾国际道义与公平正义。这一旨在维护西方发达国家统治秩序与垄断利益的旧国际政治经济秩序和全球治理体系,无法有效应对世界市场的困境、全球化发展难题和全球性挑战,已经愈加难以适应全球经济的稳定健康发展,阻碍世界市场的纵深发展和全球化的历史潮流,世界市场和经济全球化呼唤更加公正合理的政治经济秩序和更加有效的全球治理结构。共商共建共享新发展理念超越了基于比较优势和要素禀赋理论的传统国际经济学,是促进世界市场拓展、增强全球经贸合作、构建新型全球化、推动世界经济长期稳定健康发展的新理念。共商共建共享新治理方案推动构建新型全球化,将会从根本上改变传统经济全球化的发展模式,也颠覆了自殖民时代延续至今的国际分工格局和全球化发展布局。[1] 共商共建共享新治理智慧倡导缩小消除全球发展鸿沟,努力实现全球发展红利分配的公平正义[2],致力于扭转全球经济长久以来"富者越富、贫者越贫"的分化局面。

---

[1] 周文:《新中国 70 年中国经济学的创新发展与新时代历史使命》,《中国高校社会科学》,2019 年第 5 期,第 4—14、156 页。

[2] 周文、李超:《中国共产党推进新型经济全球化的宏大视野、使命担当和核心理念》,《学术研究》,2022 年第 2 期,第 75—83 页。

第二，共商共建共享为世界经济发展提供新机遇。共商共建共享就是要倡导世界各国平等参与共同协商、开放合作共同建设、互利共赢共同分享。共商共建共享新理念倡导国际关系民主化，坚持国家不分大小、强弱、贫富，一律平等。[1] 共商共建共享新理念倡导世界各国以平等为基础共同参与全球治理体系的变革和建设更加公正合理的国际政治经济秩序。共商共建共享新理念倡导更为公平的发展成果分配理念，让世界各国共享经济全球化和世界经济增长成果，既发展自身又造福世界。当今百年变局与世纪疫情交织叠加，世界市场萎缩严重，世界经济发展衰退阴影笼罩，中国正秉持共商共建共享新理念为世界经济发展提供新机遇，积极推动"一带一路"高质量开放合作国际平台，共同参与构建以《区域全面经济伙伴关系协定》为代表的双边、多边自由贸易区和投资贸易协定，改善全球治理体系、增强全球发展动力、促进世界共同发展，以中国力量保持世界经济企稳复苏、以中国方案推动全球化重新出发、以中国智慧带领世界经济走出阴霾。

（四）人类命运共同体展现人类文明演进的历史趋势

第一，人类命运共同体理念致力于推进全球共同的现代化。推动构建人类命运共同体，本质上是全球共同的现代化。[2] 现代化不只是欧美少数人、少数发达国家的现代化，也不是一部分人、一部分国家的现代化，而应该是人类整体的共同现代化。现代化不是西欧发达国家独享的专属权利，而是世界各国共同探索的多样现代化。中国式现代化为发展中国家的现代化提供一条可资借鉴的道路，为世界各国依据

---

[1]《习近平谈治国理政》第3卷，北京：外文出版社，2020年，第47页。
[2] 周文：《中国道路：现代化与世界意义》，杭州：浙江大学出版社，2021年，第176页。

第四章 再论中国式现代化与人类文明新形态

具体实际探索符合自身的现代化道路提供经验借鉴。当前全球现代化发展不充分、布局不均衡、矛盾突出,多数发展中国家现代化进程缓慢停滞、现代化水平低下、现代化质量不高,许多国家困于新自由主义现代化方案的误导难以自拔,非洲国家更是现代化的真空地带与空白版图,长久徘徊于现代化的门槛之外。作为人类命运共同体理念生根落地的实践探索,"一带一路"建设不仅将以基础设施建设为依托促进共建国家现代化的加速度发展,而且将为世界带来前所未有的现代化发展机遇。中国的产业升级将带动新一轮庞大的劳动密集型产业转移,这将为非洲提供有史以来最大的工业化窗口机遇期,足以让所有非洲国家同时实现工业化。[1] 因此"一带一路"建设正通过中国的现代化成就拉动广大发展中国家的现代化,以中国式现代化进程带动世界现代化进程。人类命运共同体理念的愿景就是让世界各国的现代化能够实现协同发展、共同进步,为世界未来共同发展、人类社会共同进步贡献中国智慧。[2]

第二,人类命运共同体谱写人类文明形态演进的新篇章。漫长的人类历史诞生了丰富多彩的人类文明,世界不同文明之间相互碰撞融合,绽放着人类文明智慧的光彩。然而,自地理大发现开始萌芽的资本主义开启了一段殖民扩张掠夺、经济危机频发、阶级矛盾尖锐、文化危机突出、生态危机严重的异化发展历程,工业革命以来率先引领现代化潮流的西方资本主义文明曾经误导人类文明走向自我毁灭的深渊,近代以来人类文明发展历史付出最为惨痛代价的两次世界大战

---

[1] 林毅夫:《中国改革开放给非洲带来三大机遇》,《人民日报》,2018 年 8 月 31 日。
[2] 周文:《国家何以兴衰:历史与世界视野中的中国道路》,北京:中国人民大学出版社,2021 年,第 336 页。

使得人类社会陷入自相残杀的悲惨境地，20世纪两次严重的世界性经济危机都让人类社会付出惨痛代价。欧洲文明优越论鼓吹欧洲文明是人类文明的最佳代表和最后归宿，西方中心论宣扬西方资本主义文明是人类文明的最佳选择和最终目标。西方现代化并不是整个人类社会必须效仿的必经道路，西方文化价值也不是自诩代表人类优越文明和文明精华的普世价值，西方文明更不是人类文明的普遍和唯一理想形式。[1] 中国式现代化是近代以来非西方、非资本主义大国成功探索出的独立自主和平发展的现代化道路，破除了西方自由民主政治制度、自由市场经济模式、西方自由普世价值企图一统天下的自我优越论神话，打破了西方资本主义文明对人类多样文明的排斥与宰制。中国式现代化创造出超越资本主义现代文明和传统社会主义模式的文明形态，为人类社会探索更好的社会制度和更高文明形态贡献了中国方案和中国智慧。中国共产党团结带领中国人民百年奋斗既取得经济快速发展奇迹、社会长期稳定奇迹、脱贫攻坚奇迹、和平崛起的奇迹，又避免了资本主义和西方文明带来的一切灾难，中国共产党团结带领人民创造的中国特色社会主义道路和文明形态既科学回答了马克思主义的历史之问，也科学回答了中国之问、世界之问、人民之问、时代之问。中国共产党团结带领中国人民坚持和发展中国特色社会主义，中国式现代化正不断推进世界经济繁荣稳定、人类共同繁荣发展的现代化新征程，人类命运共同体正开启破除资本主义文明压迫、人类多样文明交流互鉴、人类文明形态百花齐放的新篇章。

---

1 周文：《国家何以兴衰：历史与世界视野中的中国道路》，北京：中国人民大学出版社，2021年，第317页。

── 第五章 ──

中国式现代化与西方现代化

始于 18 至 19 世纪的工业革命，启动了现代化的引擎，使得亿万人摆脱了物质匮乏。但同样的工业革命，也使得英国以及稍后的西北欧和北美，与世界的其他地区分化开来，并制造出西方与其他地区之间巨大的至今仍未消弭的鸿沟。这被以加州学派为代表的学者称为"大分流"。那么，究竟是什么原因导致了某些国家之间的这一巨大分化？哪些因素在阻碍贫困国家追赶富裕国家？

长久以来，学界关于"大分流"这一议题争议不断，各种理论解释竞相争鸣。学者们关注到地理自然优势、既有经济基础以及历史制度的长期影响等各类因素的作用。首先开启"大分流"这一讨论的是历史学家彭慕兰（Kenneth Pomeranz）。他认为英国摆脱生态约束的困境并率先实现向近代工业社会成功转型的主要原因是海外殖民掠夺和易于开采运输的煤矿这两个外部因素。[1]而随着新古典经济学的发展，以道格拉斯·诺斯（Douglass North）为代表的制度学派的学者们认为，

---

1 ［美］彭慕兰：《大分流：中国、欧洲与现代世界经济的形成》，黄中宪译，北京：北京日报出版社，2021 年，第 53 页。

自由竞争的市场、保护私人产权、有限政府是经济增长的关键。因此，西欧国家和中国最为突出的一点是西欧众多相互竞争的小国的并立和中国大一统的中央集权的帝国之间的对比。

信奉新制度主义的经济学家们在本质上只是将国家视为一种功能性存在，是给工业化带来好秩序或坏制度的外生因素，其作用仅在于为私人资本搭建了适宜的活动舞台。在"西方中心论"的影响下，自由主义经济学的主流"共识"认为：相对于欧洲，近代中国处于政府的集权管制之下，封建专制统治阻断了市场的自然发展，进而扼杀了资本主义的萌芽。[1] 西欧众多小国之间的竞争使得每一个国家都积极寻求改进自己的技术和军事组织，国家充满变革的活力。此外，为了获取民众和精英的支持，国家实行较低的税收，保护私人产权。这为西欧的经济增长奠定了基础。而中国大一统的中央帝国则在抑制这些条件，两者的差异造成了东西方发展的差异。

然而，这样的解释似乎低估了西欧国家之外的其他地区之间的竞争，同时忽视了中国早期市场经济发展的成就。事实上，在市场方面，整个18世纪，中国的贸易和市场发展水平与自由贸易程度即使不是优于欧洲，也至少和欧洲大致相当。[2] 这一时期，仅以苏、松二府为限，江南每年进入长程贸易的商品棉布约为7000万匹。[3] 江南棉布的销路不仅覆盖全国，而且还开拓了海外市场，向日本、朝鲜和南洋等周边

---

[1] 周文、李超：《中国奇迹何以发生：基于政治经济学解释框架》，《经济学动态》，2022年第11期。

[2] ［意］乔万尼·阿里吉：《亚当·斯密在北京：21世纪的谱系》，路爱国等译，北京：社会科学文献出版社，2009年，第117页。

[3] 范金民：《明清江南商业的发展》，南京：南京大学出版社，1998年，第29页。

第五章 中国式现代化与西方现代化

国家和地区运销。珠三角和长三角桑蚕丝业专业化水平很高。商人长途搬运粮食来往一千多公里,运行效率很高,比同期的法国、英国、美国市场更为有效。[1]

虽然目前全世界已进入现代化的均是资本主义发达国家,但是不能将西方现代化的现象与事实直接等同于现代化的历史本质。[2]在"西方中心论"的理论预设下,欧美发达国家相较于其他国家在政治、经济和军事等诸多方面的优势地位是必然的且持久的。非西方国家实现现代化只有一条道路,即扩大资本积累,进行市场化改革,单一复制欧美国家的现代化发展经验。但面对发展中国家的现代化道路时,西方现代化理论却出现了理论和现实不能互恰的现象。政府与市场关系二元对立论尤其是新自由主义倡导的完全市场化最终导向市场原教旨主义,使市场缺乏有效监管,资本无序扩张、野蛮生长,加剧全球范围内的南北国家以及不同国家内部之间贫富分化。

斯塔夫里阿诺斯在《全球通史》中说,每一个时代都要编写他自己的历史。因为每一个时代都会面对新的问题,产生新的疑问,探求新的答案。因此,今天仍传统的以西方为中心的历史观已不合时宜。西方是现代化的先行者,但是现代化不等于西方化。总结和探索现代化之路,需要打破现代化的西方迷思,中国共产党在百年经济探索中,不断完善社会主义基本经济制度,从实践中把握了具有中国特色的现代化发展经验与教训。因此,我们需要在更为宽广的历史视野下对中西现代化进行比较分析。

---

1 [美]王国斌:《转变的中国:历史变迁与欧洲经验的局限》,李伯重、连玲玲译,南京:江苏人民出版社,2010年,第62页。
2 项久雨:《中国式现代化的显著优势》,《马克思主义研究》,2022年第5期。

现代化是一个长期发展过程的产物，是生产方式和交换方式的一系列变革的产物。中国作为后发国家，必须根据自己的国情，走出一条具有中国特色的现代化发展道路。[1] 本章将在中国特色社会主义政治经济学视角下，重新审视工业革命以来各种现代化模式下政府与市场的关系，更为严谨地分析国家在这一系列历史时期以及当下中国式现代化进程中的作用。本章试图证明，开放而无管制的自由市场并不会带来国家崛起。[2] 中国式现代化是中国共产党在应对和调适"国家成长"与现代化的"社会转型"之间的张力中构建起的重要逻辑谱系。[3] 只有通过有效市场与有为政府的有机结合，构建高水平社会主义市场经济体制，才能真正为中国式现代化带来制度活力。

一、西方现代化进程中的国家角色：事实、真相与问题

（一）国家驱动的成功转型

当前，西方发达国家仍然在对后发国家鼓吹"华盛顿共识"的通用性，并以自身为市场经济的标准模型。然而，当我们仔细审视各国发展经验时，我们就不得不承认国家对经济和市场的介入广泛存在于过去与现在、新兴工业化国家与发达国家。

---

[1] 罗荣渠：《现代化新论：世界与中国的现代化进程（增订本）》，北京：商务印书馆，2004年，第497页。

[2] 周文：《国家何以兴衰：历史与世界视野中的中国道路》，北京：中国人民大学出版社，2021年，第150页。

[3] 姬超：《中国式现代化的国家成长逻辑及其世界意蕴》，《人文杂志》，2023年第4期。

第五章　中国式现代化与西方现代化

在西方国家的工业化起步阶段，它们同样是依靠关税保护、出口退税、政策补贴、政府投资等政府干预方式扶持幼稚产业。琳达·维斯（Linda Weiss）与约翰·M. 霍布森（John M. Hobson）在《国家与经济发展：一个比较及历史性的分析》一书中写道："一般说来，国家形成过程与资本主义崛起并驾齐驱。国家的事务和资本主义的事务不可分割，它们是同一历史过程的两面。"[1] 19世纪初期，能让英国与世界上任何其他国家区分开来的标志，就是它当年无与伦比的开拓和垄断世界纺织品市场与棉花供应链的国家能力。[2] 无独有偶，美国首任财政部部长亚历山大·汉密尔顿（Alexander Hamilton）同样将建设一个强大的中央政府作为他的施政理想，并希望一个强大的政府能为国家的工业化提供支撑。因此经济史学家罗伯特·C. 艾伦（Robert C. Allen）在深入分析历史上的美国在制造业发展方面的成就后，认为如果没有关税保护，南部和西部地区制造业就不可能引导美国走向工业革命。[3]

同样可以说，如果没有国家的出场，以德国为代表的其他西欧国家在面对英国强大竞争时不可能快速实现现代化。亚历山大·格申克龙（Alexander Gerschenkron）在其著名的工业化类型学中将其视为"适度落后"的国家追赶工业领先国的经典案例。国家在德国工业化中所起的作用，从德国历史学派的先驱弗里德里希·李斯特（Friedrich List）到后来的古斯塔夫·冯·施穆勒（Gustav von Schmoller）和维尔

1　［澳］琳达·维斯、约翰·M. 霍布森：《国家与经济发展：一个比较及历史性的分析》，黄兆辉、廖志强译，长春：吉林出版集团，2009年，第43页。

2　文一：《伟大的中国工业革命："发展政治经济学"一般原理批判纲要》，北京：清华大学出版社，2016年，第84页。

3　［英］罗伯特·C. 艾伦：《全球经济史》，陆赟译，南京：译林出版社，2015年，第80页。

纳·桑巴特（Werner Sombart），均注重国家对于生产力提高的有力推动作用，因此这成为了讨论德国工业化的一个元问题。经济史学家理查德·H.蒂利（Richard H. Telly）在其最新著作《从旧制度到工业国：从18世纪到1914年的德国工业化史》中指出："阿西莫格鲁等人将西方的自由民主体制构成经济增长的制度前提。但这一解释掩盖了普鲁士公务员官僚机构作为改革总设计师的重要性，因为他们没有考虑到，正是在18世纪，普鲁士出现了一个卓有成效的政府。而且事实证明，这一政府在几乎所有社会阶层的强烈反对下，建立起来一个现代资本主义经济。"[1] 缔造国内大市场是通往良性自由贸易的第一步。18世纪末与19世纪初德意志邦国里的分权与自治力量，实际上维护的是一种包括封建垄断的专制体制，恰恰是普鲁士这样有强大中央官僚机构的国家，扫清建立了国内大市场的各种障碍，推进了市场的统一与自由，为资本主义工业化搭建了有利的制度框架。

实际上，自由市场并不会天然实现经济增长和百姓富裕，其背后国家在工业化和现代化方面起到了关键的推动作用。在缺乏规制的市场中往往会出现巨大的两极分化和不公平交易。[2] 没有哪个国家仅靠开放对外贸易和投资就得以发展，贸易只是一个工具而已。成功国家的秘诀在于，把国际市场所提供的机会同国内投资以及制度建设结合起来，从而激发本国企业家的创新创业活力。[3] 新古典经济学家们忽略

---

[1] ［德］理查德·H.蒂利、米夏埃尔·科普西迪斯：《从旧制度到工业国：从18世纪到1914年的德国工业化史》，王浩强译，上海：格致出版社，2022年，第146页。

[2] ［美］威廉·伊斯特利：《经济增长的迷雾：经济学家的发展政策为何失败》，姜世明译，北京：中信出版社，2016年，第161页。

[3] ［土］丹尼·罗德里克：《一种经济学，多种药方：全球化、制度建设和经济增长》，张军扩、侯永志译，北京：中信出版社，2016年，第203页。

了自由市场的两块最重要的基石：政治稳定和社会信任。两者都需要国家力量来建设、保护、培育和强化，但这正是落后农业国家所欠缺的。只有在充分的监管之下，市场才能良好地发挥其创造性的作用。这是因为如果模仿越容易，就越会削减企业家"自主发现"的回报，创新活动发生的频率也会随之下降。

（二）西方现代化的治理危机源于国家缺位

现代化是一个涉及社会、经济和政治方面的复杂进程，其起源可以追溯到18世纪工业革命引发的生产方式、劳动组织和社会结构的根本性改变。伴随着资本主义的快速发展，欧洲人口向北美、南美、澳大利亚和南非迁移，同时形成大规模的资本输出，掠夺殖民地，世界市场也随之扩大。20世纪90年代，"国家的回退"成为西方国家治理的信条，无论在理论还是实践过程中都坚持消解国家权威的逻辑。将曾经的公共产业私有化，以及将公共服务外包给私人，已经成为新自由主义经济战略的标志。当前，发达国家资本为了最大程度占有剩余劳动价值，不断打破地域和主权国家界限走向全球，对相对落后国家的生产资料的强势占有和剥夺，加剧了贫富差距和社会两极分化。不同的国家发展现状在本质上反映和体现着不同类型的国家治理模式的不同结果，当前西方国家在治理实践上的失败，正是国家治理能力不足造成的。[1]

1. 贫富分化愈发严峻

卢梭在启蒙运动时期就指出，在人类由自然状态向社会状态的过渡过程中，不平等有了自然与制度之分，后者是由私有制造成的。[2]以

---

1 陈进华：《治理体系现代化的国家逻辑》，《中国社会科学》，2019年第5期。
2 ［法］让-雅克·卢梭：《论人类不平等的起源》，邓冰艳译，杭州：浙江文艺出版社，2015年，第35页。

"撒切尔主义"和"里根主义"为代表的新自由主义通过放松金融管制、资本自由化和私有化政策扩大经济精英阶层的权力，持续维护资本食利市场，造成社会不平等加剧、财富差距加大。

从国家内部来看，以美国为例，美国既是世界第一大经济体，也是贫富分化最为严重的西方国家。自1980年以来，纳税额处在后90%的人群，其扣除通胀之后的税前收入，年均增长率低于0.1%，在28年间的总增长率只有1.9%。与之呈强烈对比的是，处在前1%收入的纳税人，其税前收入增长了2.35倍。美联储关于家庭财富的报告显示，截至2021年，美国最富有的1%的人总财富达到创纪录的45.9万亿美元，占全社会总财富的比例已达到创纪录的32.3%。[1] 即使是所谓欧洲福利国家，同样也承受着贫富分化的苦果。被西方媒体一直鼓吹的福利国家政策其实质是西方制度陷阱下的高福利陷阱。正如《剑桥欧洲经济史》中指出的："工业家在工业革命中积累了大量的资本，获得了巨大的财富。而工人的工作时间、工作安全、工资的限度、工人的教育和保险都没有得到应有的保障，二者鸿沟在相应地日益扩大。"[2]

作为资本的无限增殖逻辑主导的西方现代化，一方面，资本逻辑下的民主政治诱使执政党会将福利更优先覆盖那些高级知识分子、企业家、官员等小部分群体，以赢得选举。[3] 另一方面，高福利

---

[1]《美国贫富分化持续恶化的事实真相》，新华社，2023年。

[2][英]彼得·马赛厄斯、悉尼·波拉德主编：《剑桥欧洲经济史（第八卷）——工业经济：经济政策和社会政策的发展》，王宏伟、钟和等译，北京：经济科学出版社，2004年，第16页。

[3] 谢岳：《中国贫困治理的政治逻辑——兼论对西方福利国家理论的超越》，《中国社会科学》，2020年第10期。

第五章 中国式现代化与西方现代化

的背后是高税收,西方国家将从广大民众那里剥削所得的剩余价值通过社会福利形式部分返还,以持续不断地剥削累积剩余价值。大多公民对于政治的关注只剩下如何让财政之手远离他们的口袋[1],深刻表明了自由放任的市场经济产生了个体利益与国家整体利益的矛盾。[2]

就全球范围看,不同经济体从全球化中获得的利益也存在明显的差距。资本主义的本质使其将对外经济关系的发展目标定位为对高额利润的攫取。无论是早期的对外贸易、殖民统治,还是当下盛行的资本输出、金融垄断和技术垄断,资本主义国家都是为了从他国获得高额利润。正因如此,资本主义国家在为其他国家提供援助时,总会附带上经济、政治、文化甚至军事方面的条件,谋求实现最大化利益。伊拉克有丰富的石油资源,但从本国地下开采出来的石油基本没有给伊拉克带来收益。1950 年,当英国打算贷款给伊拉克用于修建和扩建铁路系统时,曾要求伊拉克将财政收入抵押给英国作为担保。如果伊拉克未能偿还贷款,那么当地的油田就将由英国人接管。[3]

21 世纪以来,世界上最大的贫富差距发生在国与国之间。[4]当大

---

[1] [英]齐格蒙特·鲍曼:《工作、消费主义和新穷人》,郭楠译,上海:上海社会科学院出版社,2021 年,第 58 页。

[2] 周文、杨正源:《高质量发展与共同富裕:理论逻辑和现实路径》,《西安财经大学学报》,2023 年第 3 期。

[3] [英]彼得·弗兰科潘:《丝绸之路:一部全新的世界史》,邵旭东、孙芳译,杭州:浙江大学出版社,2016 年,第 349 页。

[4] [美]安格斯·迪顿:《逃离不平等:健康、财富及不平等的起源》,崔传刚译,北京:中信出版社,2014 年,第 136 页。

量的发展中国家试图进行工业化改造时面临的不仅仅是关税、投资的劣势,还面临技术积累薄弱的局面,发达国家除了以往的贸易关税、金融垄断手段外,还利用技术垄断来遏制发展中国家的技术升级,阻断正常的技术转移。随着跨国互联网垄断巨头崛起,产品内分工网络化发展迅猛,技术垄断成为新的垄断形式。正如约瑟夫·斯蒂格利茨(Joseph Stiglitz)指出的:"人们已经注意到像微软、亚马逊和谷歌这样的信息巨头会通过信息优势来巩固自己的市场占有率,排挤竞争对手,并将自己的市场势力渗透到本国及其他国家的各个领域。由于这些企业在数据上占据绝对优势,竞争对手几乎没有进入市场的空间。"[1] 发达国家在具备技术优势下,通过向发展中国家出口技术积累了大量的财富,而发展中国家往往需要向发达国家支付大量的技术使用费,这些以低技能劳动力参与国际分工的国家面临被边缘化的风险。在知识产权制度的保护下,技术和知识成了重要的生产资源,技术租金成为发达国家收入的重要来源。

2. 金融资本主义持续扩张

马克思在《资本论》中就指出:"在资本主义生产方式发展进程中,资本量的增加会带来利润量的增加,但同时也会造成利润率不断下降。"那么为了快速扭转这一下降趋势,西方资本主义国家在各类西方主流经济学家的政策建议下,只能对现有的资本增殖模式进行革新,放松金融管制的改革,把大量原本用于投资于实体经济的资本投入快速循环的金融领域,甘冒巨大风险通过推高杠杆率、创新金融产品等形式博取资本增殖。西方资本主义国家一系列的改革验证了列宁

---

[1] [美]约瑟夫·斯蒂格利茨:《美国真相:民众、政府和市场势力的失衡与再平衡》,刘斌等译,北京:机械工业出版社,2020年,第128页。

第五章　中国式现代化与西方现代化

在 20 世纪早期做出的判断："20 世纪是从旧资本主义到新资本主义，从一般资本统治到金融资本统治的转折点。"[1] 实际上，资本积累就是剩余价值的资本化，在这一过程中以物质生产资料为核心的工业资本积累日益让位于以信用为核心的金融资本积累。也就是说，正是经过了 20 世纪的转折和发展，资本才在 21 世纪获得了发挥其全面金融化本能的舞台和条件。金融市场高风险背后的高回报率天然对资本有致命的吸引力，再加之仅靠资本循环完成快速增殖而不需要通过缓慢的工业积累实现回报，这本身就使得资本运动更倾向于通过投机来达到自己的目的。于是，处于竞争中的资本家更加倾向于把追加资本投入金融领域而不是购置工业设备，在扩大再生产中经济形态加速虚拟化、泡沫化，金融化在这一机制中形成。

金融资本主义的持续扩张使得经济的宏观表现与微观表现都发生了变化。在宏观上，金融化的包装正在取代其他活动，金融业的支配权逐渐凌驾于其他部门之上，股票市场日益展现出其在商业周期中的重要作用。经济活动重心发生转移，金融部门的就业人数快速增长，金融活动日渐频繁，从以产业部门为中心转向以金融部门为中心。在微观层面上，企业逐渐强调"股东价值"，以"股东价值最大化"为财务管理目标，这种财务管理目标的转变带来了公司管理层的压力，企业利润的来源在这一压力下发生了转移，为获得利息、股息和资本收益的资金活动日益取代商品生产与贸易活动，成为企业的主要利润来源。

2008 年世界金融危机时期，美国和欧洲国家采取的量化宽松政

1　列宁:《帝国主义是资本主义的最高阶段》，北京：人民出版社，2001 年，第 38 页。

策,更像是精英阶层"妥协"的产物,监管层、经济学家和华尔街金融高管更像是"监守自盗",腐朽的制度暴露了西方民主制度的弊端。前印度央行行长拉古拉迈·拉詹(Raghuram Rajan)就此指出:"金融业比工业能够更快地创造价值和毁灭价值。例如金融衍生工具,就像炸药一样,在正确使用时非常有益,而落到无能或者不谨慎的人手里时,却能在瞬间造成巨大的损失。"[1] 实际上,早在"次贷"危机前,美国金融衍生品规模就已大幅度超过实体经济的规模,过剩的产业资本需要向金融资本转化来缓解物质生产过剩的压力。其实质就是通过金融自由化政策,让资本在全世界游走,再通过霸权让美元成为世界货币,从而让来自世界各地的热钱涌入美国的股市和楼市,这能维持其金融领域利润率,以支撑发达国家内部脱离实体经济的金融资本的自我循环结构。

二、后发国家现代化进程中的争议与问题

(一)东欧剧变与拉美困境:休克疗法与政府缺位的教训

1990年1月1日,波兰率先开始实行激进的"休克疗法"以此来全面启动经济转轨的进程。之后,其他东欧国家以及俄罗斯等国也争相效尤。激进的转轨使俄罗斯和东欧国家仅用三五年的时间就初步建立起市场经济的框架,但隐藏在其背后的高昂代价,如经济体制的真空、经济发展的严重倒退以及人民生活水平的急剧下降等等至今仍是

---

[1] [印]拉古拉迈·拉詹、[美]路易吉·津加莱斯:《从资本家手中拯救资本主义:捍卫金融市场自由,创造财富和机会》,余江译,北京:中信出版社,2015年,第115页。

第五章　中国式现代化与西方现代化

这些国家经济发展所面临的现实难题。"休克疗法"在传入俄罗斯以前,在遏制通货膨胀、稳定宏观经济方面本来是颇有疗效的,但它在传入俄罗斯之后却适得其反,全然不顾具体国情,主观武断地一笔抹杀其历史遗产,出笼了一套快速和激烈的干预措施,最终导致恶性通货膨胀的爆发。同样,在开始施行"休克疗法"的1990年,波兰的国内生产总值下降了11.6%,工业产值下降了24%,1990年至1991年两年的工业产值则下降了近40%,当时被认为是战后"世界上任何地方都没有出现过的巨大的生产衰退"[1]。

伴随着"休克疗法"而来的是全方位的私有化。各国都把私有化视为由计划经济体制向市场经济体制转轨的前提条件和核心内容,其最终目标是要把公有制为主体的所有制结构改造成私有制为主体的所有制结构。为了过分追求速度,加之缺乏社会监督和暗箱操作,私有化实质上成为利益集团和掌握着各种资源的有组织角色的博弈场。[2] 弗朗索瓦·巴富瓦尔(François Bafoil)就此指出:"东欧各国的私有化进程造成了国有资产的严重流失。在市场机制较为完善的英国,花了八年时间才使占国内生产总值4.5%的国有企业实现了私有化,而在这些东欧国家,仅用了不足十年的时间,就使国有资产在社会总资产中的比重由过去的95%左右下降到30%—50%左右,并使私营经济产值所占的比重从转轨前的平均不足10%发展到60%—70%。"[3]

---

[1] 王正泉主编:《剧变后的原苏联东欧国家(1989—1999)》,北京:东方出版社,2001年,第262页。

[2] [美]热拉尔·罗兰主编:《私有化:成功与失败》,卢昌崇译,北京:中国人民大学出版社,2013年,第2页。

[3] [法]弗朗索瓦·巴富瓦尔:《从"休克"到重建:东欧的社会转型与全球化—欧洲化》,陆象淦、王淑英译,北京:社会科学文献出版社,2010年,第375页。

匈牙利在私有化过程中将国有企业大部分卖给了西方财团，只有18%的国有资产被国人买走。西方投资者不仅购买了匈牙利的工商业，而且买走很大一部分关系到国家经济命脉的能源工业、石油工业、银行和通信企业等等，为西方财团干预这些国家的政治经济政策提供了条件。

类似的，作为昔日欧洲国家的殖民地，拉丁美洲国家经济发展带有典型的"悲剧色彩"。对于这些身处殖民或半殖民统治的国家而言，探索适合自身发展的政治与经济制度面临很多不确定性，工业化的启动就更为艰难。作为南美重要的国家，阿根廷与巴西近些年来一直陷入经济发展泥潭之中不能自拔。但在历史上，阿根廷和巴西均是新自由主义经济学宣传的模范生，一直照搬西方治理体系。之所以出现这种现象，是因为20世纪80年代以来，拉美国家相信新自由主义经济学，照搬了欧美体制，全面推行完全市场，丧失了自身经济主权。阿根廷有得天独厚的自然条件，其国土面积近300万平方千米，东濒大西洋，南与南极洲隔海相望，气候温和，土地肥沃，人均可耕地面积是美国的将近2倍，海产品、森林、淡水等自然资源也都无比丰富。而巴西同样幅员辽阔，人口众多，有丰富的矿产、石油以及水资源。这两个南美重要国家就是由于政局不稳，政府作为有限，政策制定和制度变迁就如"钟摆"一样摇摆不定，自由市场主义和民粹主义频繁交替。随着执政党把"华盛顿共识"奉为圭臬，实行门户开放政策，西方资本大举进入，攻城略地，把南美国家的国有企业和重要矿产资源据为己有，经济发展也随之失去了自主权。再一次证明了没有强大的国家建构，社会秩序和经济发展自然也就无从谈起。

第五章 中国式现代化与西方现代化

表 5-1 阿根廷和巴西深陷经济发展泥潭

		1990	1995	2000	2005	2010	2015	2016	2017	2018	2019
GDP增长率（%）	阿根廷	-2.47	-2.85	-0.79	8.85	10.13	2.73	-2.08	2.82	-2.62	-2.00
	巴西		-4.35	4.22	4.39	3.20	7.53	-3.55	-3.28	1.32	1.78	1.22
制造业增加值（占GDP%）	阿根廷	26.79	17.25	16.49	18.34	15.84	14.18	13.49	12.84	14.06	13.54
	巴西	22.83	14.54	13.13	14.74	12.72	10.52	10.79	10.72	10.53	10.33

注：数据整理自世界银行数据库

东欧国家与拉丁美洲国家市场化改革的失败也已经表明西方现代化发展模式并不是"绝对真理"。在实践的基础上，西方一些学者开始反思完全市场化改革的适用性。丹尼尔·耶金（Daniel Yergin）认为："市场无法与一个失灵的国家协同工作，这将迫使拉美各国重新发现国家的作用。"[1] S. R. 爱泼斯坦（S. R. Epstein）也指出，市场本身就是一个公共产品，是政治制度与法律体系的产物。对这个公共产品的供给来说，一个以集权的财政体制为基础的国家主权是十分必要的。[2] 拉美的一些左翼学者也开始探讨西方现代化在拉丁美洲的实践局限性。劳尔·普雷维什（Raúl Prebisch）在深入分析拉美国家惨遭发达国家经

---

[1] [美]丹尼尔·耶金、[英]约瑟夫·斯坦尼斯罗：《制高点：重建现代世界的政府与市场之争》，段宏等译，北京：外文出版社，2000 年，第 367 页。
[2] [美]S. R. 爱泼斯坦：《自由与增长：1300～1750 年欧洲国家与市场的兴起》，宋丙涛译，北京：商务印书馆，2011 年，第 2 页。

济剥削和危机转嫁的过程中,提出了"中心—外围理论",尖锐批判发达国家与发展中国家之间的不平等关系。拉美经济的繁荣与萧条都表现出了与发达国家共振的特征,西方发达国家通过掌握经济和政治权力,不断从半边缘和外围国家中获取以农业为基础的产品以及原材料,将发展中国家被牢牢锁定在价值链低端,从而维持了自身的优势地位,充分证明了拉美经济对发达工业国家的依附性。

(二)东亚后发国家现代化:"强政府"策略对西方现代化理论的冲击

如果说近代欧洲的经济发展主要为私人企业家的冒险行为以及包括市场、合约、私产和资本交易等制度所推动,那么东亚地区的经济发展现象均离不开国家在发展政策中扮演的重要角色。东亚后发国家,如日本、韩国和新加坡在 20 世纪后半叶迅速崛起,实现了从农业社会到高度工业化和技术先进的现代社会的跨越。与西方现代化的典型路径不同,东亚国家普遍采取了强调政府主导的策略。"东亚经济奇迹"一个很重要的特点,就是政府帮助本土企业进入复杂度很高的行业,充分利用其中的学习效应、规模效应和技术外溢效应,迅速提升本土制造业的技术能力和国际竞争力。[1]它表明,现代化的途径并非固定不变,不同的国家可以根据自身情况选择不同的发展策略。政府在现代化过程中发挥着至关重要的作用,不仅仅是"政府缺位"或者"政府不干预",而是需要有针对性地参与和引导。

世界银行在《东亚奇迹》报告中认为产业政策是发展中国家实现经济高速增长的重要干预手段。由于技术创新通常具有较高的不确定

1　兰小欢:《置身事内:中国政府与经济发展》,上海:上海人民出版社,2021 年,第 131 页。

第五章 中国式现代化与西方现代化

性与外部性,只有政府提供了足够的知识产权保护,企业创新成果才不容易被竞争对手模仿或侵犯,创新活动才能够顺利转化为竞争优势和商业价值。这种东亚后发国家的成功现代化经验对传统的西方现代化理论提出了挑战。当今任何企业的运营都离不开国家提供基本服务。政府不仅在决定创新的速度上,而且在决定创新的方向上发挥着重要作用。[1]

20世纪60年代,日本经济发展需要大量的钢铁、煤炭等资源。电力、船舶、煤炭、钢铁便成为通产省指定的四大战略性产业。通产省采取保护幼稚产业的干预法,通过限制准入、限制竞争来扶持企业做大、迅速扩张产能。《机械工业振兴法》《电子工业振兴法》等法案相继公布。1959年到1970年,日本年平均实际经济增长率高达11.3%。到1968年,日本国民生产总值超过西德跃居西方国家的第二位。[2] 进入21世纪以来,日本通产省对本国产业的扶持从过去的钢铁、化工、机械制造转向电子、集成电路、核能、飞机等尖端技术。2014年6月,日本颁布了《制造业白皮书》,明确提出对制造业结构进行调整,将机器人、3D打印技术、清洁能源汽车等高技术产业作为制造业发展的重点领域。韩国作为一个国土面积有限、资源匮乏的国家,也正是在政府关税保护、进口限制和财政支持等强有力的产业政策引导下,从20世纪60年代初到70年代末,快速推动了国家工业化的进程,不断从轻工业向重化工业再向电子工业和高技术工业转型。当然,韩国过

---

[1] [英]迈克尔·雅各布斯、玛丽安娜·马祖卡托:《重思资本主义:实现持续性、包容性增长的经济与政策》,李磊等译,北京:中信出版社,2017年,第136页。

[2] [美]查默斯·约翰逊:《通产省与日本奇迹——产业政策的成长(1925—1975)》,金毅等译,长春:吉林出版集团,2010年,第2页。

度重视重工业的发展，实施了长期信贷优惠利率，短期内虽然帮助战略性工业部门解决了资金问题，但造成了日后大型企业的超高负债率问题以及严重的财阀垄断现象。[1] 1995 年，韩国 41% 的工业增加值和 16% 的 GDP 集中在前 30 家财团手中。

表 5-2　日本与韩国 GDP 增长率与工业增加值占比

		1960	1965	1970	1975	1980	1985	1990	1995	2000	2005	2010
GDP 增长率（%）	日本	12.04	5.82	2.46	3.09	2.82	5.16	4.84	2.63	2.76	1.80	4.10
	韩国	6.94	7.32	10.05	7.84	-1.65	7.84	9.88	9.61	9.06	4.31	6.80
工业增加值（占 GDP%）	日本	/	/	42.88	38.70	38.35	37.53	37.36	34.32	32.51	29.87	28.34
	韩国	17.33	23.29	24.80	26.69	32.08	33.95	36.32	36.49	34.76	34.15	34.12

注：数据整理自世界银行数据库

（三）苏联式现代化：高度集权的计划经济体制

为了赶超发达资本主义阵营，体现社会主义优势，苏联的工业化和经济发展是由中央对经济资源的支配来推进的。苏联将全部资金集中于某些目标，避免将资金分散使用于无助于实现迅速工业化的其他目标上。因此苏联早期发展阶段制定计划的特点是，根据中央确定的轻重缓急顺序对资金实行行政管理和行政分配，市场全面被政府的计划取代。[2]

---

[1] 付建军：《从发展型国家治理到平衡型国家治理：韩国国家治理转型的道路选择》，《社会主义研究》，2015 年第 5 期。

[2] 陈健、郭冠清：《政府与市场：落后国家工业化道路的比较》，《齐鲁学刊》，2018 年第 1 期。

第五章　中国式现代化与西方现代化

应当承认,从十月革命胜利后到20世纪50年代初,这种经济管理体制在战时和准战时情况下显示出了它的适应能力和优越性。这种高度集权的计划经济体制的优势是,便于集中全国现有的人力、物力、财力,服务于特定的目的。苏联高度集权的计划经济体制的基本特点是国有化和计划的指令性。首先,国家机关是经济管理的主体。它既是国有企业生产资料的所有者,又是直接经营管理者。企业只是计划执行单位,必须无条件完成国家计划任务,没有经营自主权。其次,社会主义国家的计划是"指令性的",各级领导机关"必须执行"的计划。这种计划能决定全国经济"将来发展的方向"。随着指令性计划经济体制开始确立,市场和市场调节作用被彻底否定。这种高度集中的计划经济体制也一度被人们看作为社会主义经济的唯一模式。

在战前、战争期间和战后初期,苏联高度集中的计划经济体制能抵挡资本主义的挑战,其固有的弊病不易显现。但是,当特殊的历史条件消失,战后经济恢复时期结束,经济建设全面展开,工业部门交叉林立,社会分工日益细化,经济联系日趋复杂时,原有的计划经济管理体制的弊端则逐渐在经济生活的各个方面日益凸显。突出的弊病就是片面强调指令性计划经济、排斥市场经济和商品货币关系、片面发展重工业等。

在工业化时期,列宁和斯大林都曾指出苏联和资本主义国家经济的相互依赖性,阐明了苏维埃国家与资本主义国家发展对外经济关系的必要性。但"二战"后,当资本主义国家对社会主义国家进行经济制裁以后,斯大林提出的"两个平行的也是互相对立的世界市场"理论则从主观上把社会主义国家从全世界市场上,从世界经济中分割出去,使社会主义国家的经济建设和科技进步脱离世界经济而孤立进行。这就导致社会主义国家经济体制僵化,经济和科技发展滞后于世界前沿。[1] 马克思早就认识到了在世界历史的背景下各个国家所取得的成果不是地域性的而是世界性的,他指出:"凡是民族作为民族所做的事情,都是他们为人类社会而做的事情。"[2] 落后的国家可以利用具有先进制度的国家的文明成果来发展自身,而制度超前的国家也能运用现有的文明成果弥补不足。

三、中国式现代化:国家建构与更好发挥政府作用

基于线性思维和公式推导的新旧古典经济学和新自由主义理论已经无法解释世界经济体系的重塑以及现代化模式的新动向。时代呼唤经济学理论创新,如何将百年来现代化发展的"中国经验"上升为"中国理论",仍然需要从政府与市场关系视角出发。政府与市场关系作为经济学的世界难题,社会主义市场经济理论吸收借鉴了一切有利于自身发展的经济学理论,在推进全面深化改革实践的同时,也在理论上发展了马克思主义政治经济学,更为中国特色社会主义政治经济学思想宝库贡献了丰硕成果。[3]

(一)历史视野下的中国国家建构

福山在《政治秩序的起源:从前人类时代到法国大革命》一书

---

1 马凯等:《计划经济体制向社会主义市场经济体制的转轨》,北京:人民出版社,2002年,第23页。
2 《马克思恩格斯全集》第42卷,北京:人民出版社,1979年,第257页。
3 周文:《时代呼唤中国经济学话语体系》,《经济研究》,2016年第3期。

第五章　中国式现代化与西方现代化

中概括,"中国之所以成为中国,是因为它最早开始了国家建构的进程"[1]。横向来看,皮尔·弗里斯(Peer Vries)认为国家建构往往与国家经济的发展齐头并进。清代中国时期,即使存在某些形式的国家建构和民族建构,建设力度也相当薄弱。欧洲国家的崛起依靠的是政府主导下进口替代与出口导向战略的相机抉择或合理混用。[2]而从纵向来看,中国封建社会的国家能力锁定明显不适应新的产业、技术和新的财政与司法制度对传统农业社会的冲击,也不能很好地吸收工业国家的技术扩散。[3]

因此,近代中国的落后并不是因为商品经济不充分,主要是清政府既不能兑现民众的福利,又无力抵御外来的侵扰,更没有引导变革的力量,在国家建构方面出现了大的问题,这才是中华民族到了近代逐步衰弱的根本原因。[4]事实上,中国历史上曾多次展现出政府合理调控市场经济的案例。春秋战国时期,管仲学派的"轻重论"主张政府应当积极干预和调控重要的经济活动,如农业、税收和商业等。北宋王安石借鉴桑弘羊的平准法,在宋神宗熙宁五年(公元1072年)于汴京颁布实施"市易法",旨在减轻市场税收负担、平价收购市场上滞销的货物,市场短缺时再卖出,并允许商贾贷款或赊货,按规定收取息金从而提高政府财政收入等。这些改革措施在一定程度上调动了市场

---

[1] [美]弗朗西斯·福山:《政治秩序的起源:从前人类时代到法国大革命》,毛俊杰等译,桂林:广西师范大学出版社,2014年,第4页。

[2] [荷]皮尔·弗里斯:《国家、经济与大分流:17世纪80年代到19世纪50年代的英国和中国》,郭金兴译,北京:中信出版社,2018年,第533页。

[3] 付敏杰:《国家能力与经济发展:理论假说和中国事实》,《学习与探索》,2018年第11期。

[4] 周文:《党的十九届四中全会决议是中华民族伟大复兴的行动纲领——学习贯彻党的十九届四中全会精神的体会》,《邓小平研究》,2020年第2期。

经济的活力，促进了社会经济的繁荣。

（二）中国式现代化的成功之路：市场与政府有机结合实现国家富强

制度优势是一个国家的最大优势，制度竞争是国家间最根本的竞争。改革开放以来，中国实现了长期的社会稳定与经济增长，走出了一条与其他国家现代化不同的发展道路。我国政府与市场关系也经历了"政府放开市场"—"政府调控市场"—"市场约束政府"—"市场起决定性作用，更好发挥政府作用"—"充分发挥市场在资源配置中的决定性作用，更好发挥政府作用"的阶段变迁。经济史学家吴承明指出建成了社会主义市场经济体制，也就实现了我国的现代化。[1]因此，可以说政府与市场关系的"辩证法"恰恰是中国特色国家建构的生动体现。

不论是"低端锁定"陷阱，还是自由贸易与贸易保护的两难，实质上都源于西方经济学理论与实践之中市场与政府的相互替代、此消彼长的钟摆式运动，如经济平稳运行时的国内自由放任主张与国际自由贸易政策，经济危机时的国内政府临时干预与国际贸易保护转向，国际机构也常常被发达国家操控而又组织松散没有一个真正稳定的全球化调节机制。在西方经济学理论中，之所以将政府与市场相对立，是因为西方相信市场的"无所不能"，市场可以自动调节供给与需求的平衡，自动调节生产，自动创造需求。因此，在西方经济学者看来，中国经济面临的问题，是发展中国家市场化改革不够彻底的表现。为此，就要实现彻底的、私有的自由的市场化经济模式。但是如经济史学大

---

[1] 吴承明：《中国的现代化：市场与社会》，北京：生活·读书·新知三联书店，2001年，第9页。

第五章　中国式现代化与西方现代化

师卡尔·波兰尼已经尖锐指出的,这种自我调节的市场观念,是彻头彻尾的乌托邦。除非消灭社会中的人和自然物质,否则这样一种制度就不能存在于任何时期。[1]

现实世界的历史已经对市场化改革论提出了严峻挑战。在苏联解体之后,俄罗斯进行了激进的私有化和市场化改革,但是引起了剧烈的社会动荡。同样作为劳动力资源禀赋丰富的人口大国,印度在1991年就开始了更有利于劳动密集型产业发展的贸易自由化进程,然而基本整个20世纪90年代,中国的GDP增长率都远高于印度。[2]因此,二元对立的思想并不是从根本上构建政府与市场之间的良方。尽管西方国家在现实层面常常采取政府干预的手段,甚至政府的作用十分关键,但从根本上讲,西方经济学并未摆脱对政府与市场关系非此即彼、此消彼长的零和思维模式,仍然是从强弱、大小来定义政府与市场关系。并且,无论是古典经济学还是凯恩斯经济学都是建立在以私有制为前提的资本主义制度基础之上,维护资本主义私有制成为其存在的重要意义。

为什么发展中国家在发达国家鼓吹的新自由主义的指导下未能实现可持续的、包容性的增长,经济增长速度较之前缓慢,危机发生较之前更为频繁?奥戴德·盖勒(Oded Galor)在其著作中给出了一个可信的解释:"旨在帮助贫困国家的政策在设计中过于关注表面上可观测的因素即显而易见的差距,而忽略了导致差距的根本原因(根植于国家内部的文化特征和政治制度,以及社会多样性和凝聚力等深层次

---

[1] [匈]卡尔·波兰尼:《巨变:当代政治与经济的起源》,黄树民译,北京:社会科学文献出版社,2013年,第128页。
[2] 谢富胜:《中国道路的政治经济学》,北京:中国人民大学出版社,2023年,第89页。

的影响因素），从而难以克服那些更顽固的不可见障碍。"[1]

市场经济模式没有统一答案，高水平的市场经济体制也没有唯一模板。相比于西方经济学中政府与市场二元对立的分析范式，中国坚持走自己的路，以解决现实问题为导向，同时以世界眼光和开放心态积极吸收借鉴一切有益经验，建设有中国特色的社会主义市场经济体制。从当前中国实际情况来看，我国市场体系建设也依然存在着规制不一、区域市场分割、地方保护主义和不合理垄断等问题，更加需要政府以高效的治理能力来破解这些难题。[2]中国在经济发展实践过程中充分发挥社会主义市场经济制度的优越性，颠覆了西方主流经济学理论体系，超越了新自由主义与国家干预主义，探索出了一条以中国共产党总揽全局、协调各方，让市场在资源配置中起决定性作用，同时更好发挥政府作用的，当代中国马克思主义政治经济学的"党—政府—市场"的"三维谱系"。[3]

具体来看，在战略性支柱领域和涉及国家安全的军工装备、前沿核心技术、能源、粮食等领域，应发挥政府的主导作用，保证国家产业安全、国防安全、能源安全、粮食安全。在诸如公路、铁路、电力等公共服务提供领域，由于其作为准公共物品所具有的福利性质，应发挥政府的主导作用。而在一般性资源配置领域，应该发挥市场的决定性作用，辅之以政府的宏观调控。

---

[1] [以]奥戴德·盖勒：《人类之旅：财富与不平等的起源》，余江译，北京：中信出版社，2022年，第123页。

[2] 周文、李亚男：《建设全国统一大市场的政治经济学分析》，《改革与战略》，2022年第6期。

[3] 周文、司婧雯：《全面认识和正确理解社会主义市场经济》，《上海经济研究》，2022年第1期。

（三）加快建设现代化产业体系与防止资本无序扩张

世界百年未有之大变局与全球价值链的重构对实体经济发展提出了新的要求。党的二十大报告中提出："没有坚实的物质技术基础，就不可能全面建成社会主义现代化强国。"实体经济是人类社会赖以生存和发展的一切物质生产的主要支柱。世界经济的发展以及历次经济危机也反复证明了靠虚拟经济发展可以收获金融财富，但实现不了现代化，所产生的只能是经济泡沫。凡是不注重实体经济，尤其是不重视先进制造业的发展的国家，必将陷入"产业空心化"的发展陷阱。

2008年金融危机长尾阴影叠加了2020年新冠疫情的深远影响，我国现代化产业体系发展所面临的环境日益复杂。在全球化的今天，国家竞争日益集中在高新技术领域，谁率先掌握核心科技，谁就具有更强大的话语权和竞争力。随着世界已经进入大科学时代，创新需要资金充足的公共研发机制以及强有力的产业政策，国家的制度保障和政策引导对基础研究产出的影响越来越大。[1] 基础研究与原始创新研究处于从研究到应用再到生产的科研链条起始端，需要长期积累，难以快速看见应用成效，难以基于市场规律来发展。这类大科学研究和大量基础研究，所需投入的资源和组织力度越来越大，远非一般社会组织或个人所能驾驭。

当前，完全由党和国家调控创新资源的传统举国体制或完全放任市场配置资源的主张都无法满足我国尽快突破关键核心技术的迫切需要。因此，构建现代化产业体系需要"充分发挥市场在资源配置中的

---

[1] 习近平：《加强基础研究，实现高水平科技自立自强》，《求是》，2023年第15期。

决定性作用，更好发挥政府作用"[1]。如果说只要依靠市场规律的自发运转就可以发挥资源要素禀赋的比较优势实现增长，相较之下构建起具有竞争优势的现代化产业体系更需要政府主动参与其中发挥作用。"卡脖子"领域的产业的创新和追赶需要有为政府和有效市场相协同的新型举国体制。[2] 在"有为政府"的一面，它需要继承传统举国体制由政府集中力量办大事的核心特点——聚焦于特定产业、目标明确且由政府专设统筹协调机构，多方调度大量资源。在"有效市场"的一面，它要发挥市场在塑造产业、配置资源过程中的决定性作用。

资本是推动社会主义市场经济的重要生产要素，但倘若不给资本设置"红绿灯"，不给资本制定行动的边界，以金融资本为代表的各类资本就会无序扩张、野蛮生长，为现代化经济建设带来种种负面影响。迈克尔·雅各布斯（Michael Jacobs）和玛丽安娜·马祖卡托（Mariana Mazzucato）尖锐指出："新自由主义下不受监管的金融资本越来越投机，越来越偏离生产投资。直到股票市场的虚拟经济脱离商品与服务的'实体经济'，远远偏离它们所代表的公司的业绩。"[3] 资本的积累性、扩张性与盲目性，叠加资本的证券化、虚拟化和金融化趋势，在经济上表现为寡头垄断与垄断竞争，同时不断向教育、医疗、养老等公益性领域扩张。数字经济平台化趋势是世界经济资本扩张在全球产业链基础上，进一步整合生产、交换、分配和消费环节的社会化扩大再生

---

1 习近平：《高举中国特色社会主义伟大旗帜　为全面建设社会主义现代化国家而团结奋斗——在中国共产党第二十次全国代表大会上的报告》，北京：人民出版社，2022年，第29页。

2 周文、李吉良：《新型举国体制与中国式现代化》，《经济问题探索》，2023年第6期。

3 ［英］迈克尔·雅各布斯、玛丽安娜·马祖卡托：《重思资本主义：实现持续性、包容性增长的经济与政策》，李磊等译，北京：中信出版社，2017年，第271页。

产新发展形势。部分平台垄断企业通过实施虚假促销、捆绑交易、大数据杀熟、价格歧视等行为,严重损害消费者权益。其规模效应不断降低平均成本,使边际成本逐渐趋于零,实现规模报酬递增,从而形成"赢家通吃"的行业格局。[1]

正是有赖中国政府的坚强领导和战略定力,较好把握了金融开放的尺度,中国才在20世纪90年代末的亚洲金融危机中以及2008年的国际金融危机中,避免了系统性金融风险,为实体经济的复苏创造了有利的环境。面对当下过度金融化可能会带给实体经济的危害,党的二十大报告在谈到化解金融方面的风险时也强调,"要加强和完善现代金融监管,强化金融稳定保障体系,依法将各类金融活动全部纳入监管,守住不发生系统性风险底线"[2]。要牢牢树立金融为实体经济可持续发展服务的基本理念,只有这样才能巩固改革开放和经济建设的成果。2015年起,监管部门开始推出一系列监管措施。作为原银保监会金融监管体系的"升级改造",以国家金融监管总局的设立为重要抓手,加大力度为实体经济的发展提供资金保障,坚决消除监管空白和盲区,厘清责任边界,真正实现监管"全覆盖、无例外"。

(四)破除西方话语霸权,加快构建中国式现代化自主知识体系

第二次世界大战后,美国学者提出"冲击—反应"模式,认为近代中国的一切变化都是对西方文明冲击的反应。但是,历史上欧洲的崛

---

[1] 周文、韩文龙:《平台经济发展再审视:垄断与数字税新挑战》,《中国社会科学》,2021年第3期。

[2] 习近平:《高举中国特色社会主义伟大旗帜 为全面建设社会主义现代化国家而团结奋斗——在中国共产党第二十次全国代表大会上的报告》,《人民日报》,2022年10月26日。

起既是一场激烈的政治经济竞争,同时也是一场历史解释权的竞争。历史被扭曲、被利用,人们选择性地引用史料,编成了一个随着时间推移越发让人觉得可信、越发被人认为是标准的故事。最终制造出一种假象,似乎西方的崛起不仅是自然天成、无法避免,而且是由来已久、顺势延绵。[1] 就现代化说,这显然是一种"现代化即西方化"的假说。[2]

历史的经验表明,每一个时代占据主要话语权的经济学话语体系就是受到普遍认同的主流经济学,并且拥有经济学话语权的国家往往就是世界经济的中心。这一思潮在经济学上的表现就是长期以来经济学理论一直笼罩在西方中心论的西方主流经济学话语体系下。西方经济学自诞生以来就主要肩负着两大任务:一是形成维护资本主义制度的经济学知识体系和价值观念,为资本主义长治久安提供理论武器;二是结合资本主义市场经济运行的实践经验,为资本主义国家治理和资本垄断集团出谋划策。但一系列的事实深刻表明了目前西方主流经济学既不能解释真实世界的变化,也无力为乏力的世界经济开出药方。[3] 因此,构建自主知识体系的最直接目的就是提升中国在国际上的话语权,因为在当今时代一个国家的话语权代表了这个国家在国际上的地位。

随着社会主义基本经济制度的建立与不断完善,我国经济历经世所罕见的快速发展,创造了举世瞩目的经济发展奇迹,展现了中国式

---

1 [英]彼得·弗兰科潘:《丝绸之路:一部全新的世界史》,邵旭东、孙芳译,杭州:浙江大学出版社,2016年,第6页。

2 吴承明:《中国的现代化:市场与社会》,北京:生活·读书·新知三联书店,2001年,第6页。

3 周文、何雨晴:《西方经济学话语特征与中国经济学话语体系建设》,《山东大学学报(哲学社会科学版)》,2022年第1期。

第五章　中国式现代化与西方现代化

现代化发展的巨大成就。[1] 2020年，世界经济遭遇新冠疫情的严重冲击，走西方现代化道路的发达或发展中国家，无论宏观还是微观经济纷纷出现败落，中国成为全球唯一实现经济正增长的主要经济体，再次证明中国式现代化的强大生命力，同时也是对西方主流经济学的挑战。过去中国贫穷落后，不可能产生具有世界影响的经济学理论；但是没有经济学的话语权作学理支撑的经济不可能走得更远。自经济学成为系统性学说以来，政府与市场的关系是世界各个学派学者争议的一个重要话题。在社会主义条件下发展市场经济，是我们党的一个伟大创举。中国既不把马克思主义当成一成不变的教条，也不机械地对标西方所谓的主流经济学理论，而是走出了一条具有中国特色的社会主义市场经济新路。[2]

讲好中国式现代化的成功故事，需要依靠中国理论。中国式现代化理论是扎根中国大地的思想理论，具有浓厚的中华民族风格。在绵延几千年的文明发展中，中华民族和中国人民积累的经济智慧与理性思辨同样形成了富有中国特色、具有丰富内涵的传统经济思想体系。中华文明作为世界上唯一五千年保持延绵不断的文明蕴含着更为丰富的经济学元素。因此，更加需要从中国经济发展的实践中抽象、提炼出更具世界意义的一般性经济理论，向世界讲述中国式现代化的成功经验，更好地提高其国际影响力。

自工业革命以来，西方国家凭借其积累的巨大物质财富，在新自由主义经济学的驱动下，一时占据上风。发展中国家在以西方国家主

1　周文、肖玉飞：《中国共产党百年经济实践探索与中国奇迹》，《政治经济学评论》，2021年第4期。
2　周文：《中国经济发展的伟大成就与经济学自主知识体系》，《江汉论坛》，2023年第6期。

导的全球化体系中处于受支配、依附和脆弱的地位，其理论与实践经验被边缘化。东欧剧变与苏联解体作为笼罩着世界社会主义现代化模式的阴影，给世界范围内社会主义现代化发展打上了大大的问号。然而，当下西方国家在波浪式的经济与政治危机中苦苦挣扎，对自身的固有矛盾和制度缺陷也无力解决。随着以中国为代表的新兴市场国家和发展中国家的群体性崛起，国际力量对比向更加均衡的方向发展，呈现出"东升西降"的态势，传统简单的"中心—边缘""西方—非西方""主流—非主流"的二分法已不再适用，世界开始把目光转向中国。

从世界历史视角综合透视百年现代化发展史，可以清晰地看到，有效市场与有为政府的有机结合是中国式现代化的重要成功经验。随着中国式现代化的蓬勃发展，中国已逐渐从近代世界体系中的边缘主体转变为新型世界秩序的重要参与者与建构者，以更加开放的举措面对世界，并以更加独立自主的姿态参与到世界历史的多元书写中，更好地在百年未有之大变局中抢占先机，也为世界发展中国家崛起与发达国家改革提供中国方案。

第六章

中国式现代化与社会主义基本经济制度

中国是世界上最大的发展中国家,同时也是世界第一人口大国。中国14亿多人口整体迈入现代化,其规模远超现有发达国家的总和,将彻底改写现代化的世界版图,对当今世界的格局与全人类的发展产生深远影响。为实现现代化建设的伟大事业,必须在实践中探索出一套既立足于中国国情又与国际环境和世界发展趋势相适应的经济制度。经过新中国成立70多年、改革开放40多年,尤其是新时代10多年的艰苦探索、顽强奋斗与创新突破,终于找到了既符合我国社会主义性质和社会主义初级阶段基本国情,又符合生产关系一定要适应生产力发展规律的基本经济制度,形成了公有制为主体、多种所有制经济共同发展的所有制结构,以按劳分配为主体、多种分配方式并存的分配方式以及社会主义市场经济体制"三位一体"的基本经济制度体系。

中国特色社会主义基本经济制度,既不同于以苏联为代表的计划指令型基本经济制度,又不同于以美国为代表的资本主义经济制度,而是马克思主义基本原理与中国社会主义具体实践相结合的独创性制度,是马克思主义在当代中国创新的理论成果,有效推动了世界经济制度的发展和完善。党的十九届四中全会明确提出,"公有制为主体、多种所有制经济共同发展,按劳分配为主体、多种分配方式并存,社会主义市场经济体制等社会主义基本经济制度,既体现了社会主义制度优越性,又同我国社会主义初级阶段社会生产力发展水平相适应,是党和人民的伟大创造"[1]。在全面建成小康社会,开启全面建设社会主义现代化国家新征程、向第二个百年奋斗目标进军的关键时刻,以社会主义基本经济制度的探索作为逻辑起点是科学的,符合我国社会主义经济发展和制度变迁的实际。[2]

一、坚持和完善社会主义基本经济制度是实现中国式现代化的必由之路

(一)公有制为主体是中国式现代化建设的题中之义

所有制问题是运动的基本问题[3],是中国式现代化建设必须面对的一个重大理论和实践问题。它体现了生产资料由谁占有、如何占有,反映了社会最根本的经济关系,并以一种特有的结构支撑着社会生产的运转。"生产资料所有制是生产关系的核心,决定着社会的基本性质和发展方向。"[4]在资本主义社会中,私有制占主导和支配地位,生产资料由少数资本家掌控,具有排他性占有的特点,所有制结构呈

---

[1] 《中共中央关于坚持和完善中国特色社会主义制度 推进国家治理体系和治理能力现代化若干重大问题的决定》,北京:人民出版社,2019年,第18页。

[2] 周文、李思思:《当代中国马克思主义政治经济学研究对象与鲜明特征》,《上海经济研究》,2020年第10期。

[3] 《马克思恩格斯选集》第1卷,北京:人民出版社,2012年,第435页。

[4] 习近平:《不断开拓当代中国马克思主义政治经济学新境界》,《求是》,2020年第16期。

第六章 中国式现代化与社会主义基本经济制度

现出以私有制为主体特征的资本主义性质。而在社会主义社会中,公有制占主导和支配地位,国有经济控制着国民经济的命脉,生产资料归全民所有或集体所有,所有制结构与社会化大生产相适应,同社会发展方向相一致。

从世界范围来看,"社会制度中的任何变化,所有制关系中的每一次变革,都是产生了同旧的所有制关系不再相适应的新的生产力的必然结果"[1]。随着生产力水平的发展与生产社会化程度的提高,资本主义社会的基本矛盾,即生产社会化与生产资料私人占有之间的矛盾,逐渐凸显和加剧。恩格斯认为,这一基本矛盾会带来四个具体表现:第一,无产阶级与资产阶级的对立;第二,个别企业的有组织性与整个社会生产无政府状态之间的矛盾;第三,生产方式与交换方式的对抗;第四,资本主义国家的社会性与其阶级性之间的对抗。[2]因此,社会主义代替资本主义、公有制代替私有制,既是资本主义社会基本矛盾发展的必然结果,又是生产力发展规律的内在要求。

作为当今世界最大的社会主义国家,中国充分认识到社会主义建设的艰巨性、长期性和复杂性,始终坚持公有制的主体地位,坚定不移地做强做优做大国有资本和国有企业,并在此基础上积极发展混合所有制经济,推动国有资本、集体资本、非公有资本等优势互补、相互促进、共同发展。一方面,我国遵循生产关系适应生产力状况,上层建筑适应经济基础的经济规律,强调不能脱离生产力发展的实际,盲目追求"一大二公三纯"的所有制形式,而是鼓励多种所有制经济共

---

1 《马克思恩格斯选集》第 1 卷,北京:人民出版社,2012 年,第 303 页。
2 辛向阳:《马克思主义创始人"资本主义社会基本矛盾"理论发展史初探》,《马克思主义研究》,2017 年第 1 期。

同发展。另一方面，我国顺应所有制形态变迁的客观规律，充分认识和肯定社会主义公有制的优越性，积极发挥公有制经济对高质量发展的中坚作用。实践证明，有效推进中国式现代化，必须坚持社会主义公有制的主体地位。

首先，社会主义公有制符合生产社会化的要求，有利于发挥我国社会主义制度优势，"集中力量办大事"。进入新时代，"集中力量办大事"的逻辑随着社会矛盾、主要任务和发展目标的变化而发生深刻转变。除了在加强公共基础设施建设、应对重大突发公共危机、增加普惠性服务供给等方面发挥作用外，"集中力量办大事"更聚焦于关键核心技术攻关，突破技术"卡脖子"问题。党的二十大报告强调，要"健全新型举国体制，强化国家战略科技力"，"以国家战略需求为导向，集聚力量进行原创性引领性科技攻关，坚决打赢关键核心技术攻坚战"。[1] 社会主义市场经济条件下的新型举国体制，是我国实现关键核心技术攻关的制度保障和制度优势，也是新时代科技自立自强的必然选择[2]，为提高我国综合国力，增强国际竞争力，推动中国式现代化提供了有力支撑。

其次，社会主义公有制确立了劳动者的主人翁地位，为充分调动劳动者的积极性、主动性和创造性提供了有利条件。不同于现代的资产阶级私有制，即建立在阶级对立上面、建立在一些人对另一些人的

---

[1] 习近平：《高举中国特色社会主义伟大旗帜　为全面建设社会主义现代化国家而团结奋斗——在中国共产党第二十次全国代表大会上的报告》，《人民日报》，2022年10月26日。
[2] 周文、白佶：《论新发展格局与高质量发展》，《兰州大学学报（社会科学版）》，2023年第1期。

剥削上面的产品生产和占有的最后而又完备的表现[1],在社会主义公有制条件下,生产资料归全体人民共同所有,人民成为了社会的主人,一切生产和经营活动都是为了人民的共同利益,充分调动了人民的积极性和主动性,为发挥人民的聪明才智提供了可能性条件。习近平总书记强调,"全面建成社会主义现代化强国,人民是决定性力量"[2]。坚持公有制为主体是保证人民经济主体地位的根本形式,为人民当家作主提供了现实的经济基础,有利于充分发挥人民对中国式现代化建设的主体作用。

总之,坚持公有制的主体地位是社会主义的本质特征,是共同富裕的基本前提。公有制为主体,既解放和发展了生产力,消除了剥削和两极分化,保障了人民当家作主,又实现了宏观效益与微观效益、长远利益与当前利益的协调统一,为实现中国式现代化、构建人类文明新形态开辟了现实道路。

(二)按劳分配为主体是中国式现代化建设的根本保障

按劳分配是社会主义的分配原则,是社会主义经济制度的基本特征。[3] 社会主义初级阶段的基本国情以及公有制为主体、多种所有制经济共同发展的所有制结构决定了我国按劳分配为主体、多种分配方式并存的分配方式。以按劳分配为主,既符合我国现阶段生产力的发展状况,又符合我国所有制结构的性质和特点,既维护了广大劳动

---

[1] 《马克思恩格斯文集》第2卷,北京:人民出版社,2009年,第45页。

[2] 习近平:《在第十四届全国人民代表大会第一次会议上的讲话》,《人民日报》,2023年3月14日。

[3] 周文、肖玉飞:《共同富裕:基于中国式现代化道路与基本经济制度视角》,《兰州大学学报(社会科学版)》,2021年第6期。

者的切身利益、动员了社会主体力量,又推动了经济发展、促进了社会进步,实现了公平与效率的统一,为中国式现代化建设创造了有利条件。

首先,按劳分配为主体符合社会生产力发展的客观要求,与我国生产资料所有制以及所有制结构的变化、特点和发展趋势相适应。通常来说,我们指的分配是社会新创造的劳动产品的分配,表现为社会产品在不同社会、国家、集团和社会成员间的分割与占有,反映了人与人之间的社会关系。马克思在阐述生产与分配的关系时指出,分配是"同生产过程的历史规定的特殊社会形式,以及人们在他们生活的再生产过程中互相所处的关系相适应的,并且是由这些形式和关系产生的"[1],"消费资料的任何一种分配,都不过是生产条件本身分配的结果。而生产条件的分配,则表现生产方式本身的性质"[2]。一方面,我国公有制为主体的所有制决定了按劳分配为主体的分配方式。公有制从根本上改变了劳动者在生产过程中的地位和相互关系,体现了"人民性"的本质属性。而按劳分配为主体,是对"我国始终把最广大人民的根本利益作为一切工作的出发点和落脚点"原则的贯彻,充分保证了劳动者主人翁地位,有利于增进人民福祉,推动全体人民走向共同富裕。另一方面,生产力发展不平衡、不充分、多层次的状况决定了多种分配方式并存。当生产力发展水平达不到一定高度时,从长远来看,单一的按劳分配制不仅不能提高社会生产率,还可能导致平均主义的倾向。实践证明,只有坚持按劳分配为主体、多种分配方式并存的分配方式,才能有效提高居民收入、缩小收入差距、调动主体积极

---

1 《马克思恩格斯全集》第 25 卷,北京:人民出版社,1979 年,第 998 页。
2 《马克思恩格斯选集》第 3 卷,北京:人民出版社,2012 年,第 13 页。

第六章　中国式现代化与社会主义基本经济制度

性、增强经济发展动力。

其次,按劳分配为主体体现了公平与效率的统一。按劳分配既不是平均主义,也不是贫富悬殊和两极分化。我们既强调做大"蛋糕",也强调分好"蛋糕"。在以私有制为基础的资本主义分配方式下,资本家始终以效率和利润为中心,社会分配不平等的问题一直存在,并随着生产力的发展愈发突出。西方主导经济全球化500多年的历史证明,"西方标榜的共同利益不过是一个修饰性的比喻而已"[1]。按劳分配为主的分配方式,既有利于缩小收入差距、防止两极分化,实现社会公平,又有利于发挥各方主体的积极性,保证经济运行效率,提高生产力发展水平,是社会主义制度超越资本主义私有制的关键所在和制胜法宝。

马克思的剩余价值学说深刻揭露了资本主义制度剥削的本质,同时也表明了资本主义分配方式的不公平性。在私有制条件下,劳动者在劳动中创造的价值和劳动报酬之间的差额被资产阶级无偿占有,资本家所支付的工资远低于劳动者所创造的剩余价值,显然这种分配方式是有失公平的。相反,在社会主义社会,"生产者的权利是和他们提供的劳动成比例的;平等就在于以同一的尺度——劳动——来计量"[2]。根据按劳分配的原则,生产者在社会中获得的消费品只取决于劳动本身,劳动报酬的唯一尺度是劳动者提供的劳动量,其实质是劳动者平等地使用统一标准来分配劳动所得,即等量劳动获取等量收入,这意味着劳动者的收入水平直接同自身的劳动质量和劳动数量挂钩。在

---

1 [德]卡尔·曼海姆:《意识形态与乌托邦》,李步楼等译,北京:商务印书馆,2019年,第16页。
2 《马克思恩格斯选集》第3卷,北京:人民出版社,2012年,第364页。

社会主义市场经济条件下，劳动者生产资料的占有形式具有多样性特征，劳动者的个体能力也参差不齐，引起了劳动生产率的差异，进而体现在个人收入分配上。这种分配差别，不仅不会导致收入差距扩大甚至两极分化的趋势，反而形成全体社会成员实现共同富裕的外在动力，成为推动社会主义经济持续发展的基本动力。[1] 实践证明，按劳分配为主体的分配方式，既突破了传统计划经济的平均主义，又摒弃了新自由主义的效率至上主义。在保证公平的同时激发了劳动者的积极性，提高了生产效率，为促进社会经济发展提供了基本动力，为实现全体人民共同富裕、推动中国式现代化建设提供了根本保障。

（三）社会主义市场经济体制是中国式现代化建设的内在动力

从历史演进与现实实践来看，计划和市场都是资源配置的基本手段和方式，其本身并不具备特定的社会属性，"计划经济不等于社会主义，资本主义也有计划；市场经济不等于资本主义，社会主义也有市场"[2]。早在20世纪，西方国家和理论界就曾围绕"社会主义能否发展市场经济"这一问题展开过设想和探索，例如20世纪20年代到30年代以T.泰勒（T. Tylor）、奥斯卡·兰格（Oskar Lange）、阿巴·勒纳（Abba Lerner）为代表的经济学家，提出了计划模拟市场配置资源的"兰格模式"，认为"社会主义完全可以解决合理配置资源的问题"[3]。20世纪70年代到80年代，匈牙利经济学家亚诺什·科尔内（Janos Kornai）提出

---

1 葛扬、朱弋：《分配制度、共同富裕与中国特色社会主义现代化》，《山东社会科学》，2022年第4期。

2 《邓小平文选》第3卷，北京：人民出版社，1993年，第373页。

3 张志忠：《当代西方市场社会主义思潮：模式、理论与评价》，呼和浩特：内蒙古大学出版社，2006年，第29页。

第六章 中国式现代化与社会主义基本经济制度

了"行政协调"和"市场协调"相结合的社会主义经济模式[1],他认为克服经济长期短缺现象的路径,是利用市场机制对传统社会主义经济体制进行改革。同一阶段,捷克经济学家奥塔·希克(Ota Sik)提出了"计划性市场经济模式",认为"单靠市场或单靠没有市场的国民经济计划都不能保证经济的有效和符合社会长远利益的发展","计划和市场的结合不仅有利于经济发展,而且可以使劳动人民的利益得到更好地贯彻"。[2] 20世纪80年代末,W.布鲁斯(W. Brus)和K.拉斯基(K. Laski)提出了"含市场机制的计划经济",认为"市场社会主义可能并不要求放弃公有制,但肯定要求放弃任何形式的所有制教条主义"。[3] 西方学者对于社会主义与市场经济相结合的道路的探索,强调了市场与社会主义的兼容性,为我国社会主义市场经济的建设提供了一定启示。但由于历史与国情的差异以及所要实现目标的差异,中国"需要根据本国特有情况和目标"[4]来建设具有中国特色的市场经济。

新中国成立以来,社会主义市场经济从无到有、不断完善,创造性地将社会主义基本制度与市场经济有机结合,走出了一条既不同于苏联式中央计划型经济发展模式,也不同于西方工业国垄断资本占统治地位的市场经济,既否定了苏联的完全公有化,也打破了西方的过度私有化。改革开放以来的"中国奇迹"证明,社会主义市场经济体制并不是抽象的独立的存在,也不是社会主义与市场经济的简单相

---

1 纪军:《匈牙利的市场社会主义之路》,北京:中国社会科学出版社,2000年,第20页。
2 [捷]奥塔·希克:《第三条道路:马克思列宁主义理论与现代工业社会》,张斌译,北京:人民出版社,1982年,第159、170页。
3 [波]W.布鲁斯、K.拉斯基:《从马克思到市场:社会主义对经济体制的求索》,银温泉译,上海:上海人民出版社,1998年,第195页。
4 [美]约瑟夫·斯蒂格利茨:《中国新发展模式的核心》,《国外理论动态》,2013年第1期。

加,更不是简单对标西方市场经济模式。[1]社会主义市场经济在充分发挥社会主义制度优越性的同时,也发挥了市场配置资源的效率,为中国经济的高质量发展创造了有力的制度条件。

首先,社会主义市场经济的发展代表最广大人民群众的根本利益,为实现全体人民共同富裕提供了体制保障。卡尔·波兰尼指出,"市场深深地根植在社会和政治制度之中"[2]。在资本主义制度下,民主是金钱操纵下的民主,其实质是资产阶级精英统治下的民主。与之对应,建立在私有制和"经济人假设"基础上的资本主义市场经济,以资本增殖和垄断资本家的利益为目的,致使资本主义市场经济发展生产力、创造社会财富的同时,也带来了诸如两极分化和社会不稳定等一系列弊端。相反,中国共产党领导的中国特色社会主义,坚持人民民主专政,国家的一切权力属于人民。党的性质和宗旨决定了我国市场经济的发展必须要代表最广大人民群众的根本利益。因而,在社会主义市场经济下,"管理者与被管理者处于平等的地位,追求共同富裕"[3]。

其次,社会主义市场经济体制有利于推动有效市场和有为政府相结合,发挥公有制经济与非公有制经济各自的优势,提高经济发展质量与效益。在社会主义市场经济体制下,一方面,就其本身而言,政府不但是生产力的创造者,而且是一种提供稳定的"幕后力量"。[4]其

---

[1] 周文:《中国道路:现代化与世界意义》,杭州:浙江大学出版社,2021年,第48页。

[2] P. Evans, *Embedded Autonomy: States and Industrial Transformation*, NJ: Princeton University Press, 1995.

[3] 范恒山:《关于社会主义市场经济内涵与特征的思考》,《马克思主义与现实》,1997年第1期。

[4] [英]玛丽安娜·马祖卡托:《增长的悖论:全球经济中的创造者与攫取者》,何文忠等译,北京:中信出版社,2020年,第216页。

第六章　中国式现代化与社会主义基本经济制度

主要职责是强化市场监管,清除市场壁垒,保障市场公平竞争,为各类市场主体营造良好的发展环境。另一方面,市场经济被看作社会主义基本制度框架内解放和发展生产力的工具和手段,服从并服务于社会主义的生产目的与人民对美好生活的需要。充分发挥市场在资源配置中的决定性作用,能够有效提高资源配置效率,激发公有制经济,尤其是非公有制经济的发展动力。社会主义市场经济既体现了社会主义制度的优越性,又发挥了市场作为最有效的资源配置方式的作用。社会主义市场经济在促进生产力发展的同时也注重社会公平的实现,有效避免了资本主义市场经济的根本性缺陷。

二、构建高水平社会主义市场经济体制是中国式现代化的关键举措

立足全面建设社会主义现代化国家的历史任务,党的二十大提出要"构建高水平社会主义市场经济体制",标志着社会主义市场经济体制建设进入新的历史阶段,为加快构建新发展格局、着力推动高质量发展、奋力实现中国式现代化提供了制度基础、体制保障和动力支撑。推进高水平市场经济体制建设,要求坚持和完善社会主义基本经济制度,坚持"两个毫不动摇",激发各类主体活力,充分发挥市场在资源配置中的决定性作用,更好发挥政府作用,坚持高水平对外开放,构建开放型经济新体制。

(一)坚持"两个毫不动摇",激发各类市场主体活力

公有制经济与非公有制经济都是社会主义市场经济的重要组成部

分，对我国经济社会发展起了重要推动作用。改革开放以来，我国对非公有制经济地位和作用的认识，经历了一个从"资本主义尾巴"到"必要的有益的补充"再到"市场经济的重要组成部分""平等享受国民待遇的市场主体"的深化过程。进入新时代，非公有制经济只会壮大，不会离场，"任何想把公有制经济否定掉或者想把非公有制经济否定掉的观点，都是不符合最广大人民根本利益的，都是不符合我国改革发展要求的，因此也都是错误的"[1]。党的二十大强调，要"坚持和完善社会主义基本经济制度，毫不动摇巩固和发展公有制经济，毫不动摇鼓励、支持、引导非公有制经济发展"[2]，充分发挥公有制经济和非公有制经济各自的优势，实现二者优势互补、有机统一，共同创造中国发展的奇迹，推动实现中国式现代化。

一方面，要巩固和发展公有制经济，发挥国有经济在国民经济中的主导作用，做强做优做大国有资本和国有企业。作为社会主义公有制的基本载体，国有经济具有"全民所有、全民共享"的本质属性，在实现共同富裕过程中肩负着本然使命。[3] 在社会主义公有制条件下，国有经济以国家战略利益和目标为导向，以为人民服务和满足人民需要为宗旨，以国有资本和国有企业为依托，致力于实现国家利益和社会利益的最大化，是推动全体人民走向共同富裕的核心支柱。从实现形式来看，国有经济以国有资本为存在形式，以国有企业为主要载体，

---

[1] 《习近平谈治国理政》第 2 卷，北京：外文出版社，2017 年，第 260 页。

[2] 习近平：《高举中国特色社会主义伟大旗帜　为全面建设社会主义现代化国家而团结奋斗——在中国共产党第二十次全国代表大会上的报告》，《人民日报》，2022 年 10 月 26 日。

[3] 张勇、胡家勇、鲁强等：《充分发挥国有经济推进共同富裕的引领示范作用》，《南开经济研究》，2022 年第 12 期。

第六章　中国式现代化与社会主义基本经济制度

做强做优做大国有经济,就意味着在深化改革的基础上,做强做优做大国有资本和国有企业,建立中国特色现代企业制度,提升国有企业保值增值能力和生产经营效率,发挥国有经济的主导作用和战略支撑作用。

另一方面,要鼓励、支持、引导非公有制经济,发挥民营经济对我国经济发展的重要推动作用。改革开放40多年以来,民营经济从无到有、从小到大、从弱到强,实现了从"零"到"五六七八九"的发展,贡献了中国经济50%以上的税收、60%以上的GDP、70%以上的技术创新成果、80%以上的城镇劳动就业、90%以上的企业数量。实践表明,民营经济已经成为国家财政收入的重要来源、经济发展的重要力量、科技创新的重要主体、吸纳就业的重要渠道,是促进经济增长、实现经济稳定运行的重要力量。在中国特色社会主义制度下,民营经济与国有经济共同推动实现共同富裕,民营经济发展耦合于共同富裕的历史进程,服务于社会主义的发展大局。[1] 进入新时代,高质量发展成为了全面建设社会主义现代化国家的首要任务。在此背景下,民营经济不仅不能弱化、不能"离场",而且只能壮大,走向更加广阔的舞台。要不断优化民营经济的发展环境,提高民营经济的经济效率,促进中小微企业和个体工商户高质量发展。

实践证明,"两个毫不动摇"相辅相成、相互促进,有机统一于社会主义现代化建设全局,贯穿于高水平社会主义市场经济体制。"两个毫不动摇"方针是一个有机整体,既不可顾此失彼,也不可将二者直接对立,任何将二者直接分裂的认识和做法都是错误的、有害的,将

---

[1] 周文、司婧雯:《民营经济发展与共同富裕》,《财经问题研究》,2022年第10期。

严重影响市场主体的积极性和主动性。社会主义市场经济追求的最终目标既不是"国进民退",也不是"国退民进",而是"国民共进",既要实现国有资产保值增值,又要实现民营经济发展壮大。在社会主义条件下,公有制经济和非公有制经济都是社会主义市场经济的重要组成部分,缺一不可;国有经济与民营经济相得益彰、合作共生、密不可分;国有企业与民营企业取长补短、合作共赢、不可分割。本质上,"国"与"民"、"公"与"非公"在公有制为主体的条件下是一种"互补、竞争和联合协作的新型关系"[1]。只有实现公有制经济与非公有制经济、国有经济与民营经济、国有企业与民营企业的合作互补,才能更有效维系国家经济安全和社会稳定。

(二)转变政府职能,推动有效市场和有为政府更好结合

政府与市场的关系既是经济发展的关键问题,也是社会主义市场经济体制改革的核心问题。改革开放以来,中国共产党立足我国国情与实际,推动市场经济从无到有,从发挥基础性作用到决定性作用,成功开创了社会主义市场经济体制,实现了社会主义制度优越性与市场经济一般规律的有机结合,打破了计划与市场的"社""资"之分,为破解政府和市场关系这一世界性难题提供了中国智慧与中国方案。中国现行的经济制度,既不是传统意义上的社会主义计划经济,也区别于西方发达国家典型的市场经济,它是建立在"中国特殊的政治制度、文化传统和社会结构之上的政治权力与经济资本杂交的混合经济"[2]。

美国经济学家保罗·A.萨缪尔森(Paul A. Samuelson)指出,对中国而言,"完全自由的放任主义不仅会导致个人之间的不平等发展到

---

[1] 王克忠主编:《中国现阶段私营经济探索》,上海:复旦大学出版社,1990年,第130页。
[2] 洪朝辉:《"中国特殊论"与中国发展的路径》,《经济管理文摘》,2004年第21期。

第六章 中国式现代化与社会主义基本经济制度

完全不必要的程度,而且会带来不可避免的宏观经济不稳定性"[1],因此他提倡一种"中间道路"。英国经济学家彼得·诺兰(Peter Nolan)认为,中国社会经济中存在的很多实际问题是市场不能够独自解决的,现实中每一项挑战都离不开政府对市场的非意识形态的干预。"今天的中国正在完全不同的条件下探索自己的'第三条道路'"[2],一条创造性的、政府与市场共生的道路。日本学者大本一训表示,中国"建构统一的、开放的、竞争的、有秩序的现代市场经济体系,作为市场经济体系不仅会超越资本主义,而且在本质上可能是更高层次的市场经济"[3]。总之,随着我国经济实践的发展,越来越多的西方学者对我国社会主义市场经济体制持肯定态度,他们认为中国走出了一条独一无二的社会主义市场经济新道路,开创了一种难以模仿的、独特的发展模式。

进入新时代,在认真总结我国发展经验、准确把握新发展阶段特征的基础上,党对社会主义市场经济客观规律的认识和驾驭能力不断提高,对计划与市场、政府与市场关系的把握逐步深化和完善,并取得了历史性突破。党的十九届五中全会提出,要"坚持和完善社会主义基本经济制度,充分发挥市场在资源配置中的决定性作用,更好发挥政府作用,推动有效市场和有为政府更好结合"[4]。一方面,市场经济

---

1 [美]保罗·萨缪尔森:《中间道路经济学》,何宝玉译,北京:首都经济贸易大学出版社,2000年,序言,第9页。
2 [美]彼得·诺兰:《处在十字路口的中国》,《国外理论动态》,2005年第9期。
3 [日]大本一训:《正确看待中国的经济发展》,梅荣政、倪愫襄编译,《当代世界与社会主义》,2005年第2期。
4 《中共中央关于制定国民经济和社会发展第十四个五年规划和二〇三五年远景目标的建议》,《人民日报》,2020年11月4日。

本质上就是市场决定资源配置的经济。市场作为资源配置最有效的方式，能通过价格机制、供求机制和竞争机制自发引导生产要素在各产业部门和各企业之间自由流动，促进市场主体充分竞争，实现效益最大化。另一方面，市场机制存在自身无法克服的自发性、盲目性和滞后性弊端，不可避免会出现信息不对称、交易不公平和市场垄断等问题。如果仅仅依靠"看不见的手"来实现宏观层面的资源配置，那么"这种资源配置方式必然是通过经济的不断动荡和生产力的破坏来建立必要的比例关系的"[1]。正如在资本主义发展进程中，经济重大结构性失衡和结构性调整，只能依靠周期性爆发的生产过剩危机来解决。

因此，在社会主义市场经济条件下，既要释放市场活力，又要把握好政府的进退。首先，要转变政府职能，持续推进"放管服"改革，优化政府职责体系，完善政府经济调节、市场监管与社会服务等职能，为市场主体提供保障。其次，要加快建设高标准市场体系，完善产权保护制度，实施市场准入负面清单制度，完善公平竞争制度，提高制度效率，优化营商环境。最后，要提升政府的宏观经济治理能力，完善顶层设计，通过创新货币政策和财政政策充分发挥社会主义制度优势，有效弥补市场失灵，实现效率和公平的有机统一。实践证明，构建高水平社会主义市场经济体制，其内在本质是正确把握市场与政府之间的辩证关系，实现有效市场和有为政府的动态耦合。只有让"看得见的手"和"看不见的手"有机结合、协同发力，才能更好满足人民日益增长的美好生活的需要。

---

1 陶玉：《更好发挥政府作用是社会主义市场经济的独特优势》，《马克思主义研究》，2014年第7期。

第六章　中国式现代化与社会主义基本经济制度

（三）建设更高水平开放型经济新体制，以开放促改革促发展

伴随全球化进程的不断深入，各国都逐渐意识到，向全球贸易体系开放自己的市场，是经济通向繁荣的最佳途径。[1] 美国经济学家杰弗里·萨克斯（Jeffrey Sachs）指出，一个国家的增长离不开国际环境，外向型国家的增长绩效明显高于内向型国家的增长绩效。[2] 一方面，对外开放拓宽了一国经济的市场规模和活动领域，优化了贸易的规模经济效果，增加了国家从规模经济中获益的机会；另一方面，受世界市场竞争的影响，本国企业为谋求更好的生存环境和更高的利润，会自觉提高生产效率、推动经济发展、增强国际竞争力。

进入新时代，实行高水平对外开放，建设更高水平开放型经济新体制，既是顺应发展环境变化做出的战略选择，也是完善社会主义市场经济体制、以高水平开放促进深层次市场化改革的内在要求。习近平总书记提出，要"坚持扩大高水平开放和深化市场化改革互促共进"[3]，"坚持实施更大范围、更宽领域、更深层次对外开放，依托我国大市场优势，促进国际合作，实现互利共赢"[4]。为新时期打造国际合作和竞争新优势，建设更高水平开放型经济新体制，推动制度型开放指明了方向。

---

1 ［美］保罗·萨缪尔森、威廉·诺德豪斯：《经济学》，萧琛主译，北京：商务印书馆，2014年，第394页。
2 ［美］杰弗里·萨克斯、费利普·拉雷恩：《全球视角的宏观经济学》，费方域等译，上海：上海人民出版社，2004年。
3 中共中央党史和文献研究院编：《十九大以来重要文献选编》中，北京：中央文献出版社，2021年，第510页。
4 中共中央党史和文献研究院编：《十九大以来重要文献选编》中，北京：中央文献出版社，2021年，第807页。

从本质上讲,开放型经济体制就是促进各商品、要素、资源和服务跨国界自由有序流动,实现生产和消费国际化,达到资源最优配置和经济最高效率的体制机制与制度安排。建设更高水平开放型经济新体制,是国家繁荣发展的必然要求,也是完善社会主义市场经济体制的题中之义,有利于我国充分利用国内国际两个市场、两种资源,加快融入全球价值链分工体系,对接高标准国际经贸规则,推动经济结构转型,实现新旧动能转换,提高经济发展质量。贝蒂尔·奥林(Bertil Ohlin)认为,各地区间要素禀赋不同,而生产产品需要不同的要素组合,因此"一个地区不可能在生产一切商品方面都优于其他地区,也即是这一地区不能以比较低的货币成本生产一切商品"[1]。实现高水平对外开放,既可以广泛利用资金、技术、原材料、信息等国际资源,有效缓解商品、要素、资源和服务短缺的问题,又可以运用国际市场满足大众需求多元化发展的需要,消化我们比较优势的产业,从而更好地发挥好规模经济,降低生产成本,提高生产效率。

不论是从建设更高水平开放型经济新体制的内在要求,还是从国际经贸规则的发展趋势来看,制度型开放都是提高对外开放水平和经济发展质量的必然选择。它与高水平开放型经济新体制相适应、与国际通行贸易投资规则相衔接,对实施更大范围、更宽领域、更深层次对外开放和构建高水平社会主义市场经济体制有着重要的推动作用。党的二十大强调,要"稳步扩大规则、规制、管理、标准等制度型开放",推动我国开放优势从传统的"要素成本红利"转向"制度创新红利"。制度型开放本质上是一种双向开放,一方面,要积极对标国际经

---

[1] [瑞典]贝蒂尔·奥林:《地区间贸易和国际贸易》,王继祖等译,北京:首都经济贸易大学出版社,2001年,第6页。

贸先进的规则、规制、管理和标准，主动与国际市场和世界贸易组织规则有效衔接，进一步完善国内市场经济制度，推动国内市场体系现代化建设，增强国内外经贸规则的协调性和一致性，防止我国社会主义市场经济制度与国际主流市场经贸规则"脱钩""断层"；另一方面，要主动参与全球经贸规则制定和全球治理体系建设，推动"一带一路"高质量发展，构建国际合作新平台，加快从国际经贸规则制定的旁观者、跟随者转变为国际经贸规则制定的参与者、引领者，以国内规则变革推动国际规则重构，提升中国在国际经贸规则制定中的话语权，拓宽我国国际经贸关系发展空间，从而为国家对外贸易和企业发展营造更为公平的市场竞争环境，激发市场主体活力，推动经济的可持续发展。

总之，面对世界百年未有之大变局和国内外形势新变化，中国将不断拓展对外开放的范围领域，不断优化对外开放的空间格局，不断提高对外开放层次，构建更高水平开放型经济新体制，推动制度型开放，以高水平对外开放推动经济高质量发展。

三、充分发挥基本经济制度对中国式现代化的重要支撑和保障作用

（一）坚持和完善基本经济制度，加快建设现代化经济体系

建设现代化经济体系是我国发展的战略目标，也是转变经济发展方式、优化经济结构、转换经济增长动力的迫切要求。[1] 坚持和完善社

---

1 《习近平谈治国理政》第 3 卷，北京：外文出版社，2020 年，第 240 页。

会主义基本经济制度，能够夯实高质量发展的经济根基，解决不平衡不充分的发展问题，破除各方面体制机制的弊端，激发市场主体的创造活力，从而有效筑牢现代化经济体系的坚实基础，强化现代化经济体系的战略支撑，完善现代化经济体系的制度保障。

首先，完善公有制为主体、多种所有制经济并存的基本经济制度，为建设现代化经济体系奠定坚实的物质基础。公有制为主体、多种所有制经济共同发展，能有效解放和发展生产力，激发非公有制经济的活力和创造力，调动社会各方面的积极性，从而为实施创新驱动发展战略和制造强国战略提供主体支撑。一方面，要毫不动摇地巩固和发展与我国社会性质和生产力发展水平相匹配的公有制经济，保证国有经济对关乎国家安全和经济命脉的重要领域的控制力与影响力，增强国有经济的活力、创新力和抗风险能力。在公有制基础上，国家代表最广大人民群众的根本利益，能从整体上把握国民经济的发展态势和方向，做到全国统一一盘棋，最大限度调配全国范围内的人力、物力、财力，集中力量办大事，加快重点项目建设，推动社会全面发展和人民共同富裕。另一方面，要毫不动摇地鼓励、支持、引导非公有制经济，拓展民营经济发展空间，激发民营经济的活力与创造力。积极引导民营企业适应新科技革命和产业变革要求，推动民营企业信息化、数字化、智能化和管理升级，加快培育一批产品卓越、品牌卓著、创新领先、治理现代的世界一流企业，不断增强我国经济创新力和竞争力。[1]

其次，完善按劳分配为主体、多种分配方式并存的分配方式，促进城乡区域协调发展，优化现代化经济体系的空间布局。社会主义分

---

[1]《加快建设世界一流企业　加强基础学科人才培养》，《人民日报》，2022年3月1日。

第六章 中国式现代化与社会主义基本经济制度

配方式遵循物质利益原则,有效防止了居民收入分配差距扩大和社会两极分化,调动了各种要素所有者的积极性和创造性,推动了公平与效率的统一。在私有制条件下,资本主义市场经济形成了按要素分配为主的分配方式。法国经济学家皮凯蒂表示,在资本主义社会中,"资本收入的不平等是一种极端不平等"[1]。随着收入阶层的逐步提升,"劳动收入逐步成为附属物,而资本收入不断增长变为收入的主要来源"[2],这是造成西方资本主义国家社会两极分化的根本原因。在社会主义市场经济条件下,按要素分配是一种必要、有效的分配方式,但不是主体的,更不是唯一分配方式。在公有制为主体、国有经济为主导的背景下,坚持按劳分配为主体、多种分配方式并存的分配方式,完善初次分配、再分配和第三次分配协调配套的制度体系,能最大限度扩大中等收入群体,缩小收入差距,改善人民生活,激发主体活力,提高社会效率,推动全体人民实现共同富裕。

最后,加快社会主义市场经济体制改革,破除各方面体制机制的弊端,完善现代化经济体系的制度保障。建设现代化经济体系,既离不开符合国情的所有制结构和分配方式,也离不开良好的体制环境。社会主义市场经济体制是现代化经济体系的支撑和保障,决定了现代化经济体系建设的质量和效率。因此,要更好发挥现代化经济体系的优越性,必须坚持和完善社会主义市场经济体制,将社会主义制度的优越性和市场经济的有效性有机结合,实现政府与市场协同发力、优

---

[1] [法]托马斯·皮凯蒂:《21世纪资本论》,巴曙松、陈剑等译,北京:中信出版社,2014年,第261页。

[2] [法]托马斯·皮凯蒂:《21世纪资本论》,巴曙松、陈剑等译,北京:中信出版社,2014年,第286页。

势互补。处理好政府与市场的关系，既不是简单地削弱政府作用，也不是单纯地夸大市场作用，而是充分发挥政府和市场在资源配置中各自的优势。一方面，"分散化是市场经济的有效手段，经济的集权化和管制程度越高，就会越僵化、无法适应变化的市场""中国只有继续分散化进程，它的这个整体才能保持统一"。[1]政府要简政放权，做到"不越位"，把本该由市场发挥作用的事项交给市场，充分发挥市场在资源配置中的决定性作用，提高资源配置效率。另一方面，要更好发挥政府的作用，以政策引导市场预期，以法治规范市场行为，以服务满足市场需求，努力弥补市场"缺位"，做市场做不到和做不好的事，以增强社会经济的稳定性和抗风险能力。实践证明，只有坚持"有效市场"与"有为政府"更好结合，才能实现效率最大化和效益最优化。

（二）着力发挥基本经济制度优势，推进国家治理现代化

推进国家治理体系和治理能力现代化，不断把我国制度优势更好地转化为国家治理效能，既是坚持和发展新时代中国特色社会主义制度的必然要求，也是推动经济高质量发展、全面建成社会主义现代化强国的根本遵循。党的十九届四中全会指出，"我国国家治理一切工作和活动都依照中国特色社会主义制度展开，我国国家治理体系和治理能力是中国特色社会主义制度及其执行能力的集中体现"[2]。基本经济制度作为社会经济在生产关系中最基本的规定，是一国社会制度在

---

1 ［美］约翰·奈斯比特、［奥］多丽丝·奈斯比特：《中国大趋势：新社会的八大支柱》，魏平译，北京：中华工商联合出版社，2011年，第216页。
2 《中共中央关于坚持和完善中国特色社会主义制度　推进国家治理体系和治理能力现代化若干重大问题的决定》，《人民日报》，2019年11月6日。

第六章　中国式现代化与社会主义基本经济制度

经济制度层面的性质特征和经济体制机制安排。[1]随着生产力发展而更加成熟定型,表现为一个动态发展过程,其完善和发展以推进国家治理现代化为目标。本质上,社会主义基本经济制度与国家治理体系、治理能力现代化的关系,就是经济基础与上层建筑之间的关系。一方面,基本经济制度是治理现代化的根本制度安排,奠定了治理现代化的经济基础,规定了治理现代化的根本性质和方向;另一方面,国家治理体系和治理能力是制度及其执行能力的集中体现,制度优势只有通过治理体系和治理能力才能转化为治理效能,二者辩证统一。

治理国家,制度起着根本性、全局性和长远性作用。制度的成熟定型是一个动态过程,不可能一蹴而就,也不可能一劳永逸。当生产关系(现存制度)不再满足持续增长的生产力需要(著名的"阻碍"生产力论断)时,就会发生制度变革,产生新的制度关系来更好地适应持续的经济增长。[2]新中国成立以来,中国始终坚持以马克思主义为指导,以基本国情为依据,以具体实践为根基,不断完善和发展基本经济制度,创造了经济高速发展与社会长期稳定的奇迹。在世界百年未有之大变局下,西方之乱与中国之治的比照展示了中国国家治理体系与治理能力对西方国家的全面超越。[3]

资本逻辑之下,资本主义经济制度始终无法克服生产资料私有制和社会化大生产的矛盾,现代周期性经济危机仍接连不断。一方面,

1　周文、刘少阳:《社会主义基本经济制度、治理效能与国家治理现代化》,《中国经济问题》,2020年第5期。

2　[美]杰克·奈特:《制度与社会冲突》,周伟林译,上海:上海人民出版社,2017年,第8页。

3　周文、何雨晴:《国家治理现代化的政治经济学逻辑》,《财经问题研究》,2020年第4期。

在私有制基础上，垄断资本始终遵循个体利益最大化原则，社会财富分配两极分化，资本与劳动始终处于统治与被统治、剥削与被剥削的关系。另一方面，在资本主义经济体系中，市场扮演着支配角色，政府与市场陷入了非此即彼的二元对立困境，总有一方处于失灵状态。波兰尼在对资本主义自由放任市场的成因和影响进行分析的基础上，提出了"嵌入"（embedding）与"脱嵌"（disembedding）理论。他认为经济始终嵌入在社会关系中，并从属于政治、宗教和社会关系。而在资本主义社会中，社会与经济的从属与被从属、主导与被主导关系出现反转，自发调节的市场体系要求社会从属于市场逻辑，经济开始摆脱政治和社会关系约束。在波兰尼看来，"一种脱嵌的、完全自发调节的市场经济是一项乌托邦建构，是一种不可能存在的东西"[1]。艾米·戈特曼（Amy Gutmann）与丹尼斯·汤普森（Dennis Thompson）表示，在经济领域奉行市场逻辑必然带来社会的冲突与对抗，二元对立之下自然生成了一种"妥协精神"。在一个以永恒的竞选活动为特征的时代，西方国家治理体系的有效运转取决于领导人对妥协的态度。[2]

区别于西方资本主义的经济制度，中国基本经济制度实现了政府和市场的深度有机融合，克服了市场的外部性、宏观性失衡，避免了社会两极分化，突破了西方经济学政府与市场"此消彼长"、相互替代的"零和关系"，证明了两者可以是互补的"正和关系"，为提升"中国之治"的水平与效率提供了制度保障。完善和发展我国基本经济制度

---

1 ［英］卡尔·波兰尼：《大转型：我们时代的政治与经济起源》，冯钢、刘阳译，杭州：浙江人民出版社，2007年，导言，第16页。

2 ［美］艾米·戈特曼、丹尼斯·汤普森：《妥协的精神：为何治理需要它而竞选破坏它》，启蒙编译所译，上海：上海社会科学院出版社，2014年，第1—4页。

与治理体系,不能生搬硬套他国模式,要坚持从国情和实际出发,充分认识中国基本经济制度和国家治理体系在长期实践中积累的经验、形成的原则,把握经济制度的顶层设计,及时把成功的实践经验转化为制度成果,以形成有更高效率、更强竞争力和更久生命力的制度体系,推进国家治理现代化。

(三)推动基本经济制度成熟定型,扎实推动共同富裕

一个国家的富裕可以分为两种情况,一种是建立在生产资料私有制基础上的少数人富裕,多数人贫穷;另一种是建立在公有制基础上的全体人民共同富裕。前者遵循物质利益至上的发展逻辑,特定的社会群体将被永远锁定在特定的收入分配格局中,社会两极分化严重,劳资矛盾激化。"辛勤劳动的单纯工人,除了能够把他的劳动卖给别人以外,就一无所有",其"工资只限于为维持他的生活所必需的东西"。[1] 后者遵循人民至上的发展逻辑,强调"民生本位",以资本为手段,以人民为中心,以发展社会生产力并改善人民生活水平为目的[2],注重社会各群体间经济利益的协调,收入差距控制在合理范围内。

中国特色社会主义基本经济制度具有实现共同富裕的独特制度优势,一方面,基本经济制度反映了社会主义制度的内在价值诉求,与社会主义国家追求社会公平正义、人民共同富裕、社会和谐稳定的价值理念相匹配;另一方面,基本经济制度既能集中力量办大事,也能充分释放市场活力,激发市场主体的主观能动性,既能促进效率提高,

---

[1] [法]杜阁:《关于财富的形成和分配的考察》,南开大学经济系经济学说史教研组译,北京:商务印书馆,1961年,第16页。

[2] 周文、宁殿霞:《中国特色社会主义政治经济学:渊源、发展契机与构建路径》,《经济研究》,2018年第12期。

又能避免两极分化，更好地促进了生产力与生产关系层面的协调发展，破解了效率与公平的世界性难题，跨越了"中等收入陷阱"。

从所有制结构来看，既要坚持公有制经济的主体地位，又要激发非公有制经济的活力和创造力，毫不动摇巩固和发展公有制经济，毫不动摇鼓励、支持、引导非公有制经济。一方面，要始终坚持改革的社会主义方向，以公有制经济为"主力军"，以全体人民的共同利益为出发点，积极推进国有资本、集体资本、非公有资本等交叉持股、相互融合的混合所有制经济发展，为增进人民福祉、保障公平正义、促进社会稳定奠定基本制度条件，为经济持续健康发展与逐步实现共同富裕提供制度保障。另一方面，要适应我国现阶段生产力发展不平衡、多层次的现状，充分发挥非公有制经济"生力军"的作用，激发个体经济、私营经济、外资经济的活力与创造力，让一切创造社会财富的源泉充分涌流，从而扩大就业、促进创新、增加税收、满足市场多样性需求。

从收入分配方式来看，收入分配制度的合理性是决定国民生活质量的关键因素，经济不平等常常是由阻碍经济增长的制度安排造成的。[1]与经济危机频发的西方发达国家以及发展相对落后的欠发达国家相比，我国按劳分配为主体、多种分配方式并存的分配方式对社会财富的调节起着重要作用，更能妥善处理公平与效率的关系，有效避免"西方福利陷阱"。完善我国收入分配制度，首先，坚持初次分配由市场主导，根据生产要素对国民经济贡献的大小进行分配，优化生产要素配置，提高生产效率，并在此基础上稳步提高劳动报酬在初次分

---

[1] [美]卡尔·布鲁纳:《经济不平等和对社会公正的寻求》，载[美]詹姆斯·A.道、史迪夫·H.汉科、[英]阿兰·A.瓦尔特斯:《发展经济学的革命》，黄祖辉、蒋文华主译，上海：上海人民出版社，2000年，第339页。

第六章　中国式现代化与社会主义基本经济制度

配中的比重，鼓励勤劳致富、多劳多得，努力将"蛋糕"做大；其次，坚持再分配以政府为主导，通过改革税收制度、加大转移支付、完善社会保障、提供公共服务等方式扩大中等收入群体，缩小贫富差距，促进橄榄型收入分配格局的形成；最后，坚持在自愿原则的基础上依靠社会主导，鼓励企业、社会组织和个人以募集、捐赠、资助、义工等慈善公益方式对社会资源和财富进行分配，充分发挥个人、企业和非政府组织的积极作用。

从资源配置方式来看，单纯的计划经济或市场经济都无法实现资源的有效配置和效率与公平的统一。"管制与市场是一起成长的"，如果"市场模式所体现的交易或交换的原则有压制其他原则而独自扩张的倾向"[1]，则完全背离了发展的潮流。在资本主义社会，"无论是倡导国家的绝对权威，还是主张消解国家权力、让权力回归社会，在本质上都反映和满足了一定历史阶段资本主义生产方式和资本增殖方式的现状和需求"[2]。不同于西方市场经济更加注重市场在资源配置中的绝对主导地位和个人利益，中国特色社会主义市场经济有机结合了社会主义集中力量办大事的制度优势与市场高效配置资源、充分调动各方积极性的优势，很大程度上化解了个人利益与社会利益、局部利益与整体利益、短期利益与长期利益之间的矛盾，有效保障了经济持续稳定发展。进入新时代，我国社会主要矛盾已经转化为人民日益增长的美好生活需要和不平衡不充分的发展之间的矛盾。为进一步解决我国发展不平衡不充分的问题，实现全体人民共同富裕，既要充分发挥

---

[1] ［英］卡尔·波兰尼：《大转型：我们时代的政治与经济起源》，冯钢、刘阳译，杭州：浙江人民出版社，2007年，第59页。

[2] 陈进华：《治理体系现代化的国家逻辑》，《中国社会科学》，2019年第5期。

市场在资源配置中的决定性作用,推动要素充分流动,实现资源高效配置,又要更好发挥政府宏观调控长远性、灵活性优势,不断提供高质量服务,填补市场空缺,最大限度调动和凝聚各种有效资源,满足人民日益增长的美好生活需要。总之,中国特色社会主义市场经济体制,"还处在不断丰富发展、不断创新完善的发展过程,它不是一种完成式的、封闭的模式,而是处在'正在进行时'当中"[1]。

---

[1] 王新颖主编:《奇迹的建构:海外学者论中国模式》,北京:中央编译出版社,2011年,导言,第14页。

第七章

中国式现代化与共同富裕

党的二十大报告指出,从现在起,中国共产党的中心任务就是团结带领全国各族人民全面建成社会主义现代化强国、实现第二个百年奋斗目标,以中国式现代化全面推进中华民族伟大复兴。[1] 在推进和拓展中国式现代化进程中,习近平总书记明确指出:"中国式现代化是全体人民共同富裕的现代化。共同富裕是中国特色社会主义的本质要求,也是一个长期的历史过程。"[2] 立足新时代、新征程,中国式现代化与共同富裕是联系紧密、相辅相成、辩证统一的,中国式现代化为共同富裕提供了道路选择和制度保障,共同富裕作为中国式现代化的重要特征和本质要求是实现中国式现代化的必由之路,二者辩证统一于构建新发展格局、实现高质量发展的实践进程中,是迈向社会主义现代化强国、实现中华民族伟大复兴的题中应有之义。为此,系统地、

---

[1] 习近平:《高举中国特色社会主义伟大旗帜　为全面建设社会主义现代化国家而团结奋斗——在中国共产党第二十次全国代表大会上的报告》,《人民日报》,2022年10月26日。

[2] 习近平:《高举中国特色社会主义伟大旗帜　为全面建设社会主义现代化国家而团结奋斗——在中国共产党第二十次全国代表大会上的报告》,《人民日报》,2022年10月26日。

完整地、全面地分析中国式现代化与共同富裕的关系问题，既要深入挖掘马克思主义理论对两者的重点阐释，又要认真学习习近平总书记对两者的重要性论述，同时以问题为导向努力解决新时代中国特色社会主义进程中两者面临的发展难题，只有进一步将两者关系研究好、理解透、阐释清，才能更好回应世界之问、时代之问、中国之问、人民之问，进而扎实推动共同富裕、全面建成社会主义现代化强国。

一、核心要义：完整、准确和全面理解中国式现代化与共同富裕

（一）正确认识和全面把握中国式现代化

习近平总书记指出："中国式现代化，是中国共产党领导的社会主义现代化，既有各国现代化的共同特征，更有基于自己国情的中国特色。"[1]世界上既不存在定于一尊的现代化模式，也不存在放之四海而皆准的现代化标准，中国式现代化打破了"现代化等于西方化"的发展迷思，创造了人类文明新形态。为此，需要从一般性、特殊性和超越性出发，正确认识和全面把握中国式现代化。

中国式现代化具有现代化的一般性特征。现代化是一个长期的历史性过程，学者们对此概念、判断、推理也存在一个把握历史主动的演进特点，并逐渐阐明出现代化规律的一般性。美国学者西里尔·E.

---

[1] 习近平：《高举中国特色社会主义伟大旗帜　为全面建设社会主义现代化国家而团结奋斗——在中国共产党第二十次全国代表大会上的报告》，《人民日报》，2022年10月26日。

第七章 中国式现代化与共同富裕

布莱克认为，现代化本质上是传统性功能向现代性要求的适应转变，是传统社会逐渐转变为现代社会的过程，它涉及多个层面的深刻变化，可以看作政治上的民主化、经济上的工业化、社会上的城市化和思想上的理性化的一种互动过程。[1] 罗荣渠认为，现代化是一个多层次、多阶段的历史过程，其内涵包罗丰富，广义上看，它作为一个世界性历史过程，主要是指人类社会以工业化为推动力，将工业主义渗透到政治、经济、文化、思想多个层面，使传统农业社会在世界范围内转向为现代工业社会；狭义上看，它是落后国家通过学习经验和技术改造，提高经济发展效率，引领社会改革，以适应现代化趋势和追赶发达国家的发展过程。[2] 已有研究认为，现代化是全社会范围内一系列现代要素及其组合方式连续发生的从低级到高级的突破性的变化或变革的过程[3]，同时可以将现代化的内涵规定为"是一个不断丰富完善、动态发展的历史性概念"，"是全社会范围内各领域的全方位变革过程"，"是必然发生、不可阻挡的世界历史潮流"。[4] 基于此，可以发现，现代化作为一种世界范围内的不断发展的历史过程，是建立在世界各国普遍追求现代化实践的共性经验基础之上的，呈现出工业化、市场化、民主化和自由化的一般规律。中国式现代化是世界现代化的重要组成部分，必然遵从现代化所具有的一般特点，但同时中国式现代化并不

---

1 [美]西里尔·E.布莱克：《比较现代化》，杨豫、陈祖洲译，上海：上海译文出版社，1996年，第7—19页。
2 罗荣渠：《现代化新论：中国的现代化之路（增订本）》，上海：华东师范大学出版社，2013年，第12—13页。
3 周文：《中国道路：现代化与世界意义》，杭州：浙江大学出版社，2021年，第122页。
4 周文、肖玉飞：《中国式现代化道路的独特内涵、鲜明特征与世界意义》，《马克思主义与现实》，2022年第5期，第36—45、204页。

完全等同于普遍意义的现代化，它还有其他自身特点。

中国式现代化具有基于中国国情的特殊性。从习近平总书记关于中国式现代化的重要论述来看，可以确定中国式现代化不同于一般意义的现代化，只有深刻认识中国式现代化的五大重要特征、九条本质要求和五条重大原则，才能在把握中国式现代化理论的核心要义上，进一步理解中国式现代化具有的独特品质。首先，全面认识和把握中国式现代化的五大重要特征。中国式现代化是人口规模巨大的现代化，是全体人民共同富裕的现代化，是物质文明和精神文明相协调的现代化，是人与自然和谐共生的现代化，是走和平发展道路的现代化。[1]这五个方面共同构成一个有机整体，统一于中国共产党领导之下，诠释了中国式现代化的中国特色和世界意义。其次，全面认识和把握中国式现代化的九条本质要求。中国式现代化的本质是：坚持中国共产党领导，坚持中国特色社会主义，实现高质量发展，发展全过程人民民主，丰富人民精神世界，实现全体人民共同富裕，促进人与自然和谐共生，推动构建人类命运共同体，创造人类文明新形态。[2]这一概括提纲挈领、重点突出、内涵丰富，既阐明了中国式现代化与西方资本主义现代化的内在不同，又突出了中国式现代化的系统性、全面性和整体性，更明确了中国式现代化的富强、民主、文明、和谐、美丽的奋斗目标。最后，全面认识和把握中国式现代化的五条重大原则。

---

[1] 习近平：《高举中国特色社会主义伟大旗帜　为全面建设社会主义现代化国家而团结奋斗——在中国共产党第二十次全国代表大会上的报告》，《人民日报》，2022年10月26日。

[2] 习近平：《高举中国特色社会主义伟大旗帜　为全面建设社会主义现代化国家而团结奋斗——在中国共产党第二十次全国代表大会上的报告》，《人民日报》，2022年10月26日。

第七章　中国式现代化与共同富裕

中国式现代化要坚持和加强党的全面领导,坚持中国特色社会主义道路,坚持以人民为中心的发展思想,坚持深化改革开放,坚持发扬斗争精神。[1]这些重大原则是中国共产党和中国人民在长期历史探索中形成的宝贵经验,是中国式现代化的重要组成部分,更是全面建成社会主义现代化强国的重要支撑。

中国式现代化相较于西方现代化具有超越性。中国共产党领导下的中国式现代化,把握了历史规律,掌握了历史主动,彰显了历史自觉,有效地破解了社会主义发展难题,有力地完善了中国特色社会主义理论体系,成功地拓展了发展中国家走向现代化的途径,为社会主义国家治国理政开辟了新道路,为解决人类社会问题提供了新方案,它取得的历史性发展成就和开创的人类文明新形态,是对西方资本主义现代化的一种全面超越。具体来看:第一,中国式现代化不是资本逻辑主导下的现代化,不追求资本积累最大化、最优化目标,而是超越资本逻辑,追求一种人与人、人与自然之间的和谐状态,将努力构建人与人和谐相处、人与自然和谐共生的美好社会作为现代化目标。第二,中国式现代化以不断实现社会公平正义为主线,强调共享现代化成果和实现共同富裕,是全体人民共建、共享、共富的现代化,而不是仅为少数人服务的现代化。第三,中国式现代化是以人民为中心的现代化,旨在破除人的物化、工具化、片面化等异化状态,促进人的自由而全面发展,进而实现人的解放和人的现代化。第四,中国式现代化是走和平发展道路的现代化,不搞殖民扩张和暴力掠夺,通过批判借鉴人类现代化文明成果,用勤劳体力与智慧脑力,开创出适合自己

---

[1] 习近平:《高举中国特色社会主义伟大旗帜　为全面建设社会主义现代化国家而团结奋斗——在中国共产党第二十次全国代表大会上的报告》,《人民日报》,2022年10月26日。

的现代化发展之路，为发展中国家实现现代化提供了一种新思路。[1]第五，中国式现代化是中国共产党领导的社会主义现代化，内在遵循共产党执政规律、社会主义建设规律和人类社会发展规律，并在把握现代化发展进程中实现了理论创新，是对西方现代化模式的一种超越，为解释世界现代化提供了一种新话语。

（二）正确认识和全面把握共同富裕

习近平总书记在文章《扎实推动共同富裕》中系统阐释了共同富裕思想，这是当下正确认识和全面把握共同富裕的关键性前提。习近平总书记着眼于新时代中国特色社会主义新发展阶段，并从时局变化中的社会主要矛盾出发，在坚持社会主义性质和党的性质基础上，对共同富裕内涵做出了要素界定，即"共同富裕是全体人民共同富裕，是人民群众物质生活和精神生活都富裕，不是少数人的富裕，也不是整齐划一的平均主义。要深入研究不同阶段的目标，分阶段促进共同富裕"[2]，明确了共同富裕的全民性、全面性、差异性、渐进性。[3]在回答"什么是共同富裕"基础上，习近平总书记进一步提出了促进共同富裕的基本原则，即"鼓励勤劳创新致富""坚持基本经济制度""尽力而为量力而行""坚持循序渐进"[4]，并同时指明了促进共同富裕的总体思路，即"坚持以人民为中心的发展思想，在高质量发展中促进共同富裕，正确处理效率和公平的关系，构建初次分配、再分配、三次分配协

---

1 金光旭：《中国共同富裕现代化道路研究》，吉林大学学位论文，2021年。
2 习近平：《扎实推动共同富裕》，《求是》，2021年第20期。
3 周文、施炫伶：《共同富裕的内涵特征与实践路径》，《政治经济学评论》，2022年第3期，第3—23页。
4 习近平：《扎实推动共同富裕》，《求是》，2021年第20期。

第七章　中国式现代化与共同富裕

调配套的基础性制度安排","第一,提高发展的平衡性、协调性、包容性","第二,着力扩大中等收入群体规模","第三,促进基本公共服务均等化","第四,加强对高收入的规范和调节","第五,促进人民精神生活共同富裕","第六,促进农民农村共同富裕"[1],科学系统地回答了"如何实现共同富裕"的重大问题。此外,习近平总书记指出共同富裕是总体概念,要充分估计共同富裕的长期性、艰巨性、复杂性,脚踏实地、久久为功、稳步推进,在动态发展过程中扎实推动共同富裕。[2]

正确认识和把握共同富裕,既要确定"共同富裕是什么",又要明确"共同富裕不是什么",进而有力破除对共同富裕的认识误区,辩证理解共同富裕的科学内涵。目前,共同富裕目标受到社会层面高度关注,实践进程的系列政策举措正缓缓推进,但由于不同地区、不同条件、不同群体等要素局限,生发出一些片面的、短视的、基于个人利益考量的对共同富裕政策的理解误读。为此,亟须厘清这些错误思想,正确处理好共同富裕中个人利益与共同利益之间的关系问题,将社会认识统一到"共同富裕而非个别富裕"的新高度。警惕共同富裕的错误思想。

第一,共同富裕不是劫富济贫。以美国《华尔街日报》为代表的西方舆论大肆宣传中国的共同富裕政策是"一场劫富济贫的运动","旨在消灭富人或至少剥削富人",显然这错解了共同富裕政策内涵,不利于共同富裕的社会实践,其实质是"西方中心主义"下带有意识形态输入的政策话语攻击。[3]客观上,共同富裕内生具有社会主义性质,

---

1　习近平:《扎实推动共同富裕》,《求是》,2021年第20期。
2　习近平:《扎实推动共同富裕》,《求是》,2021年第20期。
3　周文、唐教成:《共同富裕的政治经济学阐释》,《西安财经大学学报》,2022年第4期,第5—14页。

社会中财富较多的人群不能简单地、片面地将共同富裕错解为"劫富济贫",而应该积极履行社会责任和历史责任,这才能既帮助他人实现富裕,又更好促进自己全面富裕。

第二,共同富裕不是均等富裕。共同富裕不是没有差别的平均主义,它的内在张力将其表现为普遍富裕基础上的差别富裕,其实质在于不是让收入、财产没有差距,而是让差距合理缩小,更是要赋予人人都能获得财富的平等机会,保证全体人民享有共同致富的权利。

第三,共同富裕不是同时富裕。我国各区域的资源禀赋、发展条件等都不相同,每个人的致富能力也具有差异性,这就意味着共同富裕不能"齐步走",而应该在客观条件和规律基础上,让一部分地区一部分人先富裕起来,而后先富帮助并带动后富,最终实现共同富裕。

共同富裕是一个经济问题,也是一个政治问题,更是一个发展问题。现阶段,透过现象看本质,应该逐渐形成一个基本判断:共同富裕的实质是发展,如何实现高质量发展事关共同富裕战略全局。科学理解和把握共同富裕,需要从发展角度入手,一方面要理论破局,正确认识共同富裕中生产与分配的关系问题。根据马克思主义政治经济学原理,共同富裕表象是一个分配问题,但本质却是生产问题。在社会主义市场经济发展中,生产与分配联系紧密、相互作用,但深层次逻辑是生产决定分配,生产端具有决定性作用,分配端具有次要性作用,就是说共同富裕根源上是生产端问题,分配端暴露的问题也是对生产端问题的反映,只有从生产端入手才能根本解决分配端问题。例如,贫富悬殊和两极分化的现象,极易将其简单定义为分配问题,但实则还存在根本上的生产问题。因此,促进共同富裕要将根本之策放在关键生产环节,不能孤立地研究分配问题。另一方面要实践推进,要在高水平的社会主义市场经济中推动经济高质量发展,促进共同富裕实现。共同富裕与市场经济是辩证统一的,市场经济是共同富裕的重要推动力量,共同富裕也内在需要依靠市场经济激发内生动力,但同时市场经济自发运行不能实现共同富裕,共同富裕缺少市场经济助力也同样难以实质性推进。[1]因此,要在坚持党对经济工作的集中统一领导下,构建高水平的社会主义市场经济体制,统筹市场经济发展大局和共同富裕战略全局,以高质量发展全面推进共同富裕实现。

(三)中国式现代化与共同富裕的辩证统一

中国式现代化与共同富裕是两个不同的概念与范畴。两者在一般意义比较上,中国式现代化的内容体系更显庞杂,以政治、经济、文化、社会、生态等诸多要素为主体,强调多主体的统一性协调和整体化推进;共同富裕的内容所指则相对鲜明且具体,以追求全体人民共同富裕为主旨,涉及政治、经济、文化、社会、生态等多维度的富裕指标建设,强调汇聚多方合力以实现富裕主体目标。事实上,尽管两者主要所指各不相同,但是它们就发展属性而言,具有高度耦合性,本质上是一种辩证统一的关系。

一方面,共同富裕是中国式现代化的重要特征与本质要求。世界各国的现代化进程各不相同,但现代化本身就是一个包含追求富裕的过程,富裕是各国实现现代化的共同目标。西方资本主义的现代化创造了大量国家财富,实现了物质财富增长,但却在这一过程中充满着人对人的不道德的压迫与剥削,结果使社会财富被少数人所占有,多数人实现的并不是财富增长而是贫穷增加。西方资本主义的现代化,

---

[1] 周文、司婧雯:《共同富裕:市场经济的理论逻辑与现实路径》,《社会科学战线》,2022年第4期,第85—94页。

实质上是"将资本家利益作为整个现代化的社会结构的轴心,以商品利润归'自由企业家'为目标进行生产,精心划分占有生产资料的资产阶级和出卖劳动力的无产阶级并将其永久固化,同时优先采取服务于资本家阶级发展壮大的政治经济文化等政策,并还将教育、医疗等社会福利作为商品供市场化买卖"[1],在求富道路上异化了以人为主体的关系,致使其发展终将是不可持续的。中国式现代化与资本主义路线的现代化不同,它是中国共产党领导的社会主义现代化,不仅强调"求富",而且还要求实现全体人民共同富裕。中国式现代化将公有制作为整个现代化的社会轴心,以满足社会需要进行生产,积极利用资本和引导资本健康、规范发展,强调劳动者平等地位并开展以人民为中心的体制改革,不断优化公共服务供给,进而推动实现全体人民共同富裕。由此可见,共同富裕不仅是中国式现代化的本质要求,而且还是与西方资本主义现代化相区别的重要特征,是社会主义现代化优越于资本主义现代化的重要体现。

另一方面,中国式现代化为实现共同富裕提供重要支撑,要以中国式现代化全面推进共同富裕实现。纵观世界历史进程,实现现代化对于国家发展至关重要,因为它能开创出超越以往国家发展的数倍生产力,使国家整体风貌和综合实力实现质的跃升,不断推动国家迈向繁荣富强。纵观中国历史进程,实现共同富裕目标贯穿于中国式现代化建设全过程,即在立国、建国、富国、强国的接续实践中,社会主义现代化建设始终遵循解放和发展生产力目标,不断优化生产关系,使人民群众逐渐摆脱贫困、走向共同富裕。现阶段,通过党的一系列方

---

[1] [美]塞缪尔·亨廷顿等著,罗荣渠主编:《现代化:理论与历史经验的再探讨》,张景明译,上海:上海译文出版社,1993年,第42—44页。

第七章 中国式现代化与共同富裕

针、路线和政策,全面推进中国式现代化,贯彻以人民为中心的现代化,要使新型工业化、信息化、城镇化、农业现代化在更大范围、更深程度、更高水平实现融合发展,使社会经济在质的有效提升和量的合理增长基础上实现高质量发展,使人民群众享有更高品质的公共服务和绿色生活,进而有效提升政治、经济、文化、社会、生态等富裕指标质量,既不断做强做优做大富裕"蛋糕",又不断切好分好富裕"蛋糕",以确保中国式现代化沿着共同富裕目标扎实推进,满足人民群众过上美好生活的愿望。

因此,中国式现代化与共同富裕是发展同向、联系紧密、辩证统一的,两者统一于推动高质量发展、全面建设社会主义现代化国家的实践进程。党的二十大报告指出,高质量发展是全面建设社会主义现代化国家的首要任务,没有坚实的物质技术基础,就不可能全面建成社会主义现代化强国。[1] 只有将两者目标实现置于高质量发展基础之上,主动适应发展中的社会主要矛盾变化,有效应对世界之变、时代之变、历史之变的困难挑战,着力破解发展中的不平衡不充分难题,推动发展实现质量变革、效率变革、动力变革,才能在全面建设社会主义现代化国家的全过程各领域保持经济健康可持续发展,为推进中国式现代化与共同富裕提供基础性前提。因此,要科学把握、有效贯通中国式现代化与共同富裕进程,在高质量发展中推动两者齐头并进、相互促进,既推进共同富裕以发展中国式现代化,又以中国式现代化推动共同富裕实现。

---

[1] 习近平:《高举中国特色社会主义伟大旗帜 为全面建设社会主义现代化国家而团结奋斗——在中国共产党第二十次全国代表大会上的报告》,《人民日报》,2022年10月26日。

二、内在逻辑：中国式现代化与共同富裕的机理探赜

（一）理论逻辑：不断推进马克思主义政治经济学中国化、时代化

中国式现代化与共同富裕相济相生，同属于社会主义历史形态范畴，是超越以往社会历史形态发展的新生事物。两者的理论逻辑生发于马克思主义"两大发现"，发展于马克思主义政治经济学中国化实践，统一于马克思主义政治经济学理论时代化阐释，并且借助于历史唯物主义和剩余价值理论的科学方法，能够更好从理论上、规律上、发展上揭示出西方现代化是"资本逻辑"的现代化，是带有剥削性质的现代化，是两极分化的资本主义现代化；进而在比较中更为确认出中国式现代化是中国共产党领导的共同富裕的社会主义现代化，其现代化形态以实现共同富裕为逻辑主线，主要目标是推动全面建成社会主义现代化强国。

从唯物史观意蕴来看，"社会关系和生产力密切相连。随着新生产力的获得，人们改变自己的生产方式，随着生产方式即谋生的方式的改变，人们也就会改变自己的一切社会关系。手推磨产生的是封建主的社会，蒸汽磨产生的是工业资本家的社会"[1]，"各个人借以进行生产的社会关系，即社会生产关系，是随着物质生产资料、生产力的变化和发展而变化和改变的"[2]。生产力作为人类社会发展的最终决定性力量，与生产关系相互作用构成了社会基本矛盾，即生产力决定生产关系，生产关系反作用于生产力。这一社会基本矛盾运动是中国共

---

[1] 《马克思恩格斯文集》第1卷，北京：人民出版社，2009年，第602页。
[2] 《马克思恩格斯文集》第1卷，北京：人民出版社，2009年，第724页。

第七章　中国式现代化与共同富裕

产党领导中国人民推动现代化发展、实现共同富裕的一般规律。同时中国式现代化不仅充分体现生产力与生产关系的辩证原理,而且还从"现实的人"出发考察以人为主体的历史发展活动,将人的全面发展内嵌于生产力的不断发展中,进而对中国式现代化的科学性与先进性予以逻辑确证,拓展了中国式现代化的本质内容。[1] 此外,中国式现代化的价值指向是实现共同富裕,而共同富裕又是生产力与生产关系的有机统一[2],这就进一步从逻辑上揭示出两者理论同源,均以唯物史观作为行动指导方法。

从剩余价值理论来看,西方资本主义的现代化发展以剩余价值理论为核心,利用资本和资本主义的双重剥削,将劳动者的剩余劳动转换为资本增殖扩张的经济权力和维系资本主义社会阶级等级的物质符号,于是资本开始僭越人的主体性,"资本价值"也高于"人的价值"成为社会主导,开启了以资为本的资本主义现代化进程。[3] 资本主义社会劳动者通过劳动创造价值越多,它的剩余劳动就被剥削越多,就会产生现代化下的悖论性贫困,即"资本家财富积累越多,工人贫困就积累越多"。不同于西方资本主义现代化,中国式现代化以批判剩余价值理论为基础,通过建立社会主义公有制和发展社会主义市场经济,积极引导资本发挥积极作用,保障劳动者合法权益,全面建成小康社会,消解了社会悖论性贫困现象,超越了两极分化的资本主义现

---

[1] 林于良:《中国式现代化新道路的唯物史观意蕴》,《学校党建与思想教育》,2021年第15期,第34—37页。

[2] 周文、唐教成:《共同富裕的经济制度逻辑论纲》,《福建论坛(人文社会科学版)》,2022年第5期,第5—17页。

[3] 胡博成、朱忆天:《中国式现代化道路的共同富裕向度及世界意义研究》,《重庆大学学报(社会科学版)》,第1—11页。

代化发展模式，渐进式地开创了迈向共同富裕的现代化新道路。

（二）历史逻辑：接续中国共产党历史性成就与开辟发展新境界

中国共产党自成立以来，就肩负着解放人民、富强国家、复兴民族的历史重任，将以人民为中心作为发展根本，顺应历史发展的现代化潮流趋势，认真吸取近代社会有识之士救国救民的经验教训，在马克思主义指导思想基础上明确了"中国搞现代化，只能靠社会主义，不能靠资本主义"[1]，并结合中国具体实际，于百余年历史实践中，开创出了一条符合社会主义性质的迈向全体人民共同富裕的中国式现代化新道路。中国共产党领导中国式现代化、推动共同富裕，经历了一个从萌芽、探索、发展到成熟的转变过程，其历史逻辑以推进中国式的共同富裕现代化为主线。

一是在新民主主义革命时期，中国共产党在中共一大纲领中指出要"消灭社会的阶级区分"，"消灭资本家私有制"，并在翌年中共二大纲领中进一步明确指出要"建立劳农专政的政治，铲除私有财产制度，渐次达到共产主义社会"，这以政治宣言形式表明中国共产党要实现共同富裕的现代化目标。同时，毛泽东指出"消灭封建制度，发展农业生产，就给发展工业生产、变农业国为工业国的任务奠定了基础，这就是新民主主义革命的最后目的"[2]，可见中国共产党领导的新民主主义革命是中国式现代化的重要组成部分，是实现中国式的共同富裕现代化的必由之路。

---

1 中共中央文献研究室编：《改革开放三十年重要文献选编》上册，北京：中央文献出版社，2008年，第458页。
2 《毛泽东选集》第4卷，北京：人民出版社，1991年。

第七章　中国式现代化与共同富裕

二是在社会主义革命和建设时期，以毛泽东为代表的中国共产党人最核心的任务就是推动工业化。毛泽东认为解决中国土地问题是实现工业化的必要前提，"中国的经济，一定要走'节制资本'和'平均地权'的路"[1]，要通过土地革命消灭封建土地关系，将分散化的小农经济整合为大规模的合作社经济，既推动农民共同富裕，又为工业化提供必要准备条件。在进行社会主义工业化时，毛泽东认为要优先发展重工业，同时又要以苏联模式为借鉴，优化调整农轻重的产业发展布局，让农业和轻工业适应于工业化发展要求，更好地服务于社会主义工业化发展大局。足见，中国共产党领导的中国式现代化具有立足国情、实事求是的理论品质，并在不同历史发展阶段具有不同的特点呈现，值此时期就主要表现为：通过计划经济体制，逐步实现社会主义工业化，建立起独立、完整、现代的工业体系，以为现代化之路拓宽发展空间。

三是在改革开放和社会主义现代化建设时期，以邓小平为代表的中国共产党人认为"中国搞资本主义行不通，只有搞社会主义，实现共同富裕，社会才能稳定，才能发展"[2]，同时要认识到解放和发展生产力是社会主义的本质要求，社会主义最大的优越性是共同富裕。为此，在中国共产党的改革开放政策实践中，不断建立起适应经济发展规律的社会主义市场经济体制，不断优化调整社会主义分配制度，在促进经济快速增长基础上合理解决收入差距，有效统筹经济效率与社会公平，实现了中国式的共同富裕现代化的生产力突变。

1　《毛泽东选集》第2卷，北京：人民出版社，1991年。
2　中共中央文献研究室编：《邓小平年谱（1975—1997）》下，北京：中央文献出版社，2004年。

四是在新时代中国特色社会主义时期，针对城乡发展不协调、贫富差距大等发展难题，党中央提出了"乡村振兴战略"和"扎实推动共同富裕"等新举措，习近平总书记也指出："我们必须坚持发展为了人民、发展依靠人民、发展成果由人民共享，作出更有效的制度安排，使全体人民朝着共同富裕方向稳步前进，绝不能出现'富者累巨万，而贫者食糟糠'的现象。"[1] 基于此，在中国共产党治国理政的新征程上，经济"蛋糕"不仅实现了"质""量"突破，而且还以合理化分配推进了民生建设，并随着脱贫攻坚全面胜利、小康社会全面建成，中国式现代化由此逐渐成熟定型，共同富裕特征也愈发向外显出。

（三）现实逻辑：推进中华民族伟大复兴战略

习近平总书记指出："一百年来，中国共产党团结带领中国人民进行的一切奋斗、一切牺牲、一切创造，归结起来就是一个主题：实现中华民族伟大复兴。"[2] 立足新发展阶段，面对百年变局的大动荡、大变革、大调整，党的二十大从战略全局高度擘画了"以中国式现代化全面推进中华民族伟大复兴"的中心任务，系统完整地阐释了中国式现代化的内涵、特征和本质，明确了中华民族伟大复兴是中国式现代化的核心主题，指明了强国富民是中国式现代化的最终目标，由此将中国式现代化与共同富裕统一布局于实现中华民族伟大复兴战略之中。

中国式现代化与共同富裕是协调统一的，两者步调一致，共同致力于推动中华民族伟大复兴。一方面，就共同富裕而言，党的十九大

---

[1] 《习近平谈治国理政》第2卷，北京：外文出版社，2017年，第200页。
[2] 习近平：《在庆祝中国共产党成立100周年大会上的讲话》，北京：人民出版社，2021年，第2页。

第七章　中国式现代化与共同富裕

对此做出了如下概括,指出:从 2020 年到 2035 年,"人民生活更为宽裕,中等收入群体比例明显提高,城乡区域发展差距和居民生活水平差距显著缩小,基本公共服务均等化基本实现,全体人民共同富裕迈出坚实步伐",从 2035 年到本世纪中叶,"全体人民共同富裕基本实现,我国人民将享有更加幸福安康的生活"。[1]另一方面,就中国式现代化而言,党的二十大正式提出了中国式现代化新命题,明确指出:"全面建成社会主义现代化强国,总的战略安排是分两步走:从二〇二〇年到二〇三五年基本实现社会主义现代化;从二〇三五年到本世纪中叶把我国建成富强民主文明和谐美丽的社会主义现代化强国。"[2]质言之,只有立足于实现中华民族伟大复兴的具体实际,明确中国式现代化和共同富裕均是中华民族伟大复兴战略的重要组成部分,将对两者的认识提升至战略全局高度,才能更好理解三者的发展互动与融合,进而实现为人民谋富裕、为国家谋富强、为民族谋复兴。

实现中华民族伟大复兴是近代中国人民最伟大的梦想,是从救国救民、利国利民、兴国兴民到强国强民的大复兴,需要胸怀"国之大者",超越资本主义带有剥削性质的文化、制度、模式等发展体系,开创走向人类命运共同体并符合中国具体实际的社会主义发展道路。中国式现代化正是一种超越西方现代化发展的新道路,内在要求实现有效市场与有为政府的有机统一、工业文明与生态文明的有机统一、国家自主性与人民主体性的有机统一、工具理性与价值理性的有机统

---

[1] 《习近平谈治国理政》第 3 卷,北京:外文出版社,2020 年,第 22—23 页。
[2] 习近平:《高举中国特色社会主义伟大旗帜　为全面建设社会主义现代化国家而团结奋斗——在中国共产党第二十次全国代表大会上的报告》,《人民日报》,2022 年 10 月 26 日。

一、民族性与世界性的有机统一,颠覆了西方文明秩序,开启了人类文明新形态。[1] 共同富裕也是一种超越西方资本主义两极分化的新模式,内在强调要推动经济高质量发展,有效统筹经济效率与社会公平,实现物质富裕与精神富裕相协调,确保每一个人的全面发展[2],突破了西方富国裕民的发展陷阱,提出了人类发展新方案。由此可见,中国式现代化与共同富裕均带有社会主义性质,两者的内在规定性统一于中华民族伟大复兴的战略逻辑,共同致力于打破"西方中心论",加速推进中华民族伟大复兴。

三、实践路径:以中国式现代化全面推进全体人民共同富裕

(一)根本保障:坚持中国共产党集中统一领导

比较各国现代化发展历程,美国学者亨廷顿指出,现代化孕育着稳定,但过程容易滋生动乱,拥有一个强大政党是国家现代化政治高度稳定的一个重要因素,并且一党制国家稳定性高于多党制国家。[3] 这一论断在中国已被历史确证,正因为20世纪40年代中国共产党人于

---

1 周文、施炫伶:《中国式现代化与人类文明新形态》,《广东社会科学》,2023年第1期,第14—24页。

2 周文、唐教成:《共同富裕的政治经济学阐释》,《西安财经大学学报》,2022年第4期,第5—14页。

3 [美]塞缪尔·亨廷顿:《变化社会中的政治秩序》,王冠华、刘为等译,上海:上海人民出版社,2008年。

第七章 中国式现代化与共同富裕

混乱中崛起,使中国的现代化迎来了转折点,开辟出一条崭新道路[1],并在中国共产党领导下,实现了对"国家蒙辱、人民蒙难、文明蒙尘"的大转变,现代化建设取得了历史性成就,共同富裕迈入了新发展阶段。由此,党的二十大指出,中国共产党领导是中国特色社会主义最本质特征,也是中国式现代化的本质要求,为扎实推进共同富裕提供了根本保证。以中国式现代化全面推进全体人民共同富裕,要坚持党中央集中统一领导的最高政治原则,发挥中国共产党领导在中国特色社会主义制度中的最大优势,利用中国共产党的最高政治力量有效防范化解重大风险,汇聚起推动中国式现代化发展、实现全体人民共同富裕的强大合力。

中国共产党是中国特色社会主义事业的领导核心,中国式现代化发展与共同富裕推进必须在党的集中统一领导下才能进行。具体而言,一方面,要坚持中国共产党领导中国式现代化,防范化解重大风险,统筹发展与安全,确保社会主义现代化发展方向不动摇,稳步推进全体人民共同富裕。现代化开创出巨大生产力,同时也带来了一种新的现代性,可将其总体概括为"风险社会"。[2] 面对风险的不确定性与不稳定性,以及长期存在的"七大风险"挑战[3],党要增强战略思维、底线思维,提高对政治、经济、文化、社会、生态等现代化建设风险的防范化解本领,以中国式现代化的安全协调发展推进政治富裕、

---

1 [美]吉尔伯特·罗兹曼主编:《中国的现代化》,国家社科基金"比较现代化"课题组译,南京:江苏人民出版社,2014年,第403页。
2 [德]乌尔里希·贝克、约翰内斯·威尔姆斯:《自由与资本主义——与著名社会学家乌尔里希·贝克对话》,路国林译,杭州:浙江人民出版社,2001年,第124页。
3 唐教成:《习近平关于新时代中国防范化解重大风险的重要论述研究》,西南财经大学学位论文,2021年。

经济富裕、社会富裕、文化富裕、生态富裕,保障共同富裕实践发展的全面性。另一方面,要坚持中国共产党领导中国式现代化,有效发挥集中力量办大事的制度优势,在新型举国体制下为实现全体人民共同富裕汇聚各方合力。中国式现代化涉及面大,中国共产党特别要注重对其根本性、原则性、价值性问题的领导。例如,要坚持党对经济工作的集中统一领导,发展要以人民为中心,充分调动人民群众的积极性、主动性和创造性,汇聚发展合力,以激发出共同富裕的内生动力[1];要在党的全面领导下,正确处理好公平与效率的关系问题、政府与市场的关系问题、公有制与非公有制的关系问题等,凝聚发展共识,扩大发展最大公约数,将共同富裕的制度优势转化为共同富裕的全局胜势。

(二)首要任务:坚持推动实现经济高质量发展

高质量发展是全面建设社会主义现代化国家的首要任务,是中国式现代化的本质要求,是走向共同富裕的必由之路。高质量发展是"把自己还缺乏的器官从社会中创造出来"[2],既强调提高生产力,又强调优化生产关系,并做好生产力发展和生产关系变革的有机统一,以促使社会经济形态由低级发展转变为高级发展。正如维诺德·托马斯(Vinod Thomas)指出,经济增长质量是经济增长的关键内容,经济发展与人的发展具有共通性,人的健康是受食物质量而非数量影响,经济增长数量也并不等于它的质量。[3] 这也就意味着中国式现代化的经

---

1 周文、唐教成:《共同富裕的经济制度逻辑论纲》,《福建论坛(人文社会科学版)》,2022年第5期,第5—17页。

2 周文、李思思:《高质量发展的政治经济学阐释》,《政治经济学评论》,2019年第4期,第43—60页。

3 [印]维诺德·托马斯:《增长的质量》,《增长的质量》翻译组译,北京:中国财政经济出版社,2001年。

第七章 中国式现代化与共同富裕

济发展不能仅追求数量,而应转向为追赶质量,推动经济实现质的有效提升和量的合理增长,进而在高质量发展中扎实推动共同富裕。一方面,实现经济高质量发展要大力解放和发展社会生产力,不断优化产业体系,提供更多高质量的产品和服务,满足广大人民群众多样化、多层次的需求升级,解决供需上的结构矛盾,不断做大中国式现代化建设中的财富蛋糕;另一方面,实现经济高质量发展要不断调优社会生产关系,完善社会主义基本经济制度,构建全体人民共同享有的合理分配格局,加大保障和改善民生力度,提高人民群众物质生活水平,不断分好中国式现代化建设中的财富蛋糕。

高质量发展是解决一切问题的关键,只有推动中国式现代化迈向高质量发展,才能全面推进全体人民共同富裕。正如习近平总书记指出,发展"不能简单以生产总值增长率论英雄,必须实现创新成为第一动力、协调成为内生特点、绿色成为普遍形态、开放成为必由之路、共享成为根本目的的高质量发展,推动经济发展质量变革、效率变革、动力变革"[1]。由此,必须完整、全面、准确贯彻新发展理念,坚持中国式现代化发展的共同富裕方向,推动经济实现高质量发展。一是构建高水平社会主义市场经济体制,要坚持"两个毫不动摇",充分发挥市场在资源配置中的决定性作用,更好发挥政府作用,扩大社会财富增量。二是建设现代化产业体系,大力发展实体经济,加快数字中国、网络强国、交通强国、航天强国、制造强国、质量强国的现代化基础设施建设,提升财富创造质量。三是全面推进乡村振兴,"推动农村综合性改革,优化农村创富环境,推进农业现代化发展,提高农业经

---

[1] 《中共中央关于党的百年奋斗重大成就和历史经验的决议》,《人民日报》,2021年11月17日。

济效益,大力发展新型农村集体经济,促进农民增产增收"[1],扎实推动农村农民共同富裕。四是促进区域协调发展,推动实施新一轮区域协调发展战略,优化重大生产力布局,缩小区域之间的发展差距,动态平衡好区域之间的财富总量。五是推进高水平对外开放,加快开放性经济体系建设的成熟定型,提升国际循环质量和水平,增强财富增长的安全性与稳定性。质言之,高质量发展就是要从"有没有"转向"好不好",不断满足人民日益增长的美好生活需要,推动经济发展更高质量、更有效率、更加公平、更可持续、更为安全,实现中国式现代化的全体人民共建共创共享共富的发展。

(三)根本立场:坚持以人民为中心的发展思想

马克思在《共产党宣言》中指出:"过去的一切运动都是少数人的,或者为少数人谋利益的运动。无产阶级的运动是绝大多数人的,为绝大多数人谋利益的独立的运动。"[2]中国共产党没有任何同整个无产阶级的利益不同的利益,始终代表最广大人民群众的根本利益,始终坚持以人民为中心的发展思想,正如党的二十大报告所指出,"不断实现发展为了人民、发展依靠人民、发展成果由人民共享,让现代化成果更多更公平惠及全体人民","坚持把实现人民对美好生活的向往作为现代化建设的出发点和落脚点","着力促进全体人民共同富裕"。[3]目前,中国拥有14亿多超大规模人口,这是中国式现代化基于自身国

---

1 周文、唐教成:《乡村振兴与共同富裕:问题与实践路径》,《浙江工商大学学报》,2022年第6期,第5—16页。

2 《马克思恩格斯文集》第2卷,北京:人民出版社,2009年,第42页。

3 习近平:《高举中国特色社会主义伟大旗帜 为全面建设社会主义现代化国家而团结奋斗——在中国共产党第二十次全国代表大会上的报告》,《人民日报》,2022年10月26日。

第七章 中国式现代化与共同富裕

情的重要特征,意味着中国式现代化必将是以人为核心的现代化,中国14亿多人口都是推动现代化建设的主体。同时,西方现代化之所以深陷在贫富悬殊、两极分化的泥淖之中,是因为在求富之途坚持了以资本为中心的发展思想,使得资本主义现代化因经济周期性规律不断濒于消退边缘。为此,中国式现代化发展要走中国特色社会主义道路,摒弃以资本为中心,坚持以人民为中心,尊重人民主体利益,促进人的自由而全面发展,以提升人的现代化发展推动全体人民共同富裕实现。

中国式现代化坚持以人民为中心作为发展根本,要摒弃根植于资本主义意识形态带有西方中心论的经济学发展思想,以马克思主义政治经济学为指导,加快构建中国特色社会主义政治经济学发展体系,推动共同富裕实现。一是坚持社会主义市场经济体制改革方向不动摇,将市场经济的一般规定与社会主义的制度要求有机统一起来,推动有效市场和有为政府更好结合,解决市场发展的不平衡不充分问题,同时要正确认识资本的特性和行为规律,规范和引导资本健康有序发展,防止资本无序扩张。只有在社会主义"发展为了人民"的基本前提下,更好发挥市场经济运行机制作用,确保经济发展的人民主体地位,才能实现"发展依靠人民",充分释放人民群众创新创业的内在潜能,推动"发展成果由人民共享"。二是坚持和完善社会主义基本经济制度,发展壮大社会主义公有制经济,继续深化国有企业改革,推动国有经济做强做优做大,不断提升国有经济的活力、竞争力、控制力、影响力和抗风险能力,以增强全体人民共同享有社会财富的经济制度保障,同时大力发展社会主义非公有制经济,破除对民营经济认识的偏见和误区,进一步优化民营企业营商环境,推动民营企业现代化发展,以激发民营企业财富创造活力。三是建立和完善共享发展的体制机制,坚持以人民为中心推动基础性、普惠性、可及性、兜底性保障制度建设,提升社会保障体系的现代化水平,加快基本公共服务均等化的现代化布局,以推动经济发展成果更大程度惠及全体人民,促进共同富裕实现。

(四)重要制度安排:坚持并不断完善收入分配制度

在中国式现代化发展新时代,贫富差距、分配秩序、分配公正等问题,直接影响全体人民共同富裕的实现程度。为此,要在不断坚持并深化完善我国的收入分配制度中,促进现代生产力的发展,以全面建设中国式现代化推进共同富裕目标实现。中国特色社会主义收入分配制度,是以马克思主义收入分配理论为基础,将马克思主义关于收入分配的基本原理与中国具体经济实际相结合而产生的最新成果,体现了生产关系与生产力的辩证统一,具有富含中国实践的科学性与时代性。现阶段,我们之所以必须要一以贯之地坚持中国特色社会主义收入分配制度,是因为"按劳分配为主体、多种分配方式并存"是推进新时代共同富裕的制度保障。主要表现为:一是分配制度以人民为中心,注重对接社会经济发展的主要矛盾,不断提高劳动者劳动报酬在收入分配中的比重,兜牢基本民生保障底线,让更多发展成果惠及全体人民,确保共同富裕的全民性。二是分配制度不仅以按劳分配为主体,注重劳动收入,鼓励勤劳致富,而且还允许多种分配方式并存,注重丰富投资种类,多渠道增加居民财产性收入,如此协调统一的制度安排是实现渐进性共同富裕的内在要求。三是分配制度着眼于中国式现代化发展大局,有效统筹社会公平与经济发展,既将财富增量向中低收入者倾斜,又保护全民合法致富,引导资本健康有序发展。这一包含差异性的分配制度利于增强经济活力,是"共同富裕不是整齐划一的平均主义"的重要体现。

全面建设社会主义现代化国家,推动共同富裕取得实质性进展,需要进一步完善中国特色社会主义收入分配制度,促进初次分配、再分配、三次分配之间的政策协调发展,构建初次分配、再分配、三次分配协调配套的基础性制度安排。第一,初次分配作为促进共同富裕的基础性方式,要在更好发挥政府作用下,充分发挥市场的创造性,构建基于公平的分配秩序,以提高劳动报酬提升经济效率,实现扩大就业和高质量就业,进而更好增加全体人民财富收入。第二,再分配作为促进共同富裕的重要性方式,政府要注重政策调节的有效性,坚持"调高、扩中、提低"的大体方向,增加民生保障支出,扎实推进基本公共服务均等化,促进教育公平与质量提升,通过税收、公共转移支付等制度完善,缩小地区、人群之间的贫富差距。第三,三次分配作为促进共同富裕的补充性方式,能够有效弥补初次分配中的市场失灵和再分配中的政府失灵,由此应大力营造"人人公益、人人向善、人人共享"的慈善氛围,制定发展慈善事业的激励相容机制,创新三次分配促进共同富裕的实现形式,以更好实现全体人民共同富裕。

第八章

中国式现代化与新型举国体制

在全面建成社会主义现代化强国、奋进第二个百年奋斗目标新征程中,"科技是第一生产力、人才是第一资源、创新是第一动力"。如何高效配置并调度各类创新要素资源,是实现以高质量发展推进中国式现代化的关键所在。《中共中央关于制定国民经济和社会发展第十四个五年规划和二〇三五年远景目标的建议》指出:"健全社会主义市场经济条件下新型举国体制,打好关键核心技术攻坚战,提高创新链整体效能。"党的二十大报告再次指出:"健全新型举国体制,强化国家战略科技力量,优化创新资源配置。"在复杂的国内外环境下,新型举国体制作为中国特色社会主义市场经济下资源配置的创新形式,既不同于中国过去现代化进程中单纯依靠行政命令在全国范围内统一调配各类资源的举国体制,也不同于西方现代化依靠放任自流的自由市场实现资源配置的体制。新型举国体制在新时代下被赋予了攻关关键核心技术的全新历史任务,彰显了我国在党的全面领导下集中力量办大事的制度优势,体现了创新在我国现代化建设全局的核心地位,是推进经济高质量发展、实现中国式现代化的有力抓手。

近年来学界对新型举国体制展开了广泛的讨论,既有研究主要集中于三个方面：一是新型举国体制的内涵，包括对其概念、生成逻辑、价值意义等的讨论；二是传统举国体制与新型举国体制的比较，从演进的视角指出新时代下新型举国体制的适用范围与特征等；三是从不同学科领域提出健全新型举国体制的实施路径。随着研究的深入，部分学者将新型举国体制与国家治理、科技创新、市场经济等主题展开关联研究，拓宽了新型举国体制的研究向度。综上，当前关于新型举国体制的研究主要着眼于理论本身，关于中国式现代化与新型举国体制两大领域的关联研究相对匮乏，对其耦合关系的分析仍有所欠缺。中国式现代化与新型举国体制是新时代的两大命题，理应着眼于破题与答题。与既有研究不同，本章着眼于从政治经济学视角剖析新型举国体制与中国式现代化的关系：一方面，中国式现代化的持续推进为实施新型举国体制提供了新的现实基础；另一方面，新型举国体制从科技创新、经济发展、国家治理等方面持续作用，为中国式现代化提供了发展动力、运行框架与宏观保障。因此，剖析新型举国体制与中国式现代化，事关国家治理与经济高质量发展，对建成社会主义现代化强国具有重大意义。

一、新型举国体制的科学内涵及其特征

举国体制的实质是发挥集中力量办大事的制度优势。正所谓，"人心齐，泰山移，独脚难行，孤掌难鸣"，中国几千年来积淀的集体主义文化传统孕育了集中力量办大事的独特优势，无论是抗击自然灾害、抵御外敌，还是建设宏大工程、攻关尖端科技，复杂的治国理政实

第八章 中国式现代化与新型举国体制

践丰富了举国体制的实践经验。正是得益于举国体制的丰富经验,我国才能够以数十年的现代化历程不断实现赶超西方国家,从而取得社会主义现代化建设的伟大成就。然而,制度优势不会一劳永逸,必须在不断的发展变革中推进创新。传统举国体制依靠强有力的行政手段调配各类生产要素资源,使得我国在"两弹一星"研发等科技工程、抗洪抢险与基础建设等民生工程、奥运会比赛等体育竞技比赛中取得卓越成效。但传统举国体制带有浓厚的计划经济体制色彩,过于强调自上而下的制度执行以及政府的大包大揽和排斥市场作用,导致微观主体动力不足,缺乏生机和活力。结果出现投入大收益少,在基础性、前沿性、理论性创新领域难以突破等问题。[1] 有鉴于此,学界对举国体制不时出现一些质疑与反对的声音:一是过时论,将对计划经济体制"低效率"的刻板印象代入举国体制,认为举国体制是过去"不得已"所采取的特殊举措,具有一刀切、劳民伤财、不计后果等局限性;二是行政化论,将举国体制视作社会主义市场经济体制的对立,对依靠行政力量能否实现有效统筹多方主体提出质疑;三是泛化论,认为举国体制并不适用于所有领域,为举国体制在多个领域出现泛化倾向担忧。因此,在探讨新型举国体制的科学内涵及其特征时,需要明确新型举国体制已不同于计划经济时期的传统举国体制,其适应于政府与市场协同作用的社会主义市场经济体制,是新时代下实现中国式现代化的有力支撑。

总体而言,目前学界对新型举国体制的科学内涵具有如下共识:一是相较于传统举国体制在计划经济体制中的应用,新型举国体制创

---

[1] 张晓兰、金永花、黄伟熔:《发达国家举国工程与我国举国体制的比较及启示》,《宏观经济管理》,2022 年第 11 期,第 83—90 页。

新于社会主义市场经济体制中，更加强调市场在新型举国体制中的作用；二是明确新型举国体制在推进国家战略实施上的有效性，是社会主义制度下集中力量办大事的重要体现，肯定了新型举国体制在攻关关键核心技术的科技创新领域的关键作用；三是对比过去举国体制的参与主体由国家主导、政府"包办"，新型举国体制强调政府、企业、高校、人民等多元主体的协同作用。

解决新型举国体制相关研究争议的关键在于对新型举国体制的科学内涵的厘清。高菲等人认为，新型举国体制适用于以关键核心技术攻关为牵引的全域创新，涵盖战略性、前瞻性、"卡脖子"、防御性技术领域。[1] 谢富胜等人将举国体制适用范围分为两类，一类是以关键核心技术为代表的"常态管理体制下完成特定治理任务及助推经济建设的即时性、补强性措施"，一类是以新冠疫情防控为代表的应急管理措施。[2] 陈劲等人认为新型举国体制是服务于既定国家战略目标并充分调动配置优化各领域的经济性与社会性资源的管理结构与治理体制。[3] 从实践上看，举国体制主要应用于市场配置资源低效、关涉国家发展与国家安全的"急""难""重"领域，如建设现代化工业体系、攻关重大科技项目、建设国家重大工程、贯彻防灾救灾、脱贫攻坚、生态保护等重要部署。[4] 根据习近平总书记关于新型举国体制的相关论述，新型举

---

[1] 高菲、王峥、王立：《新型举国体制的时代内涵、关键特征与实现机理》，《中国科技论坛》，2023年第1期，第1—9页。

[2] 谢富胜、潘忆眉：《正确认识社会主义市场经济条件下的新型举国体制》，《马克思主义与现实》，2020年第5期，第156—166、204页。

[3] 陈劲、阳镇、朱子钦：《"十四五"时期"卡脖子"技术的破解：识别框架、战略转向与突破路径》，《改革》，2020年第12期，第5—15页。

[4] 周文：《在"中国之治"中彰显"中国之制"优势》，《上海企业》，2021年第4期，第61页。

国体制应当着力"破除影响和制约科技核心竞争力提升的体制机制障碍"[1],"解决制约国家发展和安全的重大难题"[2]。新时代下新型举国体制被赋予了关键核心技术攻关的新的核心任务,在中国式现代化的目标下,新型举国体制是在社会主义市场经济体制下发挥政府与市场等多元主体协同作用,将集中力量办大事的制度优势、超大规模的市场优势同发挥市场在资源配置中的决定性作用结合起来的制度创新。[3]

新型举国体制既沿袭了传统举国体制的核心内涵,同时又产生出兼具时代性与发展性的新特征。一是在社会主义市场经济体制下,坚持政府作用和市场机制相统一,充分发挥市场作用,更好发挥政府作用。二是在坚持自主创新的前提下,更加重视对外开放。三是坚持社会主义制度属性,经济上以基本经济制度为基础,政治上坚持党的集中统一领导,将制度创新与科技创新相结合。四是坚持以国家与人民利益为先,集中攻关关键核心技术和"卡脖子"技术、推动经济以高质量发展为目标。

二、新型举国体制有效推进中国式现代化的现实基础

经过新中国成立 70 余年特别是改革开放 40 余年来党带领人民的

---

[1] 《习近平主持召开中央全面深化改革委员会第十八次会议强调　完整准确全面贯彻新发展理念　发挥改革在构建新发展格局中关键作用》,《人民日报》,2021 年 2 月 20 日。

[2] 《中央经济工作会议在北京举行》,《人民日报》,2020 年 12 月 19 日。

[3] 周文、肖玉飞:《中国共产党为什么能的政治经济学密码》,《天府新论》,2023 年第 1 期,第 1—11 页。

不断探索，我国开启了全面建设社会主义现代化国家新征程，开创了适应中国国情、符合中国特点、发挥中国优势、具有中国特色的原创性中国式现代化。[1]在建设中国式现代化的进程中，我国始终坚持走社会主义现代化道路，在党的领导下坚持公有制为主体的所有制基础，创造性地建立社会主义市场经济体制，以强大的国家治理体系与治理能力创造了"中国奇迹"。中国式现代化的独特性与优越性造就了我国集中力量办大事的制度优势，为新型举国体制的实施提供了有利的经济基础与制度环境。

（一）公有制为主体、多种所有制经济共同发展的所有制结构

所有制问题作为马克思主义政治经济学的核心范畴，公有制为主体的所有制基础使得新型举国体制的实施得以可能，从根本上决定了我国社会主义现代化方向。由于社会主义建设初期对马克思主义经典作家关于所有制相关论述存在教条主义的认知，脱离时代条件与生产力水平看待公有制经济，因而产生了片面、错误的理解。以"一大二公三纯"的标准定义先进生产方式，认为公有制规模越大，公有化程度越高，社会主义经济成分越纯则越先进，继而引发了计划经济体制下生产力发展缓慢、生产关系僵化的困境，从根本上也导致了传统举国体制的活力缺失与内在缺陷。在正视我国"处于并将长期处于社会主义初级阶段"的历史阶段并正确认识我国的生产力水平的情况下，我国在改革开放中逐渐确立了公有制为主体、多种所有制经济共同发展的所有制基础。在坚持"两个毫不动摇"的前提下，我国公有制经济与非公有制经济都实现了长足发展，为新型举国体制带来了新的生

---

1 周文、肖玉飞：《中国式现代化道路的独特内涵、鲜明特征与世界意义》，《马克思主义与现实》，2022年第5期，第36—45、204页。

第八章　中国式现代化与新型举国体制

机与活力。

新型举国体制的顺利实施在于把握各类经济活动关系,促进各类生产要素组合与流动畅通,提升资源的配置效率。公有制为主体的所有制基础在实现集中力量办大事、全要素资源流动上具有先天的制度优势,依靠建立健全现代化经济体系能够有效对现代化生产进行系统性把握,大至宏观经济活动,小至生产要素都能实现有效调度。新中国成立以来,我国始终坚持公有制为主体,并不断探索公有制经济的有效实现形式。创新的公有制形式为新型举国体制的发展奠定了根本的制度基础,切实将制度优势转化为生产效能与科技创新效能:一是依靠公有制企业对关键领域生产资料的占有,能够在短时内实现资源的调配与集聚,最大限度实现资源的有效整合;二是新型举国体制作为国家意志的体现具有极强的公共性,公有制企业除了实现国有资产的保值增值外,还承担着社会公共职能,在依靠新型举国体制作用于市场配置低效的"急""难""重"领域发挥着不可或缺的作用;三是公有制企业面对行政手段调节更为灵敏,能够更好利用新型举国体制的制度特点应对和化解关涉国家利益与国家安全的风险挑战,更好弥补市场失灵带来的可能风险。

新型举国体制的高效运行需要依靠市场主体活力。非公有制经济作为社会主义市场经济的重要组成部分,在激发市场主体活力、促进经济增长、实现科技创新等方面有着不可小觑的积极作用。随着我国对非公有制经济的认识的不断深化,非公有制经济的地位也从公有制经济的"附属和补充论"提升至"两个毫不动摇"。在党的领导下,我国非公有制经济逐渐成为国民经济增长的强大动力源,实现了从"零"

到"五六七八九"的跨越式发展。[1]在微观主体上，传统举国体制在实施上完全依靠国有企业，在创新效能上完全依靠国家行政手段调节，极易出现调节滞后、效率不足等弊端。非公有制经济的参与有效激活了举国体制的活力，成为我国科技创新的生力军、双循环的有力支撑，对新型举国体制的实施发挥着重要积极作用。

正是在公有制为主体的混合所有制前提下，我国充分发挥集中力量办大事的制度优势，创造了经济高速发展和社会长期稳定的中国奇迹。在公有制经济与非公有制经济的协同作用下，新型举国体制得以充分发挥作用，以创造中国奇迹的强有力事实回应了西方现代化理论所断言的公有制经济活力不足、效率低下、缺乏创新动能等论断[2]，再次肯定了中国式现代化以社会主义作为须臾不可更改的前进方向的正确性与先进性。

（二）社会主义市场体制下良性互动的政府与市场关系

社会主义市场经济体制是中国特色社会主义探索的伟大创举，在不断探索政府与市场二者关系过程中，举国体制不断演变发展，逐渐适应于现代化发展要求。新中国成立初期我国为实现工业化目标，效仿苏联建立起了高度集中的计划经济体制，束缚了我国生产力的进一步发展。改革开放冲破了过去对市场经济的刻板印象，在重新认识价值规律后，党不断深化社会主义制度下对计划与市场的认识。党的十四大正式提出以建立社会主义市场经济体制为目标的中国经济体制

---

1 周文、司婧雯：《民营经济发展与共同富裕》，《财经问题研究》，2022年第10期。第3—12页。

2 周文、何雨晴：《社会主义基本经济制度与国家治理现代化》，《经济纵横》，2020年第9期，第1—9、136页。

第八章　中国式现代化与新型举国体制

改革。随着理论与实践认识的深入,对市场与政府二者关系的认识得以深化。党的十八届三中全会更是创造性地提出"市场在资源配置中起决定性作用和更好发挥政府作用"。党的十九届四中全会将社会主义市场经济体制正式确立为我国基本经济制度,为进一步推动经济高质量发展奠定了制度基础。社会主义市场经济体制的探索同传统举国体制向新型举国体制的演化进程相一致,市场在举国体制中的作用越发重要。党的二十大报告指出:"充分发挥市场在资源配置中的决定性作用,更好发挥政府作用。"新时代下推动有效市场与有为政府的有机结合,是健全新型举国体制的必然要求,是推动经济高质量发展实现中国式现代化的应有之义。

新型举国体制彰显了社会主义市场经济作为新式现代市场经济的卓越优势,既是对计划经济下传统举国体制的扬弃,更是对西方原始市场经济下创新模式的超越。一方面,过去举国体制以政府完全的行政命令限制了市场在经济发展与创新中的基础作用,在缺少竞争机制与价格机制的环境中,效率大打折扣。约瑟夫·熊彼特(Joseph Schumpeter)指出,创新是一种动态竞争替代过程。[1] 市场需求是创新的风向标,市场竞争是创新的动力源,有市场参与的创新才能为经济发展提供不竭动力,完全依靠自上而下体制的创新模式缺少延续性与生命力。另一方面,西方现代化理论借助新自由主义经济学,宣扬自由放任的市场可以自发化解一切经济难题。但事实上,没有一国的经济发展与科技创新是完全依靠市场的,西方资本主义国家同样借助政府的手段实现关键技术领域的创新。无论是美国的曼哈顿计划、阿波

---

1 [美]约瑟夫·熊彼特:《资本主义、社会主义和民主》,杨中秋译,北京:电子工业出版社,2013年,第73—75页。

罗计划等"大项目引领"模式,还是日本的超大规模集成电路(VLSI)项目等政企联合模式,抑或是苏联的"国家主导下的动员模式",政府无不在统筹、组织、协调各类资源与主体上发挥着不可替代的作用。缺少政府的参与而仅仅依靠自由放任的市场,会产生个体利益与国家整体利益的矛盾,而这与新型举国体制以人民为中心和维护国家利益与国家安全的本质要求不相符,更与我国坚持社会主义现代化道路的根本方向相冲突。

新型举国体制"新"的突出特点就在于社会主义市场经济体制下政府与市场的良性互动。习近平总书记曾多次强调要在社会主义市场经济条件下发展新型举国体制,最为根本的就是正确处理资源配置中政府与市场的关系。政府与市场的双轮驱动模式弥补了过去传统举国体制的固有弊病与缺陷,在有效应对"市场失灵"与"政府失败"的不足的同时,更进一步加强了资源配置的强度与效力。新型举国体制下,在市场能够实现有效供给的领域应充分发挥市场作用,在市场失灵时政府及时作为补充。利用新型举国体制实现关键核心技术突破,政府与市场的协调运作能够有效突破体制机制约束,联通各类市场主体内外部壁垒,将国家强制力与市场创新力实现有机融合,达到最大限度资源配置,实现科技创新。

高水平社会主义市场经济体制的构建与创新为新型举国体制的实施奠定了制度前提,为新型举国体制长期保持活力、广泛发挥效力提供了保障。在政府与市场的良性互动下,新型举国体制更好地服务于维护国家发展与安全的目标,在社会主义市场经济的大局与方向下不断推进中国式现代化进程。

（三）高效的国家治理体系与治理能力

国家治理体系与治理能力是国家制度与制度执行能力的集中体现，通过上层建筑及其生产关系反作用于社会生产力，从根本上决定着举国体制的实施成效。长久以来，推进国家治理体系与治理能力现代化是党的重大战略任务，党和政府在不同的历史发展时期从长远利益出发，发挥举国体制制度优势对国家发展做出战略调整。从新中国成立初期我国实施重工业优先发展战略强调工业化，到当前实施创新驱动发展战略实现科技自立自强，国家治理始终在顶层设计上抓住当前经济发展中的主要矛盾，与举国体制发展同频共振。进入新时代，国家治理体系的构建彰显了我国的制度优势，在制度层面成为新型举国体制运行的前提与基础。国家治理能力在宏观上发挥资源动员、创新引领与风险控制作用，是新型举国体制发挥集中力量办大事的必备能力。强大的国家治理能力与完善的国家治理体系依靠高效协同的治理网络，能够有效实现资源动员，是实现集中力量办大事、发挥新型举国体制优势的有力保障。

强大的国家治理能力为新型举国体制提供了实施基础。国家治理能力体现在资源动员能力、创新引领能力与风险控制能力[1]，其优劣决定了国家是否能够有效掌握并运用治理体系实现国家与社会稳定与发展，也决定了新型举国体制的实施成效。在资源动员上，国家能力越强越能高效集合资源并调动群众积极性于重大项目、重大工程、重大部署等重要领域，越能发挥新型举国体制的制度优势，推动经济全面发展。在创新引领上，国家从长远利益出发对经济发展做出顶层设

---

[1] 周文、何雨晴：《国家治理现代化的政治经济学逻辑》，《财经问题研究》，2020 年第 4 期，第 12—19 页。

计，着眼高质量发展目标，发挥政府统筹并组织协调各创新主体作用，明确新时代下举国体制新的核心任务在于关键核心技术突破。在风险控制上，国家依靠经济政策的宏观调控既能有效应对大变局下国内外风险挑战，保障国家局部利益与整体利益、短期利益与长远利益，又能弥补市场失灵的盲目性带来的周期性波动与失衡，与新型举国体制协同作用能够有效做好抵御关键核心技术"卡脖子"难题造成的产业链、创新链"断链"的风险。

完善的国家治理体系为新型举国体制构建了运作网络。国家治理体系以体系化的结构与要素使得新型举国体制运转更为有序、协调与高效。随着新时代市场经济与政治的不断完善与创新，我国制度体系也不断发展健全，治理体系组织结构与功能日趋科学，并逐渐探索出党的领导下政府与市场协同的中国特色社会主义道路，形成"党、政府、市场"稳定的治理结构。在稳定的治理结构下，依靠经济、政治、民生等领域的体制机制与法律法规的制度安排，能够同时实现自上而下顶层设计与自下而上信息传递的双向互动，新型举国体制能更好发挥科学统筹、集中力量、优化机制、协同攻关的作用，将制度优势转化为治理效能，加快实现国家治理现代化。

三、新型举国体制何以推进中国式现代化

党的二十大报告以中国式现代化全面推进中华民族伟大复兴为主题和主线，标志着中国式现代化理论的确立。[1]在党关于中国式现代化

1　邱海平：《深刻认识习近平中国式现代化理论及其重大意义》，《政治经济学评论》，2023年第1期，第3—11页。

第八章　中国式现代化与新型举国体制

理论取得新飞跃、达到新境界之际，应当着眼于以实际行动全面建成社会主义现代化强国，以中国式现代化全面推进中华民族伟大复兴。习近平总书记指出："我们最大的优势是我国社会主义制度能够集中力量办大事，这是我们成就事业的重要法宝。"[1] 新型举国体制充分发挥社会主义制度"集中力量办大事"的显著优势，着力提升国家科技自主创新能力，推动构建新发展格局，促进国家治理效能提升，以高质量发展为首要任务全面推进中国式现代化。

（一）提升国家科技自主创新能力，为中国式现代化提供经济发展动能

进入新发展阶段，决定经济高质量发展的关键因素在于经济动能的转变。现代化生产要求从原有的扩大要素投入以获得产能提升，转变为全要素生产率的提升，本质要求是实现科技创新。在科技创新领域，新型举国体制应用于在国家顶层设计下关键核心技术攻关，有效提升了国家自主创新能力。既体现了防范"卡脖子"等技术风险的底线思维，更彰显了大国赶超的战略思维与系统思维，为中国式现代化提供经济发展动能。

新型举国体制是破除关键核心技术"卡脖子"风险，夯实我国经济安全基础的关键制度设计。在逆全球化持续加剧与中美关系不确定性增大的背景下，我国在全球产业链、创新链上面临全面技术封锁与遏制，过去传统的依靠技术引进、技术联合开发与技术吸收的模式难以为继。我国关键核心技术对外依存度相对较高，关键核心技术的"卡脖子"难题势必对我国经济安全产生影响。"卡脖子"技术等关键

---

[1] 中央网络安全和信息化委员会办公室编：《习近平总书记关于网络强国的重要思想概论》，北京：人民出版社，2023年，第111页。

核心技术关涉国家安全，居于全球产业链的核心地位，且具有强公共属性与社会属性。不同于一般科学技术可以通过引进、学习等方式实现"非对称赶超"，关键核心技术突破具有周期长、投入大、短期收益低、风险高等特点，大多需要依靠政府主导下的内源式自主创新实现突破。新型举国体制以建构整合式创新范式，有效打通关键核心技术研发痛点与堵点，实现产学研协同自主创新机制，打破创新主体间、地区间、部门间的藩篱，降低研发成本及风险，加快实现关键核心技术突破，保障我国人民利益与经济安全。

新型举国体制是推动我国建设世界科技强国、制造强国和数字强国的重要战略支撑和制度优势。当今世界正处于新一轮科技革命和产业革命孕育发展新时期，要实现中国式现代化，势必要抓住这一重要历史机遇，提升国家自主创新能力，加快建成世界科技强国、制造强国和数字强国。从西方各国现代化的历史经验来看，英国的兴盛在于抓住了第一次工业革命的契机，德国的发展与美国的崛起源于第二次工业革命，中国式现代化的实现关键在于对科技革命、产业革命与数字革命中重要科学问题和关键核心技术进行革命性突破，突破口就在于增强自主创新能力、构建科技创新体系。新型举国体制从顶层设计出发，在有为政府与有效市场协同作用下，有效执行并实现各类科技创新发展规划，充分调动企业、院校等各类生产主体、创新主体活力，加快国家创新体系的构建，提升国家自主创新效能。

（二）推动构建新发展格局，为中国式现代化提供经济运行框架

新发展格局是对西方主流经济学发展理论与现代化发展道路的突

第八章 中国式现代化与新型举国体制

破与超越[1]，突破了西方主流经济学囿于资源配置的市场经济的刻板理解，并超越了西方现代化的比较优势理论。当前构建以国内大循环为主体、国内国际双循环的新发展格局仍存在创新动能不足、高端产品和高品质服务供给能力不足、产业链与供应链风险等难点堵点。新型举国体制充分作用于生产领域，在保证我国国内大循环主体地位、促进国内外大循环畅通的同时，着力推动实现开放性创新与科技自立自强相结合，打通新发展格局建设的难点堵点，有效发挥创新在现代化建设全局中的核心地位。

新型举国体制是保证国内大循环主体地位、国内外大循环畅通的关键制度设计。要确保国内大循环主体地位与双循环畅通，应当更加重视生产领域作用：其一，前提在于关键核心技术不再受制于人，实现科技自立自强；其二，关键在于大力发展实体经济，推动制造业向智能化、数字化、网络化发展；其三，重点在于延长产业链、供应链与创新链，推动产业基础高级化、产业链现代化，构建具有创新力、高附加值、安全可靠的现代产业体系。[2] 新型举国体制作用于生产领域能有效实现关键核心技术突破，推动实现科技自立自强，在新发展格局的构建过程中发挥全局性战略性作用。在西方国家不断实施技术封锁禁运的背景下，依靠新型举国体制破解技术受制于人，产业链、供应链"断链"难题，才能真正实现国内大循环的主体地位与国内外双循环的畅通。同时，新型举国体制兼具集中力量办大事和市场机制的优点，

---

1 周文、肖玉飞：《深刻把握习近平经济思想的三重逻辑要义》，《经济问题探索》，2022年第6期，第1—12页。

2 周文、刘少阳：《新发展格局的政治经济学要义：理论创新与世界意义》，《经济纵横》，2021年第7期，第1—9页。

在实现实体经济产业转型升级、构建现代化产业体系等方面的全域创新具有显著优势,既能有效增强国内大循环内生动力与可靠性,又能着力提升国际循环质量和水平。

新型举国体制有助于打破传统国际贸易格局实现国家赶超。新发展格局不同于以比较优势理论为基础的传统国际贸易格局,既强调创新作为驱动力的核心作用,又突出政府在创新中的重要地位。一方面,比较优势理论所强调的后发优势赶超在促进生产力进步上仅适用于发展的特殊阶段,创新才是真正长期推动生产力发展的不竭动力。另一方面,传统国际贸易格局刻意弱化政府作用,极易掉入过度市场化的发展陷阱中,唯有政府与市场的有机结合促成高水平创新能力才能真正实现国家赶超。[1] 新型举国体制正是在社会主义市场经济体制下政府与市场的良性互动关系中推动科技创新发展,以开放性创新与科技自立自强相结合重塑国际贸易新格局。新型举国体制以新发展格局为依托,在国内大循环中,以问题为导向,发挥市场与政府作用,充分调动各类要素资源与创新主体,完善从科学研究到市场应用的创新链,增强内生创新动力;在国际大循环中,嵌入全球创新网络,充分利用国际科技创新资源,以"我"为主加强科技创新全球合作,逐渐占据高端制造业等尖端科技在全球产业链、价值链中的核心地位,为实现高水平对外开放奠定基础。

(三)促进国家治理效能提升,为中国式现代化提供宏观保障

在全面建成社会主义现代化强国的进程中,中国特色社会主义制度是实现中国式现代化的根本保障,发挥"中国之制"诸多优势的关

---

[1] 周文、冯文韬:《经济全球化新趋势与传统国际贸易理论的局限性——基于比较优势到竞争优势的政治经济学分析》,《经济学动态》,2021年第4期,第27—37页。

第八章　中国式现代化与新型举国体制

键在于将"中国之治"转化为治理效能。在"中国之治"中彰显"中国之制"优势，关键在于发挥新型举国体制优势，全国上下"一盘棋"、集中力量办大事。

新型举国体制以问题为导向，将集中力量办大事的制度优势转化为治理效能。集中力量，才能保证找出问题症结；集中资源，才能实现难题突破。无论是社会主义建设时期，抑或是改革开放时期，集中力量办大事的体制机制在重大难题攻关上都发挥了重要作用，不断推动党和国家事业取得历史性成就、发生历史性变革。新型举国体制以解决事关国家安全与发展的关键难题为核心，高效地集合资源，广泛调动广大人民群众积极性，形成整体的合力。利用新型举国体制，一是政府能够有效从宏观治理视角抓住问题的主要矛盾，减少市场失灵带来的资源错配；二是市场机制的引入能够协调多方利益，激发市场主体的创新活力；三是在以国家与人民利益为先的导向下，能有效保证分配体系的公平与问题导向的公共性。在强大合力下，新型举国体制不断完善，实现资源配置最优化与效益最大化，将制度优势切实转化为治理效能，为中国式现代化提供有效驱动与整体保障。

新型举国体制是国家治理模式的创新，提升国家治理效能。新型举国体制作为新时代国家治理体系的重要组成部分，在协同攻关关键核心技术过程中既不同于传统举国体制单一的动员式治理模式，又不同于西方国家借助自由市场利益刺激的治理模式。在党的领导下，新型举国体制丰富了国家治理体系主体内涵，将市场与社会纳入治理体系范畴，形成权责清晰、制度规范、主体多元、机制有效的治理框架。[1]

---

[1] 张首魁：《深化对关键核心技术攻关新型举国体制的认识》，《理论视野》，2022 年第 12 期，第 44—50 页。

新型举国体制下,国家治理模式得以优化,治理效能得以提升:其一,在多方主体联动中更易发现体制机制漏洞,不断提升举国体制协同效率,优化治理模式;其二,新型举国体制下国家治理覆盖范围更广,有效辐射带动教育、科技、人才等多领域全方位发展;其三,新型举国体制能够有效发挥中央政府的统一指挥的领导核心作用,以权力、权威驱动地方分级响应,实现不同层级政府的有效协同与央地政府的良性互动。

四、新型举国体制推进中国式现代化的实践路径

以中国式现代化全面推进中华民族伟大复兴,离不开新型举国体制作为重要制度支撑。复杂的国内外形势对举国体制提出了更高要求与更严标准,当前新型举国体制在主体参与、作用机制与实施环境上仍存在不足,制约着社会主义现代化强国的构建。因此,需从以下三方面健全新型举国体制,推进中国式现代化。

(一)构建多元主体高效协同的国家治理能力与国家治理体系

国家治理能力与治理体系水平决定了国家能力的强弱,更决定了制度的执行力。新型举国体制正是在党的集中统一领导、政府统筹的多元主体协同治理机制下才实现有效运作。健全新型举国体制,既要坚持和完善党的集中统一领导,又要更好发挥政府作用,建立多元主体平衡与联结机制。

坚持和完善党的集中统一领导。党的全面领导是坚持中国式现代化的本质要求与重大原则,是新型举国体制发挥作用的根本保障,

是对西方现代化资本逻辑与"政党之乱"的超越。实现国家治理能力与治理能力现代化是关系国家发展的系统性工程,唯有党发挥总揽全局、协调各方的领导核心作用,有效统筹政府与市场关系,才能真正实现从制度优势到治理效能的转变。其一,充分发挥党在顶层设计上的统筹与引领作用,锚定国家发展方向,统筹协调各类主体与资源,集中力量破解治理现代化进程中政府宏观调控水平不足、治理效率低下等难题。其二,完善党的组织建设,将新型举国体制效力发挥到基层治理的"神经末梢"。其三,坚持党全心全意为人民服务的根本宗旨与以人民为中心的发展要求,保证举国体制实施成果由人民共建共享。其四,坚持中国共产党作为长期执政、唯一执政的领导党和执政党,保障新型举国体制长期攻关关键难题的可持续性。

更好发挥政府作用、建立多元治理主体平衡与联结机制。政府在举国体制中的"缺位"与"越位"都会导致治理效能的下降,降低资源配置效率。新型举国体制要最大程度发挥作用,势必要处理好社会主义市场经济体制下政府与市场的关系,在政府的引导下建立政府、企业、社会组织与人民等主体多元治理的平衡与联结机制。一是政府要充分发挥约束作用,平衡不同主体间的利益,形成均衡化的治理结构和组织体系,加强主体间利益联结。二是政府要发挥统筹作用,以兼顾共同目标与个体目标的混合性绩效目标打破"集体行动"困境,借助市场机制充分调动主体活力。三是政府要发挥保障作用,以前瞻性与全局性视角准确把握宏观调控的行为边界与政策的稳定性,降低新型举国体制实施成本与风险。

(二)利用超大规模市场优势充分发挥市场作用

超大规模市场是我国经济的鲜明特征,是新发展格局的重要支撑，是经济高质量发展的坚实基础。市场规模对经济增长具有重要影响，西蒙·库兹涅茨（Simon Kuznets）指出大市场在内在动力、市场和资源等方面具有专业化与规模优势[1]，国内多位学者通过实证研究证明市场规模扩大对科技创新[2]、经济增长[3]等方面具有促进作用。超大规模市场是人口、国土、经济规模与市场的高度统一集合，在规模经济、范围经济、创新创造等方面具有庞大正面效应。[4] 新型举国体制借助超大规模市场优势，以大市场支撑大规模协作，充分发挥市场作用，实现资源的有效配给。超大规模市场要实现从"超大"向"超强"转变，关键在于发挥超大规模市场对创新要素的虹吸作用。然而，当前我国在市场体系建设上面临地方市场壁垒、标准规制不一与不合理垄断等问题[5]，要素市场流通不畅，制约着新型举国体制实施成效。因此，加快建设全国统一大市场是新型举国体制在超大规模市场优势下充分市场作用的坚实基础。

加快建设全国统一大市场，破除创新要素流通体制机制障碍。利用新型举国体制突破关键核心技术的关键在于创新要素资源的流通与配置，全国统一大市场的建立本质上是纾解阻碍市场顺畅运转过程中的难点与堵点，构建起基础规则统一、公平竞争的市场。在全国统一

---

[1] ［美］西蒙·库兹涅茨：《各国的增长》，常勋译，北京：商务印书馆，1999年，第409页。

[2] 刘和东：《国内市场规模与创新要素集聚的虹吸效应研究》，《科学学与科学技术管理》，2013年第7期，第104—112页。

[3] 干春晖、刘亮：《超大规模经济体优势研究》，《社会科学》，2021年第9期，第3—12页。

[4] 国务院发展研究中心课题组、马建堂、张军扩：《充分发挥"超大规模性"优势 推动我国经济实现从"超大"到"超强"的转变》，《管理世界》，2020年第1期，第1—7、44、229页。

[5] 周文、李亚男：《建设全国统一大市场的政治经济学分析》，《改革与战略》，2022年第6期，第15—27页。

第八章　中国式现代化与新型举国体制

大市场下,要素配置兼顾了公平与效率,实现了生产、分配、交换和消费等多个环节有效衔接。加快建设全国统一大市场,关键在于正确把握三对关系。

一是政府与市场的关系。建设全国统一大市场应当注重优化营商环境,发挥好政府与市场二者协同作用。在坚持市场化原则的前提下,政府应做好制度标准设计、搭建平台的协同作用。其一,降低市场制度性交易成本,降低尝试市场准入门槛,实现市场主体的平等准入,建立健全市场退出机制,完善并创新市场监管体制。其二,保护市场主体的各类权益,完善产权保护、公平竞争等制度,加强反垄断与反不正当竞争,提振市场主体信心,充分发挥市场作用。其三,对标国际规则,构建与国际市场相对接并与我国国情相符的市场体制机制,吸引更多高水平外资,不断缩小国内市场环境与国际市场间的差距。

二是中央与地方关系。正确处理央地关系是中国式现代化进程中的必然挑战,也是构建全国统一大市场的关键所在。于中央政府,应当在"全国一盘棋"中破除地方市场保护主义壁垒、维护中央权威,既要建立起对地方政府的有效约束机制,又要充分调动地方政府积极性,以科学合理的绩效考核优化央地关系。于地方政府,应立足长远,以大局意识看待全国市场与地方市场的关系,既要加强地方合作,消除地方市场壁垒,又要因地制宜、兼顾地方禀赋,形成分工合理、优势互补的产业集群。

三是国内市场与国际市场关系。建设全国统一大市场要正确处理并利用好两个市场、两种资源,在新发展格局中切实将超大市场规模优势转化为竞争优势。既要做大做强国内大市场,依托国内大循环,充分发挥超大规模市场对创新资源的虹吸作用,实现创新要素的集聚,推动产业结构升级,同时在保证国家经济安全与科技自立自强的前提下,又要积极融入国际市场并参与国际分工,更大范围与更深程度地利用国际市场丰富资源发展自身,提升我国在全球产业中的国际竞争力,塑造国际合作与竞争新优势。

(三) 面向国家战略完善国家创新能力与创新体系

习近平总书记强调:"国际经济竞争甚至综合国力竞争,说到底就是创新能力的竞争。谁能在创新上下先手棋,谁就能掌握主动。"[1] 将创新摆在现代化建设全局的核心位置,是实现科技自立自强的根本路径,是中国式现代化的发展要求。新型举国体制作为国家治理的重要制度设计,国家创新能力的提升与国家创新体系的完善是举国体制在科技创新领域发挥作用的根本前提。在新一轮产业革命与科技革命到来之际,我国在国家创新效能上面临科技创新原创能力不足、关键核心技术突破不够、科技创新对经济增长促进不足等尖锐问题,阻碍了中国式现代化瓶颈突破。

在"四个面向"的要求下,以国家战略为导向的自主创新能力培养与体系构建事关国家发展与国家安全,亟待从以下几个方面进行改善。第一,把支撑国家重大需求作为战略任务。坚持以面向世界科技前沿、面向经济主战场、面向国家重大需求、面向人民生命健康"四个面向"的国家重大需求为创新方向,提升自主创新能力,以新型举国体制突破关键核心技术瓶颈。第二,构建以企业为主体的国家创新体系。充分发挥企业等市场主体在新型举国体制中的作用,提升企业创

---

[1] 中共中央文献研究室编:《习近平关于社会主义经济建设论述摘编》,北京:中央文献出版社,2017年,第125页。

新能力,以市场为导向,建立产学研融会贯通的国家创新体系。第三,发挥政府与市场在创新中的协同作用。科学协调政府和市场二者关系,尊重市场规律,构建二者协同动员和调配资源的制度体系,充分发挥新型举国体制优势。第四,把人才驱动作为本质要求。以人才驱动促进创新驱动,优化创新人才结构,加大产学研协同育人制度,造就一支规模宏大、结构合理、素质优良的创新型科技人才队伍。第五,加快构建现代产业体系,形成新的创新增长极。着力提升产业链、供应链现代化水平,推动战略性新兴产业融合集群发展,完善现代化基础设施体系,优化产业结构与布局增强举国体制实施效率。第六,以全球视野作为重要导向。将完善国家创新能力和创新体系与构建高水平对外开放体系相结合,积极参与国际创新竞争与合作,以"一带一路"等区域合作发展战略为依托,融入和布局全球创新网络,提升创新的国际化水平。

第九章

中国式现代化与宏观经济治理

习近平总书记在党的二十大报告中庄严宣告："从现在起,中国共产党的中心任务就是团结带领全国各族人民全面建成社会主义现代化强国、实现第二个百年奋斗目标,以中国式现代化全面推进中华民族伟大复兴。"[1]报告指出,中国式现代化是中国共产党领导的社会主义现代化,既有各国现代化的共同特征,更有基于自己国情的中国特色。[2]因此,对比研究中国式现代化与西方式现代化的共性与差异,既是理解"中国式现代化"内涵的前提,也是进一步探索社会主义现代化强国建设路径的基础。本章认为,中国式现代化不是西方现代化的"翻版",有为政府是中国在现代化进程中实现追赶到超越的重要经验,使中国的现代化进程呈现出规划性、渐进性、全面性等特征。因此,在社会主义强国建设中,更应发挥好政府的作用,进一步完善宏观经济

---

[1] 习近平:《高举中国特色社会主义伟大旗帜　为全面建设社会主义现代化国家而团结奋斗——在中国共产党第二十次全国代表大会上的报告》,北京:人民出版社,2022年,第21页。

[2] 习近平:《高举中国特色社会主义伟大旗帜　为全面建设社会主义现代化国家而团结奋斗——在中国共产党第二十次全国代表大会上的报告》,北京:人民出版社,2022年,第22页。

治理体系，提高宏观经济治理能力，发挥好国家、政党、政府在现代化事业中的引领作用。

一、"政府有为"是中国式现代化的重要经验

纵观世界各国的现代化模式，尤其是在后发追赶型现代化国家中，政府在经济增长中发挥着极为重要的作用，政府能力成为决定后发国家现代化命运的关键变量，而宏观经济治理是政府意志与能力的集中呈现，在经济社会发展中的作用至为关键、不可替代。

第一，发挥好"看得见的手"的指导性作用，实现政府与市场的协同，提高经济增长的速度与质量。这一方式在东亚国家现代化模式中尤为突出，在东亚发展突出的经济体中，其制度安排都有一系列共同特征：国家行动的首要任务始终是经济发展、国家保障私有财产和市场、国家通过工具来指导市场、国家参与许多与私营部门进行协商和调节的机构等。[1] 政府和市场在协同合作及目标相同的前提下，各自发挥自己的作用，构建政府与市场友好、温和的关系，实现政府干预与市场力量之间的平衡，以此推动经济快速发展。因此，世界银行指出，亚洲"奇迹的本质"在于亚洲最大限度地接近了经济学中的点金术——快速增长与实现公平同步，正是这样把亚洲推向了世界经济的最前沿。[2]

---

1 郑永年、黄彦杰：《制内市场：中国国家主导型政治经济学》，邱道隆译，杭州：浙江人民出版社，2021年，第65页。
2 ［美］丹尼尔·耶金、［英］约瑟夫·斯坦尼斯罗：《制高点：重建现代世界的政府与市场之争》，段宏等译，北京：外文出版社，2000年，第227页。

第九章 中国式现代化与宏观经济治理

第二,政府通过谋求夺取和占领其经济的"制高点",即最重要的经济要素,以确保政府控制国民经济的战略部门和重要企业,推动经济现代化进程、加速经济发展。例如,19世纪30年代"管制思想"成为美国解决市场问题的主要方案,并在此后的几十年中保持着主导思想。管制,即制定规则,美国政府不是通过所有制,而是通过经济管制对制高点实时控制,从而形成了一种特殊的美国式的管制资本主义。

第三,产业政策是宏观经济治理的重要政策抓手。产业兴旺是现代化的重要物质基础,通过政府这只"看得见的手"能够规范标准、加快转型、推动增长。在这一方面,日本的现代化历程提供了重要的参考经验:在日本的现代化进程中,政府主导的产业政策对日本经济实现迅速赶超发挥了巨大作用,政府致力于以经济发展为中心方向,不仅培养了经济部门的赶超意识,而且推动了日本产业结构的优化,推动了经济现代化。

值得注意的是,中国式现代化中的宏观经济治理既具有后发国家现代化模式的共性,同时,中国式现代化不是美国管制思想的翻版,也不是东亚模式的再应用,而是具有鲜明的中国特色。从马克思主义政治经济学基本原理来看,宏观经济治理体系属于建立在经济基础之上的上层建筑范畴,而决定这个上层建筑的经济基础则是社会主义基本经济制度。[1]基本经济制度是宏观经济治理体系的制度基础,为宏观经济治理的实践与体系完善明确方向、设置底线。因此,基本制度差异决定了治理体系上的差异——这也是现代化中国之路不同于其他现

---

1 何自力、岳欣:《新时代我国经济治理体系的健全与完善》,《当代经济研究》,2020年第10期,第24—33、113页。

代化之路的重要原因之一。具体如下。

(一) 从"调控"到"治理"：超越与发展

党的十九届五中全会将宏观调控跃升为宏观经济治理，其中蕴含着宏观经济管理理念的重大战略转变和科学创新。从宏观经济调控体系到宏观经济治理体系的提升和转变，不是对政府作用的弱化，而是对政府作用的综合化和系统化，是对国家治理具体领域的细化和深化，是制度现代化的重要组成部分。从"调控"到"治理"，体现了治理主体优化、治理目标优化和治理效能的提升，是对西方政府干预思想的超越，也是对中国宏观调控思想的发展。

第一，治理主体优化。一般认为，宏观调控的主体是政府（或国家），是政府单一主体之下自上而下的单向度调控，靠的是政府的政治权威。相较之下，宏观经济治理是自上而下和自下而上的双向运作，是建立在认同基础上的合作。其中，市场在治理中具有双重性：既是治理的主体，又是治理的客体。作为多元治理主体之一，市场通过竞争机制、价格机制等，能够最大限度地调动社会物力、财力、人力等资源，实现资源的合理有效配置。同时，针对"市场失灵"等固有弊端，市场也是治理的客体，当市场不能够公正地保证合理利用资源和最优化分配资源时，就需要通过其他主体发挥作用来弥补其失灵的缺陷。可见，宏观经济治理是对单一主体的超越，形成多元治理主体相互协调、相互促进、相互制衡，共同构成宏观经济治理的强大合力。

第二，治理目标优化。一般来说，宏观调控是在应对市场失灵和回应外部冲击的背景下产生的，经济效益是主要目标，主要体现在经济增长、物价稳定、充分就业和国际收支平衡四方面。然而，作为国家治理的组成部分之一的宏观经济治理，统一于国家现代化强国建设的进程，统筹于国家治理的大局。因此，宏观经济治理的目标不仅体现在经济领域，而且还需要处理好经济增长与社会稳定、经济建设与生态环境、经济发展与国家安全等各方面，实现治理目标由点到面、由速度到质量、由总量到结构的优化。可见，相较于宏观经济调控，宏观经济治理具有目标性、长期性和规制性，其范围、边界和绩效均有显著提升。[1]

第三，治理效能提升。在宏观调控体系中，货币政策侧重于总量调节，而财政政策着重推进结构优化。在实际经济运行中，二者密不可分，需要综合运用货币政策与财政政策。因此，构建两类政策的沟通与合作机制是重点和难点。随着宏观调控向宏观经济治理的战略转换，将原有的经济管理范畴拓展到制度体系层面，大大拓宽了宏观经济调控制度体系的范畴和边界[2]，有效提高了经济政策之间的协调配合能力和政策执行能力，极大推进了宏观经济治理效能的全面提升。

（二）宏观经济治理的三维主体：市场、政府与政党

在西方宏观经济治理理论及其实践中，始终围绕着"政府职能的边界"争论不休。从表面上看，自由主义经济学和凯恩斯主义经济学在政府与市场关系上的看法是对立的，但实际上它们在思维方法上却是相通的——未脱离市场与政府的二元对立框架，政府始终是应对市场失灵的被动反应。总体来看，一方面，西方国家承认市场具有固有弊端，需要政府来应对市场失灵；另一方面，反对政府的主动介入，要

---

[1] 刘金全、伍梦：《健全宏观经济治理体系的必要性、科学性和创新性研究》，《社会科学战线》，2021年第11期，第71—77页。

[2] 付一婷、刘金全、刘子玉：《论宏观经济调控向宏观经济治理的战略转换》，《经济学家》，2021年第7期，第83—91页。

严格限制政府对经济运行的干预范围。

事实是，现代化所必需的健康有序的经济发展环境，是市场和政府共同塑造的结果。市场起决定性作用是市场经济的一般规律，更好发挥政府作用是现代市场经济的共同规律。随着现代化进程的深入，政府的作用不仅是"守夜"，更是深入到现代化的各个方面，在维护社会公平、保障国家安全、保护生态环境等方面发挥更全面的作用。因此，从经济学上来看，中国道路和中国奇迹体现的就是市场与政府有机结合。[1]

党的坚强有力领导是政府发挥作用的根本保证，也是政府有为的"约束条件"。在这一三维结构下，我国宏观经济治理的基本准则是：局部服从整体、地方服从中央、下级服从上级、全党服从中央。[2] 与之相应，党的领导作用是引领和保障方向大局，中央政府是宏观经济治理的具体执行机构，地方政府负责调控、调节地方经济的发展。"党—市场—政府"的"三维谱系"，形成了社会主义市场经济的宏观经济治理体制优势，使中国经济具有发展阶段上的延续性、发展目标上的渐进性、发展政策上的稳定性等特征，创造了中国式现代化的伟大成就。[3]

与此同时，在作为宏观经济治理客体的市场中，国有企业具有独特的二重性——既是被治理的客体，又是宏观经济治理的政策工具。作为宏观经济治理的客体，国有企业与其他民营企业同样是自负盈

---

[1] 周文、司婧雯：《中国自主的经济学知识体系：渊源、新议题与新方向》，《河北经贸大学学报》，2023年第2期。

[2] 刘瑞：《在中国特色宏观调控范式下完善宏观调控体系研究》，《经济纵横》，2020年第11期，第77—83、2页。

[3] 周文、司婧雯：《全面认识和正确理解社会主义市场经济》，《上海经济研究》，2022年第1期，第27—36页。

亏、自主经营、平等竞争的市场主体，应做强做优做大国有企业，提高公有资本活力与竞争力；作为宏观经济治理的主体，国有企业需要兼顾经济效益与社会效益，从国民经济发展大局来看，国有企业是经济运行的"国家机器"，关系到国家发展命脉的关键领域，同时，还承担着稳定国民经济的作用，通过吸收就业、调整投资方向等方式应对经济波动，起到保障经济安全、提供公共服务、推动共同富裕等重要作用。

（三）社会主义宏观经济治理的最大优势：集中力量办大事

邓小平曾指出："社会主义同资本主义比较，它的优越性就在于能做到全国一盘棋，集中力量，保证重点。"[1] 习近平总书记也多次强调，我国社会主义制度的最大优势是能够集中力量办大事。[2] 集中力量办大事不仅是中国式现代化事业取得伟大发展成就的制度支撑，还是赓续中国奇迹、全面建成社会主义现代化强国的关键。

一方面，国家规划和计划是宏观经济治理的战略引导力量，合理布局"办好大事"，持续推进"办成大事"。与许多发展中国家和地区相比，规划性是中国改革开放以来现代化建设的一个明显特点及重要优势。中国式现代化建设的规划性具有两个明显的特点：一是以市场经济体制为基础条件，二是与时俱进的色彩十分明显。[3] 值得注意的是，中长期经济规划本身并不是中国独有，国家规划与计划对后发国家的现代化追赶与超越极为重要。苏联、印度等国都以中长期规划来指导经济发展，但是各国规划的执行能力和落地效果却大相径庭。印

---

[1]《邓小平文选》第3卷，北京：人民出版社，1993年，第16—17页。
[2]《习近平谈治国理政》第2卷，北京：外文出版社，2017年，第273页。
[3] 吴忠民：《规划性与中国的现代化》，《马克思主义与现实》，2019年第3期，第167—176页。

度借鉴苏联体制,在 1951 年至 2017 年间制定实施了 12 个五年计划,其间,1974—1979 年的第五个五年计划因 1978 年人民党取代国大党执政而被否决,而人民党制定的 1980—1985 年的第六个五年计划又在 1980 年国大党重新成为执政党以后被政府否决。2017 年开始,印度推出十五年远景规划,同时废除五年计划安排。可见,世界各国实践已证明,制定实施中长期规划是各国推进现代化的基本方式。其一要提出合理的计划,其二要有足够的执行能力、内部凝聚力来使计划落地——前者诸多国家已做到,而后者却是我国独有的制度密码。自 1953 年第一个五年计划起,我国以科学的、统一的国民经济和社会发展规划,动员和组织全国人民为一个共同目标而奋斗,并实施国家大型建设项目,统筹调动各种力量形成合力、解决问题。以科学、统一的发展规划为指导、以强大的执行能力和凝聚力推进现代化事业,推动了经济社会发展、综合国力提升、人民生活改善,创造了世所罕见的经济快速发展奇迹和社会长期稳定奇迹。

另一方面,集中力量办大事彰显了社会主义宏观经济治理的资源动员能力。在后发国家的现代化道路中,资源的合力尤为重要,需要将资源集中到经济发展的关键之处和人民的所需之处,高效整合资源,形成推动现代化的整体合力。回顾我国现代化发展历程,我国在经济文化相对落后的条件下启动现代化,资源贫乏型的赶超型现代化迫切需要强势的公共权威有效地集中和动员分散的社会资源。[1] 以强大的领导力量,调动和集合资源,为现代化发展提供必需的资源基础,有序推进现代化发展,不仅是在现代化初始阶段,进入新时代也是如

---

[1] 唐皇凤:《百年大党有效领导经济社会发展的历史进程和基本经验》,《武汉大学学报(哲学社会科学版)》,2021 年第 74 卷第 2 期。

此。当前我国已进入高质量发展轨道，但不平衡不充分的发展问题仍然突出，经济发展不仅需要处理好"量的增长"，更要兼顾"质的提升"，需要通过宏观经济治理有效统筹社会资源，实现经济发展的多元性、系统性和协同性。

二、我国宏观经济治理体系与治理能力现代化：问题与挑战

我国现代化事业面临新的发展阶段和发展目标，党的二十大报告为全面建成社会主义现代化强国做出了"两步走"的总的战略安排，并提出了到 2035 年我国发展的总体目标和未来五年的主要目标任务。可见，现代化的政府推动现代化，政府推动现代化的职能对政府调控机制的现代化提出了更高要求。[1] 在取得系列成就的同时，也应注意到，我国宏观经济治理的非协同性问题日益凸显，与社会主义现代化强国任务具有一定不适应性。因此，应结合当前我国面临的新环境、新阶段、新任务，剖析当前我国宏观经济治理体系存在的问题，探索如何推进宏观经济治理理念与体系的现代化转向。

（一）治理目标与现代化目标的非协同性

现代化是一个系统性概念，不是某一环节或者某一部分的现代化，是包含物质文明、精神文明、生态文明等在内的全方位变革。中国式现代化更是具有协调性、体系性等特征，走出了与西方现代化不

---

[1] 洪银兴：《论中国式现代化的经济学维度》，《管理世界》，2022 年第 4 期，第 1—15 页。

同的道路,具有自身的独特性与优越性。[1] 在传统的宏观调控视野下,市场的效率是主要目标,淡化甚至忽视了经济增长质量的提升和效率的改进。从现代化的长期视野来看,以效率为中心目标虽能在短期内有效刺激经济增长,但牺牲了经济结构的优化升级、社会公共产品的供给、收入分配的公平性等问题,经济发展的可持续性与潜力不足,不利于现代化的长期发展。因此,从效率到质量、从总量到结构是当前我国宏观经济治理目标转型的方向。

第一,质量调控:统筹好经济增长速度和质量的关系。长期以来,经济增长一直是中国政府调控经济的首要目标。一方面是由于自新中国成立以来一直实行经济赶超战略,另一方面政府希望通过高速的经济增长以及增长预期来消化存在的经济社会问题——经济增长这一目标不仅具有经济意义,而且具有重要的社会意义和政治意义。[2] 不可否认,高经济增速为我国现代化建设提供了坚实的物质基础,但长期以来也积累了诸多问题,如结构失衡、高杠杆、高污染等。党的二十大报告指出,高质量发展是全面建设社会主义现代化国家的首要任务。[3] 高质量发展不是片面追求质量而忽视速度,发展仍然是第一要务,全面建成社会主义现代化强国需要着力实现经济质的有效提升和量的合理增长。

第二,结构调控:短期经济运行的总量平衡和长期内经济社会发

---

[1] 周文、肖玉飞:《中国式现代化道路的独特内涵、鲜明特征与世界意义》,《马克思主义与现实》,2022年第5期,第36—45、204页。

[2] 刘瑞:《中国特色的宏观调控体系研究》,北京:中国人民大学出版社,2016年,第139页。

[3] 习近平:《高举中国特色社会主义伟大旗帜 为全面建设社会主义现代化国家而团结奋斗——在中国共产党第二十次全国代表大会上的报告》,北京:人民出版社,2022年,第28页。

第九章　中国式现代化与宏观经济治理

展的结构优化。我国宏观经济的长期结构性矛盾是传统宏观调控的后遗症,主要表现在需求结构不平衡、产业结构不平衡和收入分配结构不合理三方面。[1] 可见,中国经济的总量性与结构性矛盾不仅存在于需求领域,而且还突出表现在供给领域;不仅出现在生产环节,而且还涉及分配环节。因此,应着力统筹经济发展中的总量和结构的关系,不断矫正中国经济在产业结构、需求结构、收入分配结构、区域发展结构等方面的结构性扭曲。

(二)治理方式与现代化发展的非协同性

推动现代化的有为政府应该是现代化的政府,其中重要表现在治理方式方面。宏观经济治理方式的完善不仅是政府治理方式的转变,其本质体现的是社会主义市场经济体制的完善与高水平构建。

长期以来,行政手段都是我国宏观调控、宏观经济治理中争论的焦点,也是中西方市场经济体制之争的关键议题。在当前我国宏观经济治理中,已逐步放弃了以行政手段为主导的直接调控,正在逐步形成适应市场经济体制的间接调控体系,但是仍应进一步探索行政手段发挥的规范化、法制化、创新性等具体路径。行政手段的运用是对我国计划经济时期的行政命令体制的一种自然承继,也是中国传统文化(儒家文化、中央集权政治)影响的结果,对于中国宏观经济治理体系而言,具有一定的内生性。[2] 相较于其他国家,当前我国宏观经济治理中行政手段的作用仍然突出,其一是由于我国的市场经济体系不完善;其二与中国的社会主义市场经济中政府主导型的特征有关,具有

---

1 师博:《中国特色社会主义新时代高质量发展宏观调控的转型》,《西北大学学报(哲学社会科学版)》,2018年第3期,第14—22页。
2 刘瑞:《中国特色的宏观调控体系研究》,北京:中国人民大学出版社,2016年,第145页。

明显体制特征；其三，区域竞争也是地方政府强化行政手段的诱因。[1]

不可否认，行政手段可以有效提升效率，但同时也带来一系列负面效应，并且对政府科学决策的能力要求较高。因此，问题的关键不在于是否能够使用行政手段，而在于适量与适度，应综合运用好经济手段、法律手段与行政手段等多元方式。其一，正视行政手段的负面影响。依靠行政审批制度和管制来加强宏观经济治理，容易抬高企业的准入门槛，加剧行业中的人为垄断现象。此外，也容易加大改革和发展成本。"一放就乱、一乱就收、一收就死"反映的便是一味依赖行政手段治理经济的后果。因此，行政手段的力度、范围与时间十分重要，力度过大、时间过久容易抑制经济的活力，同时，行政手段的泛化会导致宏观经济治理的微观化，使相关政府部门随意地干预投资、信贷、准入等微观经济活动。其二，行政手段的法制化问题。当前我国尚未建立关于宏观经济治理的专门法律体系，法制化进程的滞后一方面也加重了规范化问题，另一方面也使我国政府的宏观经济治理实践在一些领域缺乏相关的法律保障，不利于提高政策实施的执行力与权威性。其三，行政手段的创新性问题。科学技术在现代化进程中的影响力不容忽视，宏观经济治理的方式不仅需要应对新的发展环境，同时也要与时俱进。大数据、人工智能等科学技术的发展，正在改变着政府思维模式及其选择行为。新技术的应用为提高政府行政手段的精准性、前瞻性提供了有效工具。

（三）政策体系与现代化建设的非协同性

如前所述，现代化是一个系统性的工程，这不仅要求宏观经济治

---

[1] 刘瑞：《中国特色的宏观调控体系研究》，北京：中国人民大学出版社，2016年，第144页。

第九章 中国式现代化与宏观经济治理

理要综合设定现代化事业的各方面目标，还要安排好与之相应的政策体系，需要财政政策、货币政策、产业政策之间的协调配合。基于以上要求，反观我国当前宏观经济治理政策体系，主要存在以下问题。

第一，宏观经济治理的决策协调体系问题。党的二十大报告明确指出："健全宏观经济治理体系，发挥国家发展规划的战略导向作用，加强财政政策和货币政策协调配合，着力扩大内需，增强消费对经济发展的基础性作用和投资对优化供给结构的关键作用。"[1] 由此可见，健全宏观经济治理体系，应处理好中央和地方的纵向联动与政策间的横向协同。一方面，中央与地方的经济关系，是我国经济建设中一个十分重要而又长期没有得到根本解决的问题，中央政府、地方政府、企业分别成为资源配置的主体，应在新时代现代化政策的背景下进一步寻找发挥二者积极性的最佳均衡点。[2] 另一方面，应重新定位货币政策和财政政策，将短期经济稳定的任务交给货币政策，将财政政策聚焦于中长期目标与反衰退的短期目标。[3]

第二，经济政策时间的非一致性问题。由于具有诸多不确定因素和时间因素，经济政策往往在初始阶段显示出最优特性，但在后期阶段逐步体现出非最优性质。[4] 因此，经济政策的时间非一致性是经

---

[1] 习近平:《高举中国特色社会主义伟大旗帜　为全面建设社会主义现代化国家而团结奋斗——在中国共产党第二十次全国代表大会上的报告》，北京：人民出版社，2022年，第29页。

[2] 周文、刘少阳:《100年来中国共产党对中央与地方经济关系的探索与完善》，《中国经济问题》，2021年第3期，第5—19页。

[3] 方福前:《大改革视野下中国宏观调控体系的重构》，《经济理论与经济管理》，2014年第5期，第5—21页。

[4] 付一婷、刘金全、刘子玉:《论宏观经济调控向宏观经济治理的战略转换》，《经济学家》，2021年第7期，第83—91页。

济政策机制的"常态"。在现实宏观经济治理中难以实现完全时间一致性的最优经济政策体系安排。因此,需要政策体系与目标体系之间的动态协调,针对不同的经济发展阶段,适时调整政策体系,以避免资源的错配与浪费,实现短期目标的有效实现与长期目标的逐步推进。

第三,纠错机制与退出机制的补充与完善。当前我国宏观经济治理体系中纠错机制尚不完善,同时也缺乏相应的退出机制。虽然能在一定程度上保证政策的长期化,但是长期来看使政策体系缺乏灵活性和精准性。尤其是在应对突发事件和非常时期,我国可以及时出台大规模应对措施——这是我国经济体制的显著优势——然而,临时性的应对措施该何时退出、如何退出?由于缺乏退出机制,政策的退出往往渐进性较差,同时还具有滞后的现象,也在一定程度上易造成"一刀切"的退出方式。短期政策长期化将带来产能过剩、结构失衡等一系列问题。尤其是在风险性与不确定性突出的新时代,纠错机制与退出机制对我国维护经济社会稳定、防范系统性风险具有重要意义。

(四)开放型经济治理能力与现代化挑战的非协同性

当今世界正处于"百年未有之大变局",在全球发展环境日益复杂多变的新时代,封闭式、孤立式的现代化发展模式早已荡然无存。各国的现代化都深嵌于世界发展的大环境中,同时,一国的现代化进程与各国发展休戚相关,命运与共。因此,当代的国家治理不只是治理国内事务,全球治理是国家治理的国际表现,是新时代赋予国家治理的新内涵。[1]作为国家治理重要一环的宏观经济治理也是如此,在

---

1 周文、司婧雯:《新时代中国国家治理现代化:内涵、特征与进路》,《新疆师范大学学报(哲学社会科学版)》,2020年第4期,第23—31、2页。

第九章 中国式现代化与宏观经济治理

以高质量发展为首要任务的时代背景下,宏观经济治理的含义之一便是以全球为视野,加强国际宏观政策协调。[1]这也是参与全球经济治理体系变革的重要基础。当前我国开放型经济治理面临的挑战主要体现在:

第一,要把维护国家安全贯穿宏观经济治理工作的各方面全过程。统筹发展与安全是开放型经济治理的重要目标。安全是发展的前提,发展是安全的保障。[2]自党的十九大以来,统筹发展与安全的重要性逐步提升。在党的二十大报告中更进一步强调,国家安全是民族复兴的根基,社会稳定是国家强盛的前提。[3]在实施更加积极主动的开放战略的同时,一方面需要不断健全相关政策体系,包括风险监测预警政策、应急管理体系等;另一方面需要切实提高维护、防范、化解重大风险的能力,实现经济发展与国家安全的动态平衡。

第二,全球金融市场融合对金融稳定能力和风控能力的挑战。随着改革开放进程的加快,我国金融领域近年来也开启了新一轮对外开放。中国在国际金融市场中直接融资的效率显著提高,与此同时也加速了中国与世界金融体系的深度融合。然而,资本的跨境流动带来了全球金融市场的融合,也带来危机的一体化。金融安全的重要性不言而喻,在党的二十大报告关于健全国家安全体系的论述中,也重点指

---

[1] 任保平:《高质量目标下社会主义市场经济体制建设的基本要求、框架与路径》,《中国高校社会科学》,2020年第2期,第12—18、157页。

[2] 中共中央宣传部、国家发展和改革委员会编:《习近平经济思想学习纲要》,北京:人民出版社,2022年,第140页。

[3] 习近平:《高举中国特色社会主义伟大旗帜 为全面建设社会主义现代化国家而团结奋斗——在中国共产党第二十次全国代表大会上的报告》,北京:人民出版社,2022年,第52页。

出了要强化金融安全保障体系建设。[1] 当今世界金融失衡的传递效应十分显著,与发达国家相比,发展中国家由于金融体系的脆弱性,更容易成为金融危机的最大受害者。[2] 同时,金融不仅是经济手段,在国际宏观经济治理中,也是重要的政治工具。当今新阶段的危机资本主义(crisis capitalism),就是核心国家持续不断借着危机向发展中国家转嫁金融深化的成本。[3] 金融资本阶段所导致的全球经济风险增加、经济涨落周期缩短、金融危机频繁等内生性制度成本和代价,要比产业资本阶段沉重得多。

第三,新发展变局下,需求侧管理的战略重要性上升。近年来,中国对外经贸发展的国际环境不确定性、不稳定性明显上升,对我国产业链、供应链的影响日益加剧,产品出口的稳定性与安全性受到影响。在这一背景下,释放国内市场的需求潜力尤为重要。国内大循环不仅对挖掘中国经济发展的自身潜力至为关键,而且有助于中国在日益复杂的国际环境中持续保持经济发展的内生动力。需要强调的是,强调需求侧管理的战略重要性并不是否认供给侧结构性改革的必要性。解决我国不平衡不充分的发展问题重点仍然在供给侧,提升供给与需求的适配性也是激活需求潜力的基础。

---

1 习近平:《高举中国特色社会主义伟大旗帜 为全面建设社会主义现代化国家而团结奋斗——在中国共产党第二十次全国代表大会上的报告》,北京:人民出版社,2022年,第53页。

2 张仁德、韩晶:《金融全球化与发展中国家的金融风险》,《世界经济与政治》,2003年第3期,第53—56、79—80页。

3 温铁军等:《全球化与国家竞争:新兴七国比较研究》,北京:东方出版社,2021年,第44—45页。

三、健全宏观经济治理体系和治理能力现代化的实践路径

党的二十大报告深刻指出,全面建设社会主义现代化国家,是一项伟大而艰巨的事业,前途光明,任重道远。[1] 当前我国现代化事业要"准备经受风高浪急甚至惊涛骇浪的重大考验"[2]。健全宏观经济治理体系,是提高政府治理水平、推动国家治理体系和治理能力现代化的重要组成部分。要以治理体系的健全推动治理能力的提升,进而在变局中把握机遇、在波动中稳定发展、在增长中实现新突破。

(一)发挥好国家发展规划的战略导向作用

在我国宏观经济治理体系中,国家发展规划发挥着不可替代的战略导向作用。随着现代化发展的内外部环境变化,国家规划的设定、方式等方面面临诸多挑战。概言之,在高水平社会主义市场经济体制下开展规划管理工作,既需要从理论上进一步讨论可行性与科学性,又需要从实践上推动理念、内容、方式等方面的创新,发挥好社会主义集中力量办大事的优势。

1. 坚持发挥国家发展规划的战略导向作用

从传统计划经济模式走向市场经济转型,并不意味着计划或规划作为一种资源配置方式的终结,更不能全盘否认国家发展规划在市场经济条件下的积极作用。与许多发展中国家和地区相比,规划性是中

---

[1] 习近平:《高举中国特色社会主义伟大旗帜 为全面建设社会主义现代化国家而团结奋斗——在中国共产党第二十次全国代表大会上的报告》,北京:人民出版社,2022年,第26页。

[2] 习近平:《高举中国特色社会主义伟大旗帜 为全面建设社会主义现代化国家而团结奋斗——在中国共产党第二十次全国代表大会上的报告》,北京:人民出版社,2022年,第26页。

国改革开放以来现代化建设的一个明显特点及重要优势，有效地推动了现代化建设基本宗旨的实现、现代经济形态的形成、现代化建设者队伍的长足发展和现代化建设的协调发展。[1]同时，规划不仅是解决市场失灵的重要方式，而且还为弥补政府失败提供了路径。政府由于部门利益、地方利益等，容易产生短视性等问题，而国家的顶层规划设计从国家利益和公共利益的整体视角出发，通过强制性措施和非强制性引导矫正政府行为，整合国家治理合力，实现共同利益最大化。因此，在现代化强国建设过程中，应坚持发挥国家发展规划的战略导向作用，以规划促发展、引方向。

2. 完善宏观治理目标体系

完善目标体系是提高国家发展规划科学性的重要基础。以合理的目标体系为国民经济和社会发展提供方向指引。

结合我国现阶段发展的国内外新背景，以及党的二十大报告对中国式现代化特色与本质要求提出的重要阐述，当前我国发展规划一要以共同富裕为中心目标，把实现人民对美好生活的向往作为现代化建设的出发点和落脚点，综合考量稳定物价水平、保障居民就业、调节收入差距、提高供给质量等各方面，实现人民群众物质富足、精神富有；二要以统筹发展与安全为基本目标，紧紧围绕财政安全、金融安全、能源安全、粮食安全等战略物资安全展开，在百年未有之大变局加速演进的国际背景下，主动防范化解风险，在变局中把握发展机遇；三要以高质量发展为关键目标，把实施扩大内需战略同深化供给侧结构性改革有机结合起来，坚持新发展理念，激发自主创新活力，培育

---

[1] 吴忠民：《规划性与中国的现代化》，《马克思主义与现实》，2019年第3期，第167—176页。

高质量发展的新动能,推动经济实现质的有效提升和量的合理增长。

(二)完善宏观经济治理的政策体系

在宏观经济治理中,财政政策和货币政策是最重要的两类治理政策。一方面需要不断完善政策本身,另一方面需要提高二者协调配合的能力,形成政策合力。两大政策的自身完善与二者的协调配合状况优化是相辅相成的关系。

1. *完善财政政策*

在当前我国宏观经济治理政策体系中,财政政策处于核心地位,在产业发展、区域发展和投资等方面发挥着重要作用。

面对新的发展任务、身处新的发展形势,应不断完善财政政策,使之灵活且有度。一要深化精准调控、定向调控和区间调控,使财政政策能够积极灵活地应对宏观新问题;二要调整政策布局,使财政政策在常规时期回归公共财政;三要正视当前政府的财政收支压力的现实,提高防范债务风险的力度,在不大规模增加债务负担的同时,使积极型财政政策以可持续的方式增质提效。

同时,在开放型经济条件下,财政政策的治理难度日趋加大。要警惕全球利率持续下降所引发的长期停滞风险,谨防货币工具失效,要更加注重依靠财政政策发力提效应对经济停滞的风险。[1]

2. *完善货币政策*

在当前我们所处的国内外发展环境中,经济和金融正在飞速转型。与现代化蓬勃发展相伴的是金融不断创新、股市发展迅猛,国际金融环境也日益复杂。对此,一方面,要进一步向价格型调控转型。

---

[1] 蔡宏波、陈建伟:《中国开放经济治理体系和治理能力现代化的经验与方案》,《北京社会科学》,2021年第10期,第75—86页。

在当前我国市场的发展中，资本对宏观经济的影响力越来越大，市场主体对利率等价格信号的敏感度也在不断增强，数量型调控方式的效率下降明显。因此，不能只关注货币供给、信贷等数量型指标，而应更加关注利率、汇率、股价等价格性指标。另一方面，要完善货币政策与宏观审慎政策相配合的"双支柱"框架体系。注重两类政策在政策目标、政策传导机制、冲击类型方面的协同与矛盾，进一步探索二者有机配合的具体路径，以"双支柱"共同支撑宏观经济稳定。此外，还要进一步深化金融体制改革，完善资本市场基础制度体系，提高货币政策的传导效率。

3. 加强财政政策和货币政策的协调配合

实践中，单一依靠财政政策或货币政策难以实现宏观经济治理的理想效果，需要二者的协调配合。两类政策在作用范围、优势特征等方面的差异性带来二者在功能上的互补性，这也是二者协调配合的现实依据。同时，在党和国家的领导下，我国财政政策和货币政策共同服务于国家发展大局，为二者协调配合、形成政策合力提供了制度保障。

党的二十大报告明确指出，要加强财政政策和货币政策协调配合。[1]然而，在现实实践中，"怎样实现政策分工"是当前我国政策协调中面临的难题，长期以来在理论上也难以达成一致性认识。可见，进一步优化政策分工，更好发挥两类政策的联动作用，既是健全宏观经济治理体系的重点，也是急需突破的难点。在治理实践中，要坚持两

---

[1] 习近平：《高举中国特色社会主义伟大旗帜　为全面建设社会主义现代化国家而团结奋斗——在中国共产党第二十次全国代表大会上的报告》，北京：人民出版社，2022年，第29页。

个原则,一是具体研判,即不能简单划分二者职能,要依据具体事项合理安排两类政策的具体分工;二是动态调整,即不能长期固化二者分工,随着货币政策与财政政策内涵的丰富与工具的创新,二者的分工应是一个长期动态优化的过程。基于此,需要将财政政策和货币政策放置在一个框架下,发挥财政政策和货币政策的组合效应。

(三)从"调控"到"治理":加强治理主体的协调性

1. 优化政府和市场的关系

充分发挥市场的决定性作用是加强治理主体的协调性的基本条件。优化政府和市场的关系、设定宏观调控制度体系的边界,其实质问题是全面深化改革背景下政府与市场关系的再辨析。[1] 第一,不仅要说明政府的"可为",更应进一步明确政府的"不可为",以负面清单等形式规范政府与市场的职能边界,着力解决宏观经济治理微观化的问题。第二,减少政府对市场微观经济运行的直接干预,将治理的重点转向维护市场秩序、提供市场环境等,为市场主体提供有序、健康、稳定的宏观经济环境,逐步消除宏观经济治理泛化的现象。第三,遵循市场运行的基本规律,尊重市场机制在资源配置中的决定性作用,进一步提高政府作用的科学性。对此,党的二十大报告也强调,要充分发挥市场在资源配置中的决定性作用,更好发挥政府作用。[2] "充分"一词也表明了市场作用的重要性,唯有统筹好政府和市场的关系,才

---

[1] 刘志云、温长庆:《国家治理现代化视域下健全宏观调控制度体系的进路》,《经济体制改革》,2021年第3期,第5—10页。

[2] 习近平:《高举中国特色社会主义伟大旗帜 为全面建设社会主义现代化国家而团结奋斗——在中国共产党第二十次全国代表大会上的报告》,北京:人民出版社,2022年,第29页。

能最大限度减少宏观经济政策与微观经济运行之间的矛盾,实现宏观经济治理主体的协调性。

2. 理顺中央政府和地方政府的关系

在我国宏观经济治理体系中,地方政府既是被调控的对象,也是落实中央政府规划目标、治理地区具体经济社会事务的重要主体。地方政府是政策传导和落实的关键环节,影响着政策工具与最终目标的对应性,也在一定程度上决定了宏观经济治理的最终效能。一要提高中央政府与地方政府的协调性,充分发挥中央与地方两个方面的积极性。中央政府发挥好宏观经济调控、发展战略部署、区域协调等职能,地方政府则要处理好与地方经济发展密切相关的具体地区性事务,这需要给予地方政府结合地区特色因地制宜发挥治理职能的空间,实现自上而下的合力。二要重视作为政策执行主体的地方机构的意见。理顺央地关系,不仅要重视政策自上而下的落实机制,而且还要探索自下而上的传导机制。在实际的宏观经济政策实践过程中,不断减少顶层政策目标与基层落实措施不相符的情况。在政策制定过程中统筹顶层战略和基层需求,使政策客观反映区域经济发展的需求,减小政策落地的阻力,提高政策有效性和针对性。

3. 构建多元主体治理共同体

宏观经济治理不是自上而下的单向管理与规制,而是包括人民在内的多元主体共同治理。因此,要不断打破政府在宏观经济治理、政策制定等方面的单一架构,通过多元治理主体的共同参与,实现政策的协调平衡。首先,要畅通社会公众参与的渠道,提高宏观经济治理的透明度。通过座谈会、民意调查等方式,让人民群众切实有效地参与、监督宏观经济治理的各项决策和实践过程,降低政策协调的成本。

第九章 中国式现代化与宏观经济治理

其次,要重视群团组织作为桥梁和纽带的作用。通过群团组织的力量,进一步激发人民群众参与宏观经济治理的积极性和主动性,发挥好群团组织在多元治理结构中的政策协调、政策监督作用。建成人人有责、人人尽责、人人享有的宏观经济治理共同体。

第十章

中国式现代化与数字经济

历史学家罗荣渠认为广义的现代化是指"人类社会从工业革命以来所经历的一场急剧变革",狭义的现代化是指落后国家有计划地进行"经济技术改造和学习世界先进,带动广泛的社会改革,以迅速赶上先进工业国和适应现代世界环境的发展过程"。[1] 马克思认为,社会的现代化进程实质上是在生产力与生产关系矛盾运动中历史变迁的过程。然而,"世界上既不存在定于一尊的现代化模式,也不存在放之四海而皆准的现代化标准"[2]。在庆祝中国共产党成立100周年大会的讲话中,习近平总书记指出:"我们坚持和发展中国特色社会主义,推动物质文明、政治文明、精神文明、社会文明、生态文明协调发展,创造了中国式现代化新道路,创造了人类文明新形态。"[3]

数字经济是继农业经济、工业经济后的新经济形态,也被看作开启

---

[1] 罗荣渠:《现代化新论:世界与中国的现代化进程(增订本)》,北京:商务印书馆,2009年,第17页。

[2] 中共中央党史和文献研究室编:《十九大以来重要文献选编》中,北京:中央文献出版社,2021年,第824页。

[3] 习近平:《在庆祝中国共产党成立100周年大会上的讲话》,《人民日报》,2021年7月2日。

"第四次工业革命"的钥匙,数字经济时代中国式现代化新道路的形成和发展与数字经济的发展密不可分。2016 年《二十国集团数字经济发展与合作倡议》定义数字经济为"以使用数字化的知识和信息作为关键生产要素、以现代信息网络作为重要载体、以信息通信技术的有效使用作为效率提升和经济结构优化的重要推动力的一系列经济活动"[1]。

党的十八大以来,以习近平同志为核心的党中央高度重视发展数字经济,实施网络强国战略和国家大数据战略,建设数字中国、智慧社会,推进数字产业化和产业数字化。习近平总书记在中共中央政治局第三十四次集体学习时指出:"近年来,互联网、大数据、云计算、人工智能、区块链等技术加速创新,日益融入经济社会发展各领域全过程,数字经济发展速度之快、辐射范围之广、影响程度之深前所未有,正在成为重组全球要素资源、重塑全球经济结构、改变全球竞争格局的关键力量;发展数字经济意义重大,是把握新一轮科技革命和产业变革新机遇的战略选择。"[2]《中华人民共和国国民经济和社会发展第十四个五年规划和 2035 年远景目标纲要》以"加快数字化发展 建设数字中国"为单独篇章,从打造数字经济新优势、加快数字社会建设步伐、提高数字政府建设水平和营造良好数字生态四个方面进行顶层设计和规划,随后各地陆续出台数字经济发展相关政策方案和行动计划。从 2012 年至 2022 年 10 年间,我国数字经济规模从 11 万亿增长到超过 45 万亿,数字经济发展跃上新台阶,为经济社会发展提供

---

[1] 《二十国集团数字经济发展与合作倡议》,2016 年 9 月 20 日 [2022 年 7 月 20 日],http://www.g20chn.org/hywj/dncgwj/201609/t20160920_3474.html.

[2] 《习近平在中共中央政治局第三十四次集体学习时强调 把握数字经济发展趋势和规律 推动我国数字经济健康发展》,《人民日报》,2021 年 10 月 20 日。

第十章　中国式现代化与数字经济

了强大动力。现在中国移动支付的触角遍及神州大地的每个角落，年交易规模达 527 万亿，领先全球的移动支付正深刻改变着每个人的生活。我国构建起先进完备的数字产业体系，算力核心产业规模超过 1.5 万亿元，近 5 年平均增速超过 30%，云计算市场规模超过 3000 亿，有 10.5 亿用户接入互联网，形成全球最为庞大、生机勃勃的数字社会。

党的二十大报告明确提出："加快发展数字经济，促进数字经济和实体经济深度融合，打造具有国际竞争力的数字产业集群。"[1] 在数字经济时代，只有将数字经济发展纳入中国式现代化新道路的框架下考察，才能深刻把握中国式现代化新道路对西方资本主义现代化道路的突破性与超越性，以及对推动全球治理体系变革的重大意义。本章基于马克思主义政治经济学的视角，探究数字经济发展推动中国式现代化的内涵特征和内在逻辑，并提出中国式现代化新道路上数字经济的发展进路。

一、中国式现代化与数字经济

（一）历史纵向维度：数字经济是推动中国式现代化进程的重要力量

马克思认为资本主义社会的出现是传统社会向现代化社会转变的拐点，因此在考察资本主义生产方式发展的基础上阐述了现代化发展的一般特征，包括在机器大工业普遍应用下先进社会生产力的发展和

---

[1] 习近平：《高举中国特色社会主义伟大旗帜　为全面建设社会主义现代化国家而团结奋斗——在中国共产党第二十次全国代表大会上的报告》，《人民日报》，2022 年 10 月 26 日。

生产关系的变革、商品经济发展推动世界市场的形成发展，以及建立在物的依赖上的人的独立性。[1]

在生产力方面，数字技术变革促进了社会化大生产的发展，引发了社会生产和再生产过程的变革。现代意义上的先进社会生产力是一个动态的概念，是建立在现代科学技术基础上的发展生产力。[2]现代科学技术的创新和突变通过工业转型使人类走向更高文明阶段。[3]习近平总书记在文章《加快建设科技强国，实现高水平科技自立自强》中强调，"科技事业在党和人民事业中始终具有十分重要的战略地位"[4]。正如马克思所言，"一个工业部门生产方式的变革，会引起其他部门生产方式的变革。……有了机器纺纱，就必须有机器织布，而这二者又使漂白业、印花业和染色业必须进行力学和化学革命"[5]，数字技术变革一方面通过更新生产方式和塑造劳动力形态，促进个别劳动大规模转化为社会劳动，进而推动社会化大生产的发展；另一方面促进产业内部生产方式变革而促进社会总供给和总需求水平的提升。[6]

数字经济发展在推动我国科技实力从"量的积累"向"质的飞跃"迈进，在从"点的突破"向"系统能力提升"迈进的过程中发挥战略作用。在生产关系方面，数字经济发展导致了生产关系的变化。正如马

---

1 何爱平、李清华：《马克思现代化视野下中国式现代化道路的逻辑进路》，《中国特色社会主义研究》，2022年第1期。
2 洪银兴：《论中国式现代化的经济学维度》，《管理世界》，2022年第4期。
3 金碚：《工业的使命和价值——中国产业转型升级的理论逻辑》，《中国工业经济》，2014年第9期。
4 习近平：《加快建设科技强国，实现高水平科技自立自强》，《求是》，2022年第9期。
5 《资本论》第1卷，北京：人民出版社，2004年，第440页。
6 王梦菲、张昕蔚：《数字经济时代技术变革对生产过程的影响机制研究》，《经济学家》，2020年第1期。

克思曾指出的,"手推磨产生的是封建主的社会,蒸汽磨产生的工业资本家社会"[1],"随着生产力的获得,人们改变自己的生产方式,随着生产方式……的改变,人们也就会改变自己的一切社会关系"[2]。马克思在《工资、价格和利润》中写道:"科学就是靠这些发明来驱使自然力为劳动服务,劳动的社会性质或协作性质也由于这些发明而得以发展。"[3]数字劳动过程中出现了"众包""零工""共享""劳资合作"等新形式,具有"去劳动关系化"的新趋势[4],推动数字经济时代劳动关系的新变革。

数字化是继以蒸汽机为标志的第一次工业革命、以电力和自动化为标志的第二次工业革命、以计算机为标志的第三次工业革命后的第四次工业革命。新一轮科技革命对生产力和生产关系都产生颠覆性影响。数字经济发展是推动中国式现代化进程的关键力量,利用数字化缩短落后产业追赶周期、打造数字经济新优势是中国由"跟跑"迈向"领跑"的历史机遇。

(二)横向对比维度:发展数字经济是超越西方现代化的突破口

谈论中国式现代化新道路之"新",其横向对比的参照系是传统社会主义现代化模式和西方现代化。中国式现代化新道路打破了"现代化=西方化"的神话,拓宽了数字经济时代世界现代化尤其是后发现

---

1 《马克思恩格斯文集》第 1 卷,北京:人民出版社,2009 年,第 602 页。
2 《马克思恩格斯文集》第 1 卷,北京:人民出版社,2009 年,第 602 页。
3 《马克思恩格斯选集》第 2 卷,北京:人民出版社,1995 年,第 71—72 页。
4 韩文龙、刘璐:《数字劳动过程中的"去劳动关系化"现象、本质与中国应对》,《当代经济研究》,2020 年第 10 期。

代化国家走向现代化的路径选择，为发展中国家通过发展数字经济推动现代化提供了中国经验。

资本逻辑驱动下的西方现代化具有明显的历史局限性和阶级局限性。马克思曾解释机器大生产下科学技术对资本增殖的作用，"不仅是科学力量的增长，而且是科学力量已经表现为固定资本的尺度，是科学力量得以实现和控制整个生产总体的范围、广度"[1]。同样地，数字经济时代资本主义攫取剩余价值的本质没有变，只是攫取方式更加灵活、更具隐蔽性和欺骗性。[2] 也正是在这个意义上，大卫·哈维指出新科技和组织形式对于资本主义摆脱危机从不发挥决定性的作用。[3] "所谓人类社会现代性（文明）危机本质上是资本逻辑蔓延至人类社会生产生活全部领域造成的危机。"[4] 西方现代化围绕资本—权力中轴所形成的单线发展观[5]，带来了财富两极分化、"民主空壳化"、生态环境恶化、等级化的国际秩序下全球矛盾冲突升级等一系列失格与失序。数字经济的发展加剧和深化了资本主义现代化的矛盾与冲突，产生了资本主义社会新的资本样态——数字资本，即"运用数字技术，通过发现、利用、创造差异来获取利润，追求持续不断积累资本的体系"[6]。

数字资本主义的扩张造成一系列的时代困境。一是数字异化与剥

---

1 《马克思恩格斯全集》第31卷，北京：人民出版社，1998年，第149—150页。
2 白刚：《数字资本主义："证伪"了〈资本论〉?》，《上海大学学报（社会科学版）》，2018年第4期。
3 [美]大卫·哈维：《资本社会的17个矛盾》，许瑞宋译，北京：中信出版社，2016年，第19页。
4 王水兴：《中国式现代化新道路与人类文明新形态》，《学术界》，2021年第10期。
5 徐坤：《中国式现代化道路的科学内涵、基本特征与时代价值》，《求索》，2022年第1期。
6 [日]此本臣吾主编，[日]森健、日户浩之著：《数字资本主义》，野村综研（大连）科技有限公司译，上海：复旦大学出版社，2020年，第35页。

第十章　中国式现代化与数字经济

削问题。劳动与资本的二元对立趋势的扩大，加剧了人与人之间、人与自然之间、人与自身关系的异化，"数字化的异化意味着我们所有的个体和个体的交往，已经完全被一般数据所穿透，是一种被数据中介化的存在，这意味着，除非我们被数据化，否则我们将丧失存在的意义"[1]。二是数字平台垄断问题。数字平台组织凭借其规模效应、网络效应和数据的潜在生产力，通过大平台对小平台的控制、大型平台间的垄断竞争，集中和垄断趋势逐步强化。此外，数字平台造就了愈加庞大的产业后备军，劳动对资本形式隶属向实际隶属的转变表现为就业不稳定化趋势。[2] 三是数字拜物教问题。马克思在《资本论》中揭示了物与物之间的虚幻关系掩盖人与人之间的社会关系的商品拜物教秘密。在数字经济时代形成了更抽象的"数字拜物教"形式，一方面，劳动产品向商品交换价值的转化需要通过数字网络平台或中介才能实现；另一方面，纯粹的数据量化关系成为数字劳动者的劳动关系和交换关系间接表现的唯一途径。[3] 四是全球数字鸿沟问题。数字资本的全球化扩张表现为发达资本主义国家利用强权打压其他国家数字信息技术的发展，从而主导"逆全球化"的过程，国际数字霸权导致日益扩大的国际数字鸿沟。[4]

数字资本主义导致了"财富分配悖论"，即数字革命在创造社会财富的同时，导致大多数劳动者所享有的财富没有增加反而有所减少。

---

1 蓝江：《从物化到数字化：数字资本主义时代的异化理论》，《社会科学》，2018年第11期。
2 谢富胜、吴越、王生升：《平台经济全球化的政治经济学分析》，《中国社会科学》，2019年第12期。
3 姜英华：《数字时代资本逻辑的政治经济学批判》，《天府新论》，2021年第5期。
4 徐宏潇：《后危机时代数字资本主义的演化特征及其双重效应》，《马克思主义与现实》，2020年第2期。

中国式现代化发展以人民为中心的社会主义数字经济，不仅是培育中国竞争与合作新优势，提升国际地位和影响力，使中国在现代化上实现"换道超车"的关键所在；更是避免数字资本主义带来的弊端、超越西方现代化的突破口。

二、数字经济时代的中国式现代化内涵特征

（一）创新驱动：数字经济发展增强中国式现代化的协调性

在社会主要矛盾的转化背景下，创新驱动的数字经济发展有利于推动物质文明和精神文明相协调、解决城乡差距和区域差距两大难题，增强中国式现代化的协调性。

首先，数字技术全面赋能文化产业，推动物质文明与精神文明相协调的现代化。2017年文化部发布《关于推动数字文化产业创新发展的指导意见》，将数字文化产业定义为"以文化创意内容为核心，依托数字技术进行创作、生产、传播和服务"[1]，并指出数字技术的更迭有利于文化产业的生产数字化、传播网络化和消费个性化，既能培育新供给，又能促进新消费。在数字经济时代，数字技术变革使文化产业生产效率明显提升，数字技术对文化生产结构、市场结构、消费结构产生颠覆性影响。[2] 其一，数字技术以高便捷性和低财富能力门槛，极大扩展了文化产业的渗透力和影响力，从而扩大消费规模。其二，数

---

1 《文化部关于推动数字文化产业创新发展的指导意见》，中国政府网，2017年4月11日[2022年7月20日]，http://www.gov.cn/gongbao/content/2017/content_5230291.htm.
2 江小涓：《数字时代的技术与文化》，《中国社会科学》，2021年第8期。

第十章 中国式现代化与数字经济

字平台下"产消者"的新型劳动形式使大众用户成为平台文化内容的创作者,突破了文化创作的固有模式,增强了文化产业生产的规模性与多元性。其三,数字技术对消费者潜在需求的分析和预测提升了文化产业供给与需求的匹配度,以及文化传播的精准性。2020年文化和旅游部发布《关于推动数字文化产业高质量发展的意见》,强调"坚持导向,提升内涵"的基本原则,坚持以社会主义核心价值观为引领,社会效益为首要目标,一是通过文化数据资源的融通融合、产业技术成果的集成运用,为高质量文化供给和社会主义现代化精神文明建设提供强有力支撑;二是突出内容建设激发和引领文化消费,在满足人民文化需求的基础上,增强人民尤其是青年的精神力量和文化自信。[1]

其次,数字经济助力乡村振兴,有助于缩小中国式现代化新道路上的城乡差距。2018年发布的《中共中央国务院关于实施乡村振兴战略的意见》首次提出"数字乡村战略",强调弥合城乡数字鸿沟的重要性。事实上,乡村振兴的本质是农业农村现代化的问题,以"产业兴旺、生态宜居、乡风文明、治理有效、生活富裕"为目标和落脚点。在产业数字化方面,"互联网+"的深层应用能够减少信息不对称,提高资源使用效率,从"精确化"生产、电商化转型经营、农资供给和金融服务方面推进一二三产业深度融合发展。[2] 在生态数字化方面,物联网技术的发展有助于实现农业生产过程的绿色化和透明化,数字化检测平台有助于提升乡村污染防治的智慧化水平,推进"美丽乡村"建设。

---

[1] 《文化和旅游部关于推动数字文化产业高质量发展的意见》,中国政府网,2020年11月18日[2022年7月20日],http://www.gov.cn/zhengce/zhengceku/2020-11/27/content_5565316.htm.

[2] 秦秋霞、郭红东、曾亿武:《乡村振兴中的数字赋能及实现途径》,《江苏大学学报(社会科学版)》,2021年第5期。

在文化数字化方面，利用"数字平台+文旅"模式将地方特色景点与传统技艺戏曲等非物质文化遗产相结合，更经济高效地提升乡村文化吸引力和传播力，利用互联网培训模式培育新型职业农民，提升民众文化素养。在治理数字化方面，2020年印发的《数字乡村发展战略纲要》进一步指出基层政府管理数字化和村民自治管理数字化是推动多元治理的重要举措。在服务数字化方面，数字技术凭借信息整合功能和数据共享特征，突破时空限制，通过农村教育信息化、医疗信息化和便民服务信息化实现改善民生的目标。

再次，建设"东数西算"全国一体化大数据中心协同创新体系，有助于缩小中国式现代化新道路上的区域差距。我国现代化发展的区域差距主要源于工业化进程快慢和城乡差距[1]，需要在数字要素跨区域流通推动工业化、城市化和市场化的过程中逐步缩小区域差距。目前，我国东部地区在用地用电成本、能耗指标等方面严重受限，阻碍了数据中心产业发展。"东数西算"着眼于解决我国算力资源布局失衡问题，以东部地区算力需求有序引导至西部地区为手段，致力于促进东西部地区协同联动的目标。在数字经济时代，"东数西算"通过数据要素跨区域的充分流通，有助于拉动物流、人流和资金流在中西部地区经济发展中的作用，逐步构建产业优势互补、区域协调发展的高质量区域经济布局。[2] 具体来说，"东数西算"能够带动东部沿海地区的数字经济相关企业将产业链布局延伸到西部地区，有效拉动数据加工、数据清洗、数据内容等劳动密集型产业的就业；"东数西算"能够推

---

1 王梦奎：《中国现代化进程中的两大难题：城乡差距和地区差距》，《农业经济问题》，2004年第5期。

2 王建冬、于施洋、窦悦：《东数西算：我国数据跨域流通的总体框架和实施路径研究》，《电子政务》，2020年第3期。

动构建完整的数字经济产业链条,利用数据和信息要素的新型集聚作用,推动中西部地区向经济网络中的产业链高端迈进。[1]

(二)系统观念:数字经济发展助力中国式现代化的体系性

现代化不是一个单一维度的概念,而是一个包罗万象的综合性概念、蕴含着体系性思维的复合式概念。现代化绝不单单指工业化,中国式现代化新道路摒弃了以单一工业化发展程度衡量国家现代化发展的传统现代化理论,是具有全面性文明指向的,全方位推进物质文明、政治文明、精神文明、社会文明、生态文明"五位一体"相协调的新型道路。根据马克思的社会有机体观点,统筹把握各个相互联系、相互依存的要素和环节的体系性是中国式现代化的题中之义。因此,中国式现代化新道路以数字经济的高创新性、强渗透性和广覆盖性助力现代化经济体系建设,搭建以实体经济为发展着力点,形成实体经济、科技创新、现代金融、人力资源协同发展的产业体系[2],突破和超越了单向度的西方现代化。

第一,数字经济赋能实体经济高质量发展。一是推动实体经济产业结构优化。在微观层面,数字经济发展使数据要素嵌入社会再生产的各个环节中,在与其他生产要素融合的过程中调整各类生产要素的投入比例与组合方式,从而重塑实体经济传统业务流程模式,推动实体经济产业结构优化升级。在宏观层面,数字技术在市场需求挖掘和分析领域的应用有利于减少产品和服务的低端和无效供给,缓解实体

---

[1] A. Mowshowitz, "Virtual Organization: A Vision of Management in the Information Age", *The Information Society*, 1994, 10(4).

[2] 习近平:《决胜全面建成小康社会 夺取新时代中国特色社会主义伟大胜利——在中国共产党第十九次全国代表大会上的报告》,《人民日报》,2017 年 10 月 28 日。

经济发展中不平衡不充分的问题。二是推动实体经济发展方式转变。数字平台带来的规模经济、范围经济和长尾效应将提高同一产业上中下游经营实体间的关联性，进而改变传统实体经济企业的发展方式，由束缚于自身有限资源和流动障碍转向各主体间通过更高效的资源共享、更自由的要素流动实现共同发展。[1]三是推动实体经济增长动力转换。作为实体经济基础的制造业在与数字经济的深度融合中，瞄准新一代信息通信技术、数控机床和机器人、先进轨道交通装备、新能源汽车、新材料、生物医药等重点领域培育新竞争优势和实现绿色化转型[2]，形成世界级先进制造业集群，是中国制造业迈向全球中高端价值链的突破口。

第二，数字经济与科技创新相辅相成。一方面，数字经济发展拓宽科技创新的发展空间，提高其科技创新成果的转化效率。在发展空间上，数字经济知识结构和理论体系的丰富发展能够进一步驱动多层次、多方面的知识创新；在转化效率上，数字经济的实践中产生不同消费场景下的新技术、新产品的新需求，牵引科技创新现实导向的发展。另一方面，科技创新是数字经济发展的底层支撑和发展动力。大数据、云计算、人工智能等科技挖掘为数字经济发展提供底层技术支撑；5G基站建设、特高压、物联网、新能源汽车充电桩等技术创新为数字经济发展提供新型基础设施支撑。此外，科技创新围绕产业链布局创新链，为数字产业化发展提供持续动力。

---

[1] 胡西娟、师博、杨建飞：《"十四五"时期以数字经济构建现代产业体系的路径选择》，《经济体制改革》，2021年第4期。

[2] 《党的十九大报告辅导读本》编写组：《党的十九大报告辅导读本》，北京：人民出版社，2017年，第191页。

第三,数字经济推动现代金融脱虚向实。一是提升现代金融的普惠性。数字技术催生的新型金融机构、金融产品和融资方式不仅降低了投资者的进入门槛,拓宽了投资渠道,而且大数据技术和智能算法的应用降低了交易成本,极大提高金融运行效率,使现代金融在资源配置效率提升的同时惠及大众。二是增强现代金融的安全性。一方面,分布式数据存储的区块链技术构建了低成本的信任机制,其应用基础上公开透明、可追溯、不可伪造数字货币,发展增强了金融交易的安全性。另一方面,数字技术通过快速识别和分析海量金融数据形成新型风险控制系统,提高了金融风险管理和控制能力。其中,金融科技创新带来的去中心化促进了储蓄向投资的转化。[1] 三是提高现代金融服务实体经济的精准性。金融机构利用大数据智能分析工具更好感应产业发展动态和市场需求变化,提升和完善金融产品的供需匹配,促进社会闲置分散资金向生产性资金的转化,将对过剩产能行业的信贷支持投向高科技、高附加值的传统产业数字化的实体经济行业。

第四,数字经济驱动"人口红利"向"人力资本红利"转变。一是通过服务业的产业数字化吸纳大量劳动力,并随着第一、第二产业数字化水平的提升,促进劳动力跨产业由边际生产率低的部门向边际生产率高的部门自由流动,既能提高人岗匹配效率,又能提高就业质量。二是数字技术通过提升教育的开放性和普惠性,为欠发达地区人力资本培育降低成本、拓宽渠道。三是数字平台更高效整合和对接了政府、企业与高校的资源,通过"产学研"深度融合培育高端人力资本,

---

[1] 周全、韩贺洋:《数字经济时代下金融科技发展、风险及监管》,《科学管理研究》,2020年第5期。

同时释放促进产出效率提升的内在效应和知识溢出、科技扩散的外在效应,从而驱动实体经济发展。[1]

（三）人本逻辑：数字经济发展推动中国式现代化的独特性

以人民为中心的中国式现代化旨在满足人民群众日益增长的美好生活需要和实现中华民族伟大复兴,在价值追求上超越了追求资本的无限增殖和剩余价值绝对化的西方现代化。处于现代化主体性地位的人本逻辑决定了共同富裕是中国式现代化的重要特征,体现了中国式现代化新道路的独特性,是区别于西方现代化的根本属性。[2]

一方面,数字经济发展具有"做大蛋糕"的效率导向。一是数字经济发展有利于在生产环节提高劳动生产率。马克思曾指出,"各种经济时代的区别,不在于生产什么,而在于怎样生产,用什么劳动资料生产"[3]。在数字经济时代,数据取代传统实物性要素而成为越来越重要的劳动对象；算法程序和人工智能设备成为劳动工具；劳动者的基本知识和技能也向数字化方向转型。数字经济通过科技创新、产业创新实现劳动对象、劳动工具和劳动者等实体性要素数字化的创造效应,进一步解放和发展数字生产力。[4]数字技术变革还使组织方式更加扁平和灵活,使管理方式更加科学化和智能化,进而提高了社会化大生产组织资源的效率。二是数字经济发展有利于在流通环节提升资本周转效率。相较于工业经济时代,数字经济时代信息流通方式发生

---

[1] 胡西娟、师博、杨建飞：《数字经济优化现代产业体系的机理研究》,《贵州社会科学》,2020年第11期。

[2] 徐坤：《中国式现代化道路的科学内涵、基本特征与时代价值》,《求索》,2022年第1期。

[3] 《资本论》第1卷,北京：人民出版社,2018年,第210页。

[4] 韩文龙：《数字经济赋能经济高质量发展的政治经济学分析》,《中国社会科学院研究生院学报》,2021年第2期。

第十章　中国式现代化与数字经济

了颠覆性变革,在 5G 网络、云计算、数字存储技术的发展实现了更短流通时间、更低交易成本、更高流通效率的数据收集、传输、处理和挖掘。可以说,数字平台的崛起和发展在更大程度上突破了流通的时空限制,利用数字技术在线上搭建全球性交易平台,在线下形成智能化、精准化的现代物流和仓储系统。流通环节的数字化发展实质上促进了资本周转和价值实现的效率提高。[1]三是数字经济发展有利于在消费环节扩大内需。马克思曾强调消费对生产的反作用,"消费创造出新的生产的需求,因而创造出生产的观念上的内在动机,后者是生产的前提"[2]。在数字经济时代,消费场景变得多元化和虚拟化,消费内容变得多层次、个性化、更倾向精神享受型消费,消费的方式转向平台化和网络化。数字技术在零售场景的应用不仅能更高效精准地对接和满足国内市场大规模、多层次、多元化的需求,而且能够挖掘和刺激智慧生活、智慧健康、智慧养老、智慧交通的潜在需求,推动消费结构转型升级。另外,数字金融产品的创新发展也为扩大内需提供了更多消费信用实现形式。[3]综上可见,数字经济发展有利于为人口规模巨大的现代化夯实物质基础。

另一方面,数字经济发展具有"分好蛋糕"的公平导向。一是数字经济发展使数据作为关键生产要素参与社会再生产,充分考虑数据要素在劳动过程中的贡献并参与分配,体现了对要素所有者的公平

---

[1] 王晓东、谢莉娟:《社会再生产中的流通职能与劳动价值论》,《中国社会科学》,2020 年第 6 期。

[2] 《马克思恩格斯选集》第 2 卷,北京:人民出版社,1995 年,第 94 页。

[3] 韩文龙:《数字经济中的消费新内涵与消费力培育》,《福建师范大学学报(哲学社会科学版)》,2020 年第 5 期。

性。坚持以共享发展作为发展数字经济的基本原则，通过非对抗性的分配模式提升广大劳动人民的获得感、幸福感、安全感，是构建社会主义和谐劳资关系的重要路径。[1] 二是数字经济增加就业岗位和形态，有利于扩大中等收入群体。目前，数字经济与第三产业的融合发展最为成熟，在创造就业岗位、扩大就业容量、提升就业质量方面发挥重要作用。同时，第三产业中劳动密集型行业占比较大，在数字经济发展推动下，现代服务业和信息化、智能化行业的劳动者劳动报酬逐渐提高，从而使得我国劳动报酬占比提高。随着第一产业和第二产业的数字化水平提高引致的劳动者技能和素质水平提高，可变资本比重的进一步增加将使社会中等收入群体扩大，形成中间大、两头小的纺锤形分配结构。三是数字经济促进公共服务均等化。数字技术推动"电子政务"的发展，提高了政府的数字治理能力，形成公众需求导向的便捷化、互动式公共服务体系。此外，信息高速公路等数字基础设施的逐步完善成为提升落后地区公共服务水平的坚实基础；数字平台凭借广覆盖性成为弥补偏远落后地区公共服务短板的社会化主体。

此外，中国式现代化新道路的人本逻辑还体现在坚持人与自然和谐共生的绿色发展理念，重视统筹"代内发展"和"代际发展"[2]，突破和超越了西方现代化发展与保护的"二元悖论"难题。党的十八大将生态文明建设纳入中国特色社会主义事业总体布局。习近平总书记深刻指出，"保护生态环境就是保护生产力，改善生态环境就是发展生产

---

[1] 张敏、李优树：《数字经济时代资本主义劳资关系演变的内在逻辑：批判与超越》，《财经科学》，2021年第10期。

[2] 《保持生态文明建设战略定力 努力建设人与自然和谐共生的现代化》，《人民日报》，2021年5月2日。

力"[1]，建设生态文明是关系人民福祉的大计，扭转生态环境恶化的趋势是对中华民族和子孙后代的历史责任。把大数据算法和区块链技术引入电力交易、碳交易、新能源交易等领域，将极大提高新型电力系统、交易系统全周期记录和分析、智能决策、精准控制的能力，是我国坚定不移推进生态文明建设，达到碳达峰、碳中和目标的重要举措。[2]

（四）制度保障：数字经济发展彰显中国式现代化的优越性

首先，坚持中国共产党领导是数字经济发展过程中体现社会主义属性的根本保证，是中国式现代化新道路优越性的根本来源。中国式现代化被动地起始于西方资本主义现代化的全球扩张，但最终在中国共产党领导下由被动转变为主动，开辟了社会主义现代化道路，并成功创造了中国式现代化新道路。其一，中国式现代化新道路之所以能处理好数字经济时代现代化与社会主义的有机融合关系、国家现代化建设目标与人民美好生活需要的有机统一关系，就在于坚持党的领导。[3]中国共产党的集中统一领导增强了西方在自由主义和国家干预之间摇摆切换难以汇聚的"合力"，在一以贯之的现代化建设路线、方针和重大政策中保证西方多党间政权交替难以形成的"接力"[4]，是渐进式接力推进数字经济发展的根本保证。其二，中国式现代化新道路的探索之所以具有连续性、递进性和成长性，就在于坚持党的领导。近代以来，在党的领导下探索并形成了符合中国实际的新民主主义工

---

1 《习近平著作选读》第1卷，北京：人民出版社，2023年，第113页。
2 王宇航、王栋：《新发展阶段促进共同富裕的数字路径》，《社会科学家》，2021年第10期。
3 运迪：《中国式现代化新道路对人类文明的新贡献》，《同济大学学报（社会科学版）》，2021年第6期。
4 温祖俊、颜晓峰：《中国现代化建设的独特之处》，《人民论坛》，2019年第18期。

业化道路、过渡时期工业化道路、"四个现代化"、中国式现代化道路，以及新发展阶段的中国式现代化新道路。[1]只有坚持党的领导，才能结合中国数字经济发展的实际与中国式现代化的五个重要特征，不断丰富拓展数字经济时代中国式现代化新道路的内涵。其三，中国式现代化新道路之所以能在数字经济时代驾驭资本，就在于坚持党的领导。习近平总书记在中共中央政治局第三十八次集体学习时强调，规范和引导资本健康发展是党领导经济工作的重要内容。[2]坚持党的领导是全面提升资本治理效能、克服数字资本主义加剧生产领域不稳定性和价值分配领域不平等性、防范化解数字化过程中系统性风险的根本保证。

其次，中国特色社会主义基本经济制度是在推动数字经济发展的同时，让人民群众共享数字经济带来的经济发展收益的制度保障，是中国式现代化新道路优越性的集中体现。其一，公有制为主体、多种所有制共同发展是数字经济时代推动中国式现代化的所有制优势。一是保障了数字经济时代的劳动平等。数字经济发展使生产资料与劳动者的结合方式产生了诸多新变化，可能出现不同所有制、不同群体和性别的数字不平等现象。我国公有制经济与非公有制经济相辅相成、相互促进的关系，实质上蕴含了不同所有制企业劳动者地位和权利的平等性，是未来进一步弥合"数字鸿沟"的基础。二是保障了和谐劳资关系的构建。公有制企业率先完善工会等民主协商机制，弘扬劳模

---

[1] 任志江、林超、汤希：《从新民主主义工业化道路到中国式现代化新道路——中国共产党对现代化道路的百年探索》，《经济问题》，2022年第2期。

[2] 《习近平在中共中央政治局第三十八次集体学习时强调 依法规范和引导我国资本健康发展 发挥资本作为重要生产要素的积极作用》，《光明日报》，2022年5月1日。

第十章　中国式现代化与数字经济

精神、工匠精神,并通过市场和文化对其他所有制企业产生引导作用。国家积极修订和出台保障数字劳动者劳动权益相关的法律法规,体现出数字经济发展的中国特色社会主义属性。三是保障了数字经济的发展活力。鼓励、支持和引导非公有制经济的发展是激发数字经济与服务业融合发展活力、中小企业数字化转型、拓宽数字平台初创发展空间的基础性政策。混合所有制经济作为社会主义市场经济的重要组成部分,有利于私人资本向社会资本的转向,形成集中力量办大事的优势。运用数字技术高效凝聚不同所有制的资本成为社会资本、共有资本,因此能够在大型基础设施建设、资源开采和环境保护等长周期、大规模的投资中发挥举足轻重的作用。

其二,按劳分配为主体、多种分配方式并存的分配制度是数字经济发展成果由人民共享的制度保障。习近平总书记指出:"收入分配是民生之源,是改善民生、实现发展成果由人民共享最重要最直接的方式。"[1]我国社会主义公有制为主体决定了按劳分配的主体地位,多种要素按贡献参与分配不同于资本主义私有制下的分配方式。在数字经济时代,数据作为关键生产要素的重要性不断提升,2020年4月发布的《中共中央国务院关于构建更加完善的要素市场化配置体制机制的意见》将数据列入劳动、资本、土地等生产要素之列,既体现了数据要素的经济价值,又保障了数据要素按贡献参与分配的公平性。同时,按劳分配为主体强调劳动是创造价值的唯一源泉,促进了数据共享机制的发展,是解决"数字鸿沟"贫富分化的重要途径。

其三,发展社会主义市场经济体制是中国共产党的一个伟大创

---

[1] 《让老百姓过上好日子——关于改善民生和创新社会治理》,《人民日报》,2016年5月6日。

造，是数字经济时代推动中国式现代化的体制优势。社会主义市场经济体制将市场在效率层面推动现代化与政府在协调、共享层面推动现代化相结合。[1]一是数字经济促进了社会主义市场经济体制下劳动力市场的供需匹配。互联网和大数据技术突破了传统市场经济信息不完全、配置空间受限的问题，提高了城镇和农村劳动力配置的效率。二是数字经济对打破行政垄断和地方分割，建设全国统一大市场意义重大。[2]数字平台下构建基于平台的竞争性劳动力市场，有利于突破制度分割和地方保护藩篱。依托数字平台而发展的共享经济通过降低排他性、提高灵活性而推进劳动的平等化。[3]三是数字经济推动了社会主义市场经济体制下的新型举国体制的建设。在数字经济时代，打好关键核心技术攻坚战、实现高水平自立自强显得尤为重要。只有以新型举国体制为支撑，才能牢牢掌握发展数字经济的自主权，协同多元化主体共同促进数字科技创新成果转化为数字产业化和产业数字化的驱动力。

（五）和平发展：数字经济发展推动全球治理体系变革

习近平总书记指出："中国人民要建设社会主义现代化强国，但我们坚持走和平发展道路，不会走扩张主义和殖民主义道路，更不会给世界造成混乱。"[4]更进一步地，习近平总书记强调，数字经济时代"我们也要着力解决发展失衡、治理困境、数字鸿沟、分配差距等问题，建

---

1 洪银兴：《论中国式现代化的经济学维度》，《管理世界》，2022年第4期。
2 夏杰长、刘诚：《数字经济赋能共同富裕：作用路径与政策设计》，《经济与管理研究》，2021年第9期。
3 胡莹：《数字经济时代我国劳动过程的制度优势——基于社会主义基本经济制度新概括的视角》，《马克思主义理论学科研究》，2022年第1期。
4 《习近平会见美国国防部长马蒂斯》，《人民日报》，2018年6月28日。

设开放、包容、普惠、平衡、共赢的经济全球化"[1]。中国式现代化新道路超越了西方现代化"国强必霸""零和博弈"的逻辑，推动了全球治理体系变革。

第一，"数字一带一路"建设有利于缩小全球数字鸿沟。全球数字鸿沟是指由于不同国家数字化信息与网络通信技术发展程度不同引致的信息落差、知识隔离以及贫富差距等现象，加剧了数字经济全球化进程中的两极分化。[2] 2016年9月，我国作为主席国发起《二十国集团数字经济发展与合作倡议》。次年5月，习近平总书记在"一带一路"国际合作高峰论坛开幕式上强调加强"一带一路"在数字经济领域的合作与建设，连接成"21世纪的数字丝绸之路"。"数字一带一路"建设致力于解决共建国家数字发展需求与其基础设施不匹配、核心数字技术和数字型人才不足等问题。一方面，通过资金援助和技术支持加速"一带一路"共建国家数字基础设施建设，利用大数据等数字技术改造传统产业，培育和创造数字经济与实体经济融合的新业态、新模式。另一方面，通过开展数字技术研发和数字经济项目的多边合作，提高共建国家数字技术软硬件的信息共享程度，推动国际数字化技术标准制定。总体而言，实现数据驱动的跨越式发展是压缩全球数字鸿沟的重要途径。

第二，数字贸易发展有利于重构全球价值链。西方对抗性的现代化实质上是以位于价值链中低端的"外围国家"的资源和市场服务于位于价值链高端的"中心国家"，同时凭借全球贸易规则制定的主导

---

[1] 《习近平谈治国理政》第2卷，北京：外文出版社，2017年，第513页。

[2] F. J. Riggins and D. Sanjeev, "The Digital Divide: Current and Future Research Directions", *Journal of the Association for Information System*, 2005, 6(12).

权,不断强化"中心—外围"格局的过程。相较于传统全球贸易,数字技术发展既提升了全球贸易的效率,降低了交易成本,又扩大了全球贸易的时空范围。更重要的是,随着数字产品和服务在全球贸易中的份额逐渐超过传统贸易产品,数字贸易的发展将推动形成新的全球价值链。数字经济时代,世界各国的"比较优势"被重新定义。[1]随着人工智能和自动化的普遍应用,消费市场成为比廉价劳动力更重要的竞争优势。[2]这就为发展中国家提供了利用自身比较优势将数字产品嵌入全球价值链、突破低端锁定地位的历史机遇。[3]党的十九届五中全会强调了建设更高水平开放型经济新体制、培育国际经济合作和竞争新优势的重要性。我国将自由贸易区建设上升为国家战略,有利于推动数字贸易发展,也是积极参与和推动新兴领域经济治理规则制定的重要途径。

第三,数字经济治理引导全球治理机制变革。在数字经济时代,西方发达国家凭借自身数字技术优势垄断数字市场、封锁维护数字科技领域的竞争优势,激进引导歧视性数字经济治理规则的制定,进一步强化数字壁垒的垄断新优势。可以说,数字经济的增长与治理正在重塑国际地缘政治格局。[4]作为全球数字经济的主要参与者,中国积极构建网络空间命运共同体,一是通过"数字一带一路"建设、数字经济

---

[1] 潘晓明:《国际数字经济竞争新态势与中国的应对》,《国际问题研究》,2020年第2期。

[2] Susan Lund, James Manyika and Michael Spence, "The Global Economy's Next Winners: What It Takes to Thrive in Automation Age", *Foreign Affairs*, 2019, 98(4).

[3] 徐金海、夏杰长:《全球价值链视角的数字贸易发展:战略定位与中国路径》,《改革》,2020年第5期。

[4] 王璐瑶、万淑贞、葛顺奇:《全球数字经济治理挑战及中国的参与路径》,《国际贸易》,2020年第5期。

南南合作等行动,在畅通数字资源全球化配置的基础上引领数字经济包容性对话平台建设,构建对外开放新格局[1];二是在数字确权、交易、流通和保护方面探索完善数字经济治理规则和数字政府建设的基础上提升国家数字治理能力,提升全球数字治理的制度性话语权;三是积极参与数字经济规则谈判,推动抵制数字霸权主义和"逆全球化"思潮,引导形成多元协同、公正合理、开放包容、普惠共赢的全球治理新机制。

三、数字经济时代的中国式现代化发展新路径

在数字经济高速发展过程中,数字资本无序扩张和数字平台垄断会引致大数据杀熟、平台"二选一"、捆绑交易、算法共谋行为等不可忽视的现象和问题,不仅会侵害消费者权益,而且会造成竞争失序,损害市场效率和社会福利,阻滞数字技术的创新发展。[2] 为了使数字经济发展在更大程度、更高水平上推进中国式现代化新道路,应当从数据产权政策、数字平台竞争政策和数字经济监管政策三方面着手完善数字经济治理体系。

(一)平衡保护与共享的数据产权政策

数字经济时代平台流量垄断和市场垄断的基础是数据垄断。只有明确数据的产权归属,规范数据保护和共享的体制机制,促进数据在保护中应用、在共享中发展,才能奠定数字经济治理的基础。

---

[1] 周文、冯文韬:《在全面对外开放中推进新型南南合作》,《开放导报》,2018年第3期。
[2] 周文、何雨晴:《平台经济反垄断的政治经济学审视》,《财经问题研究》,2021年第7期。

一方面，明确数据的产权归属和保护是推动数字经济健康良序发展的前提条件。数据根据不同用途可分为商业数据和非商业数据。其中，非商业数据一般是指公共部门负责统计的、与公共服务相关的数据，以及公共部门内部运行的数据。这部分公共数据不具有排他性和明确产权归属。[1]而关于商业数据，学界目前仍在探索数据产权的归属和界定问题，或是根据个人用户是数据创造者而主张产权归个体用户所有，或是根据平台是数据使用价值的开发和实现者而主张产权归平台企业所有。因此，需要在推动数据分类分级的基础上，探索符合数字经济特征的产权实现方式，完善数据产权相关法律体系，健全数据归谁所有，数据如何交易、使用和管理，数据安全如何保护的完善的数据产权政策。此外，数据收集的隐蔽化和数据使用的黑箱化要求建立分类治理的数据保护机制。一是强调个人原始数据的隐私权保护。通过制定出台《个人信息保护法》《中华人民共和国数据安全法》形成有效的隐私保护和防止数据非法采集、流通和滥用的法律保障体系，体现了个人用户对隐私数据的自决权，有利于增进消费者信心和数据平台发展的可持续性。二是强调商业数据的财产权保护[2]，为企业投资创新性数据开发提供激励和保护，不仅有利于进一步释放数据增长潜能，而且有利于数据市场主体的交易行为和交易规则，并且是培育数据市场、促进数据要素优化配置和价值实现的重要抓手。

另一方面，建立和完善数据共享机制是扩大数据使用价值实现范

---

[1] 宋冬林、孙尚斌、范欣：《数据在我国当代经济领域发挥作用的政治经济学分析》，《学术交流》，2021年第10期。

[2] 唐要家、唐春晖：《数据要素经济增长倍增机制及治理体系》，《人文杂志》，2020年第11期。

围的重要手段。一是公共数据在不同部门之间的共享有利于打破"数据孤岛",加强公共部门间的协同合作,提高数字经济治理能力。二是合理的数据共享机制有利于打破超大型平台的数据垄断。由于数据收集后使用的边际成本为零,有学者提出建立公益性的数据共享机制,甚至类似合作社机制的平台合作主义。[1]随着数字经济的发展,健全各类数据的开放管理机制,形成高效流动、开放和共享的数据共享机制,有利于数据在更大范围、更高水平上提高数据开发利用水平。

(二)兼顾公平与活力的数字平台竞争政策

马克思主义垄断理论是全面认识垄断的本质及其二重性的理论基石,为平台经济反垄断研究提供了重要启示,并将重点放到对垄断行为的制裁上。[2] 2021年2月,国家市场监管总局发布的《国务院反垄断委员会关于平台经济领域的反垄断指南》明确平台经济领域的反垄断一方面要遵循保护市场公平竞争、激发创新创造活力的基本原则,另一方面要依法科学高效监管,维护各方合法利益。[3]只有针对平台垄断的潜在风险,建立推动创新创业、保护中小企业公平参与的竞争政策,才能使数字平台竞争兼顾公平与活力。

首先要深化对数字平台垄断的认识,针对性地研究我国互联网平台的新型垄断行为。相较于传统垄断行为,互联网平台的新型垄断行为更具有隐蔽性和不易识别性,反垄断规制在界定相关市场标准、判

---

[1] K. Bradley and D. Pargman, "The Sharing Economy as the Commons of the 21st Century", *Cambridge Journal of Regions, Economy and Society*, 2017, 10(2).

[2] 周文、刘少阳:《平台经济反垄断的政治经济学》,《管理学刊》,2021年第2期。

[3] 《国务院反垄断委员会关于平台经济领域的反垄断指南》,中国政府网,2021年2月7日〔2022年7月20日〕,http://www.gov.cn/xinwen/2021-02/07/content_5585758.htm。

定平台是否具有市场支配地位、判定共谋协定等方面困难重重。因此，平台竞争政策和反垄断规制的首要任务就是对包括滥用平台管理权歧视非自营业务、滥用数据和算法控制权阻碍数据共享兼容、滥用并购手段进行"扼杀性收购"和内部整合手段形成结构性垄断[1]的新型垄断行为进行研究，创新发展数字经济反垄断理论的分析范式。芝加哥学派认为反垄断规制的理论基础和目标是通过充分的市场竞争提升经济效率，以价格中心主义作为反垄断规制的基本分析范式，然而，数字经济时代的市场竞争逐渐由价格竞争转向了质量和创新竞争。[2]我国数字经济反垄断亟须在研究新型垄断行为的基础上，建立和发展非价格竞争评价工具的分析范式。

其次，要客观认识反垄断规制的高度动态竞争性和渐进性，制定阶段性的反垄断重点和目标。通过《中华人民共和国反不正当竞争法》《中华人民共和国反垄断法》等法律法规的修订和完善，对市场竞争的不完全性进行有效弥补，维护市场的良序竞争。要借鉴发达国家数字平台反垄断规制的有益经验，并根据我国数字平台发展实际情况，动态调整和创新数字经济反垄断规制的政策。

再次，要运用数字技术服务于经济治理，不断加强反垄断执法队伍及其执法能力建设。数字经济发展速度之迅猛要求数字平台反垄断执法队伍不断更新专业知识和加强素质培训、监管工具迭代和人才队伍管理。数字经济的跨界特征要求培养执法队伍跨区域、跨国家开展调查和执法的能力，不同执法队伍的协调与合作能力，在国际层面借

---

1 刘云：《互联网平台反垄断的国际趋势及中国应对》，《政法论坛》，2020年第6期。
2 陈富良、郭建斌：《数字经济反垄断规制变革：理论、实践与反思——经济与法律向度的分析》，《理论探讨》，2020年第6期。

助外部专家和第三方专业机构的力量,加强反垄断国际合作的深度和广度。

(三)统筹安全与发展的数字经济监管政策

数字经济发展对国家安全有积极价值。数字经济发展有利于遏制虚假信息、网络谣言和电信诈骗等新型国家安全风险;数字化建设有利于应对重大风险挑战时的应急资源调配和管理能力;数字技术与军事科技的融合发展有利于推进强军目标。[1]但是毫无疑问,数字经济发展也造成个人隐私安全风险、平台垄断风险、金融系统性风险等国家安全的新隐患。因此,统筹安全与发展的数字经济监管政策成为数字经济治理工作的重中之重。

第一,要秉持包容审慎、精准施策的原则。保障数字经济安全是一个系统工程,涉及安全战略、关键基础设施保护、个人信息保护、安全信息供电等方面的法律、政策和战略。[2]包容审慎原则体现在以适当的限度将约束力度最大化,一是让数据发挥生产要素作用的同时,加强数据安全保护,做到数字经济发展安全可控。[3]当用户转换成本较低时,平台的市场份额具有高度动态性,新平台进入"可竞争市场"将对市场份额造成较大影响。而且数字平台的发展依赖于其流量优势,即市场份额优势,如果一味以市场占有率为标准进行监管,将对数字平台的持续创新和社会资源配置优化产生消极影响。二是在个人信息

---

[1] 郑彬睿:《总体国家安全观视域下平台经济发展规制路径研究》,《江淮论坛》,2021年第6期。

[2] 马化腾等:《数字经济——中国创新增长新动能》,北京:中信出版集团,2017年,第231—232页。

[3] 徐康宁:《在数字经济的高质量发展中构筑国家竞争新优势》,《红旗文稿》,2022年第8期。

和数据隐私保护、防止平台过度使用或不正当使用数据的同时，推动个人数据的商业价值开发。2021年6月出台的《中华人民共和国数据安全法》规定，互联网平台收集和使用个人信息要遵循"合法、最低、必要"原则。互联网平台挖掘数据价值必须遵循尊重个体的知情权和选择权的"明示同意"原则。

第二，要推动监管常态化、法治化和精细化。一是要转变监管思路，制定科学灵活的反垄断监管目标。规避单一、局限、静态的传统监管模式的缺陷，完善主管部门和监管机构的协同合作机制，强调监管前置，强化事前和事中监管的常态化和动态化。二是要加快健全数字经济市场准入、公平竞争审查和监管相关的法律法规，及时弥补规则空白和漏洞，提高全方位监管的法治化水平。三是创新政府监管模式，利用大数据和人工智能算法推进科技监管与法治监管的融合，把监管和治理贯穿创新、生产、经营、投资全过程，提高监管的科学性和精准性。四是按照行业特征分业监管和按照数据平台的不同业务类型分类监管，提高监管的精细化水平。例如，根据金融科技风险传播迅速、波及面广、负面外部性强等特点[1]，加强将数字金融监管与传统金融监管的标准和法规相统一的建设，不断增强防范化解重大风险的能力。再如，对数字平台收购和内部整合之后的经营行为、数据开放共享行为、内容分发算法行为进行监督，提高不正当竞争监管的有效性。

第三，要提升市场化监管水平，打造统筹安全与发展的良性监管环境。一是要引入行业协会、消费者协会等第三方主体直接或间接参

---

[1] 陈琳琳、夏杰长、刘诚：《数字经济市场化监管与公平竞争秩序的构建》，《改革》，2021年第7期。

与监管,健全第三方主体监督管理和反馈举报的机制,形成多元共治的监管格局。二是要全面提高民众数字素养水平,发挥社会、媒体和公众的监督合力。

第十一章

中国式现代化与民营经济

民营经济是具有鲜明中国特色的经济概念和经济范畴，其产生和发展既是改革开放实践不断深化的产物，同时又是改革开放取得成功的重要原因。改革开放以来，民营经济由小到大、由弱到强，从社会主义市场经济的"外部补充"到"内在要素"，一跃成为我国经济发展中最活跃、最积极、最具竞争力的重要组成部分，成为促进经济增长、增加国家税收、提高就业创业、推动科技创新、激发市场活力、提升经济效率的重要支柱。习近平总书记在民营企业座谈会上强调，"民营经济是社会主义市场经济发展的重要成果，是推动社会主义市场经济发展的重要力量，是推进供给侧结构性改革、推动高质量发展、建设现代化经济体系的重要主体，也是我们党长期执政、团结带领全国人民实现'两个一百年'奋斗目标和中华民族伟大复兴中国梦的重要力量"[1]。党的十八大以来，我国高度重视民营经济发展壮大，多次重申坚持和完善基本经济制度。2023年全国两会期间，习近平总书记再次强调，"党中央始终坚持'两个毫不动摇''三个没有变'，始终把民营企

---

[1] 习近平：《在民营企业座谈会上的讲话》，《人民日报》，2018年11月2日。

业和民营企业家当作自己人"[1]。同时还强调"两个给予"（在民营企业遇到困难的时候给予支持，在民营企业遇到困惑的时候给予指导）和"两个都是"（无论是国有企业还是民营企业，都是促进共同富裕的重要力量，都必须担负促进共同富裕的社会责任）。可见，站在中国式现代化建设全局的高度，我们必须充分认识到民营经济对全面推动社会主义市场经济发展和中国式现代化建设的重要性。要加强对民营经济的鼓励、支持和引导，为其健康发展提供更加有利的政策和环境，以期更好地发挥民营经济在社会主义市场经济体制下的优势，促进其与国有经济、与公有制经济共同推动经济社会持续进步和发展，推动中国式现代化建设取得更大成就。

一、改革开放以来民营经济的发展历程

（一）民营经济恢复发展时期（1978—1991年）

改革开放前，由于历史原因和政策限制，民营经济始终处于相对弱势的状态。基于解放和发展生产力、解决就业，以及摆脱贫困的现实需要，1978年党召开了十一届三中全会，揭开了我国改革开放的序幕。提出以经济建设为中心，将经济发展的重心转向社会主义现代化建设，同时允许一定范围的私营经济活动，鼓励农村个体经济和乡村集体经济的发展，逐渐扭转了对民营经济的错误认识，使民营经济迎来了新的转折点。1978年至1991年期间，民营经济主要处于恢复性

---

[1]《正确引导民营经济健康发展　高质量发展》，《人民日报》，2023年3月7日。

第十一章 中国式现代化与民营经济

发展阶段，表现为劳动者个体经济的发展和私营企业的萌芽。而党和国家对民营经济的认识的深化，则主要体现在关于个体经济经营政策的调整及法规的制定上。

1979年，党的十一届四中全会通过了《中共中央关于加快农业发展若干问题的决定》和《农村人民公社工作条例（试行）》，开始推动农村经济的解放和改革，允许农民在一定范围内进行自主经营，为民营经济的兴起提供了契机。1980年，国务院在《关于开展和保护社会主义竞争的暂行规定》中提出，"在社会主义公有制经济占优势的情况下，允许和提倡各种经济成分之间、各个企业之间，发挥所长，开展竞争"，"对于有利于国计民生的个体经济和集体经济，注册开业后，应当予以支持"。[1] 随后，国务院发布《关于城镇非农业个体经济若干政策性规定》，提出个体经济"是国营经济和集体经济的必要补充"[2]，明确了个体经济的性质。党的十二大报告强调，"在农村和城市，都要鼓励劳动者个体经济在国家规定的范围内和工商行政管理下适当发展，作为公有制经济的必要的、有益的补充"[3]，体现了中国共产党对于民营经济在国家经济体系中的地位和作用的深刻认识，也标志着对民营经济的鼓励和支持政策做进一步明确。同年12月，全国人大五届五次会议上，个体经济首次被写入宪法，"在法律规定范围内的城乡劳动者个

---

[1] 《国务院关于开展和保护社会主义竞争的暂行规定》，《中华人民共和国国务院公报》，1980年第16期。

[2] 《国务院关于城镇非农业个体经济若干政策性规定》，《中华人民共和国国务院公报》，1981年第16期。

[3] 中共中央文献研究室编：《改革开放三十年重要文献选编》上册，北京：中央文献出版社，2008年，第270页。

体经济,是社会主义公有制经济的补充"[1],这标志着个体经济在中国经济体制中取得了合法地位,为个体经济的发展提供了法律保障和政策支持。1984年10月,党的十二届三中全会通过了《中共中央关于经济体制改革的决定》,提出"坚持多种经济形式和经营方式的共同发展,是我们的长期方针",要"广泛发展全民、集体、个体经济之间灵活多样的合作经营和经济联合"。[2]这一方针意味着中国经济体制改革强调促进不同经济主体之间的合作,支持不同所有制经济优势互补、互利共赢,既为民营经济的发展创造了良好的政策环境,也为中国经济的多元化发展奠定了基础。

从20世纪80年代中期到90年代初,中共中央继续对民营经济的发展进行积极引导和政策支持。1987年,中共中央政治局在《把农村改革引向深入》文件中提出,"对个体经济私营企业应当采取允许存在,加强管理,兴利抑弊,逐步引导的方针"[3],同年12月,党的十三大强调,"私营经济一定程度的发展,有利于促进生产,活跃市场,扩大就业,更好地满足人民多方面的生活需要,是公有制经济必要的和有益的补充"[4],这标志着党的领导层更加明确地认识到了民营经济的重要作用和潜力,并积极采取措施支持和引导其发展。1988年宪法修正案规定,"国家允许私营经济在法律规定的范围内存在和发展","国家

---

[1] 赵文强:《中国民营经济发展的制度变迁研究》,广州:中山大学出版社,2021年,第71页。

[2] 《中共中央关于经济体制改革的决定》,《经济体制改革》,1984年第5期。

[3] 中共中央文献研究室编:《改革开放三十年重要文献选编》上册,北京:中央文献出版社,2008年,第450页。

[4] 中共中央文献研究室编:《改革开放三十年重要文献选编》上册,北京:中央文献出版社,2008年,第487页。

第十一章　中国式现代化与民营经济

保护私营经济的合法的权利和利益",进一步明确了私营经济在社会主义市场经济中的地位和作用,为私营经济的发展提供了法律保障和政策支持。

总之,这一时期经济政策的调整与市场经济的发展,促使许多小型企业和个体经济逐步发展成为大型民营企业,同时还涌现出一大批富有创业精神和创新能力的企业家,为民营经济的蓬勃发展奠定了坚实基础。

(二)民营经济快速成长时期(1992—2011年)

随着民营经济和其他非公有制经济的不断发展,20世纪90年代初,国内引发了一场姓"社"姓"资"问题的大争论。鉴于此,邓小平在"南方谈话"中强调,"计划和市场都是经济手段。社会主义的本质,是解放生产力,发展生产力,消灭剥削,消除两极分化,最终达到共同富裕"[1],改革开放应遵循"三个有利于"的判断标准。充分肯定了市场经济与社会主义的兼容性,以及所有制结构调整的必要性,解除了把计划经济和市场经济当作社会基本制度评判标准的思想束缚,打破了有关姓"社"姓"资"问题的抽象争论,为中国经济改革的顺利进行提供了重要的指导思想,也为各种经济成分在社会主义市场经济中的合理地位和作用明确了方向。此后召开的党的十四大强调,"社会主义市场经济体制是同社会主义基本制度结合在一起的。在所有制结构上,以公有制包括全民所有制和集体所有制经济为主体,个体经济、私营经济、外资经济为补充,多种经济成分长期共同发展,不同经济成分还可以自愿实行多种形式的联合经营"[2]。在此基础上,十五大进

---

1 《邓小平文选》第3卷,北京:人民出版社,1993年,第373页。
2 《江泽民文选》第1卷,北京:人民出版社,2006年,第227页。

一步将"公有制为主体,多种所有制经济共同发展"上升为我国的基本经济制度,并强调"公有制实现形式可以而且应当多样化"[1],进一步巩固了非公有制经济在中国经济中的合法地位,为民营经济发展创造了良好的制度环境和发展机遇,有助于释放民营经济的活力,促进其与国有企业和外资企业等进行深度合作。

2001年12月11日,中国正式加入世界贸易组织,标志着我国迈出了融入全球经济体系的重要一步,开启了民营经济发展的新篇章。一方面,为进一步适应国际贸易竞争,中国不得不深化经济体制改革,放宽对外资的准入限制,降低关税和非关税壁垒,加强知识产权保护,改善市场环境。另一方面,政府加大了对民营经济的支持力度,出台了一系列鼓励和支持民营企业发展的政策措施,包括减税优惠、创业创新扶持、融资支持等,为民营企业进一步拓展市场提供了更有利的环境。2002年,党的十六大报告明确指出,"民营科技企业的创业人员和技术人员、受聘于外资企业的管理技术人员、个体户、私营企业主、中介组织的从业人员、自由职业人员等社会阶层,都是中国特色社会主义事业的建设者","对他们的合法权益都要保护"。[2] 2003年,十六届三中全会提出,"要大力发展和积极引导非公有制经济,允许非公有资本进入法律法规未禁入的基础设施、公用事业及其他行业和领域"[3],拓宽非公有制经济的发展渠道。2005年,《中共中央关于制定国民经

---

[1] 江泽民:《高举邓小平理论伟大旗帜,把建设有中国特色社会主义事业全面推向二十一世纪——在中国共产党第十五次全国代表大会上的报告》,《求是》,1997年第18期。

[2] 江泽民:《全面建设小康社会,开创中国特色社会主义事业新局面——在中国共产党第十六次全国代表大会上的报告》,《求是》,2002年第22期。

[3] 《中共中央关于完善社会主义市场经济体制若干问题的决定》,《人民日报》,2003年10月22日。

第十一章 中国式现代化与民营经济

济和社会发展第十一个五年规划的建议》提出,"大力发展个体、私营等非公有制经济,鼓励和支持非公有制经济参与国有企业改革,进入金融服务、公用事业、基础设施等领域"[1],促进非公有制经济与公有制经济的有机融合。

2007年下半年美国次贷危机爆发,引发了全球金融危机,对其他国家的经济产生了严重影响。在全球金融市场动荡,经济衰退、下滑的背景下,我国民营经济的发展也受到了巨大冲击。因此,国家采取了一系列政策措施,以最大限度保证民营经济的健康发展以及民营企业家的合法权益。党的十七大报告强调,要"形成各种所有制经济平等竞争、相互促进的新格局","推进公平准入,改善融资条件,破除体制障碍,促进个体、私营经济和中小企业发展。以现代产权制度为基础,发展混合所有制经济"。[2] 2009年,国务院发布《关于进一步促进中小企业发展的若干意见》,制定了29条促进中小企业发展的政策措施。次年又发布《国务院关于鼓励和引导民间投资健康发展的若干意见》,强调进一步拓宽民间投资的领域和范围,鼓励和引导民间资本进入多个领域,支持民间资本重组联合和参与国有企业改革,推动民营企业加强自主创新和转型升级,鼓励民营企业积极参与国际竞争等[3],既为民间投资提供了更加有利的政策环境,也为中国经济的长期稳健发展奠定了坚实基础。

---

1 《中共中央关于制定国民经济和社会发展第十一个五年规划的建议》,《人民日报》,2005年10月19日。
2 胡锦涛:《高举中国特色社会主义伟大旗帜 为夺取全面建设小康社会新胜利而奋斗》,《人民日报》,2007年10月25日。
3 《国务院关于鼓励和引导民间投资健康发展的若干意见》,《人民日报》,2010年5月15日。

（三）民营经济转型与新飞跃时期（2012年至今）

党的十八大以来，中国特色社会主义进入新时代，同时也进入全面深化改革的新时期。从国际层面来看，在全球经济一体化的背景下，国际贸易和投资日益增多，民营经济等非公有制经济在全球价值链中的地位不断攀升，成为推动外贸发展与国际合作的重要力量，对于提高我国国际竞争力至关重要。从国内层面来看，民营经济在经济增长、技术创新、科技成果转化、创业就业、社会稳定等多方面发挥着关键作用，是推动中国经济结构优化升级、实现经济高质量发展的重要主体。对此，习近平总书记多次强调要坚持和完善社会主义基本经济制度，坚持"两个毫不动摇"，积极推动公有制经济与非公有制经济的有机统一。

2012年，党的十八大报告提出，要"毫不动摇鼓励、支持、引导非公有制经济发展，保证各种所有制经济依法平等使用生产要素、公平参与市场竞争、同等受到法律保护"[1]，积极促进各种经济成分公平竞争、优势互补、共同发展、持续繁荣。2013年，《中共中央关于全面深化改革若干重大问题的决定》指出，我国经济正处于转型升级关键时期，要"鼓励非公有制企业参与国有企业改革，鼓励发展非公有资本控股的混合所有制企业，鼓励有条件的私营企业建立现代企业制度"[2]，以有效整合各种资源，提高企业的经济效益和市场竞争力，推动企业转型升级。2015年，国务院发布《关于国有企业发展混合所有制经济的意见》，强调要大力发展"国有资本、集体资本、非公有资本

1　胡锦涛：《坚定不移沿着中国特色社会主义道路前进　为全面建成小康社会而奋斗》，《人民日报》，2012年11月8日。
2　《中共中央关于全面深化改革若干重大问题的决定》，《求是》，2013年第22期。

第十一章　中国式现代化与民营经济

等交叉持股、相互融合的混合所有制经济"[1]，鼓励包括非公有资本在内的各类资本参与国有企业混合所有制改革，促进民营经济与国有经济融合发展、合作共赢，为中国经济提供更多的发展动力。次年，国务院又发布《关于完善产权保护制度依法保护产权的意见》，强调"有恒产者有恒心"，要"加强各种所有制经济产权保护"，"完善平等保护产权的法律制度"，"平等保护各类市场主体"[2]，为各类所有制企业提供更加稳定和良好的发展环境，以实现资源整合和资本增值。

随着党和国家对市场经济认识的进一步深化，党的十九大报告明确提出，要"全面实施市场准入负面清单制度，清理废除妨碍统一市场和公平竞争的各种规定和做法，支持民营企业发展，激发各类市场主体活力"[3]，促进市场主体的多样化和创新发展。2020年，十九届五中全会再次强调，要"激发各类市场主体活力"，"完善宏观经济治理"，"建立现代财税金融体制"，"建设高标准市场体系"，"加快转变政府职能"[4]，为市场主体提供更好的服务和保障，推动政府与市场的良性互动。2021年，《中共中央关于党的百年奋斗重大成就和历史经验的决议》提出，要"构建亲清政商关系，促进非公有制经济健康发展和非公有制经济人士健康成长"[5]，激发企业家的创新活力和创业热情，使其

---

1 《国务院关于国有企业发展混合所有制经济的意见》，《中华人民共和国国务院公报》，2015年第29期。
2 《关于完善产权保护制度依法保护产权的意见》，《人民日报》，2016年11月28日。
3 习近平：《决胜全面建成小康社会　夺取新时代中国特色社会主义伟大胜利——在中国共产党第十九次全国代表大会上的报告》，《人民日报》，2017年10月28日。
4 《中共中央关于制定国民经济和社会发展第十四个五年规划和二〇三五年远景目标的建议》，《人民日报》，2020年11月4日。
5 《中共中央关于党的百年奋斗重大成就和历史经验的决议》，《人民日报》，2021年11月17日。

在市场经济中发挥更大的作用。2022年,二十大报告强调,"优化民营企业营商环境,依法保护民营企业产权和企业家权益,促进民营经济发展壮大"[1],加快推动中国经济朝着更加市场化、现代化、国际化的方向发展。

可见,国家对非公有制经济政策与制度的变化反映了政府对社会主义市场经济建设认识的逐步深化和对民营经济发展重视程度的提高,为民营经济的健康成长和中国经济的长期稳定发展创造了良好条件。实践证明,民营经济发展与社会主义现代化建设高度一致,民营经济的发展壮大,是一种符合我国社会生产力发展内在要求的必然的和正确的历史选择。

二、民营经济是推动中国式现代化的重要力量

(一)民营经济的稳步发展为完善基本经济制度创造了有利条件

从所有制结构来看,"社会制度中的任何变化,所有制关系中的每一次变革,都是同旧的所有制关系不再相适应的新生产力发展的必然结果"[2]。伴随着生产力水平的逐渐提升,我国所有制结构理论也日趋完善,最终突破了单一化的所有制模式,形成了"公有制为主体,多种

---

[1] 习近平:《高举中国特色社会主义伟大旗帜 为全面建设社会主义现代化国家而团结奋斗——在中国共产党第二十次全国代表大会上的报告》,北京:人民出版社,2022年,第29页。

[2] 《马克思恩格斯选集》第1卷,北京:人民出版社,2012年,第303页。

所有制经济共同发展"的主体多元结构。民营经济作为非公有制经济中主要的经济组织形式,其发展是要促进所有制结构的多元化和协调发展,保留我国社会主义生产关系中的生产资料所有制仍然适合生产力的方面。[1]在改革开放的深入推进中,民营经济迎来了更好的发展机遇和环境。民营企业的兴起和壮大,推动了我国所有制结构的多元化和市场化,为经济发展提供了更多选择和灵活性。一方面,民营经济的稳步发展为深化所有制改革提供了实践基础和经验积累,推动了国有企业改革和转型,促进了国有资产的优化配置和增值。通过混合所有制改革、股权多元化等措施,国有企业与民营企业之间形成了合作互补、协调发展、互利共赢的局面,有利于优化资源配置、提高经济效益、推动经济的可持续发展。另一方面,民营经济在市场竞争中展现的灵活性、创新性和市场适应能力,推动了所有制结构的优化,增加了经济的韧性和抗风险能力。当经济面临外部冲击或市场波动时,多元化的所有制结构可以提供更多的选择和应对策略,降低风险和损失。

从分配制度来看,民营经济的发展对缩小收入差距,促进我国分配制度改革具有积极意义。随着我国经济总量和居民收入水平的逐步提高,收入分配差距也日渐增大。问题的复杂性在于,我国收入分配差距有其特有的结构性特征,即城镇内部、乡村内部、城乡间、行业间和地区间的收入分配差距并存并相互交织、相互影响。[2]而民营经济的发展,一定程度上增强了社会的流动性,创造了大量就业机会,促进了我国收入分配制度的完善,推动了城乡和地区间发展均衡,从而

---

1 杨小勇、余乾申:《新时代共同富裕实现与民营经济发展协同研究》,《上海财经大学学报》,2022年第1期。
2 权衡:《收入分配经济学》,上海:上海人民出版社,2017年,第3页。

缩小了收入差距。就初次分配而言，民营经济的发展为就业者提供了更多的机会和平台，社会流动性的增强以及就业机会的增多，有效减少了失业人口，促进了劳动者收入来源的增长。个体和企业可以通过市场竞争获得更多收入和利润，进而促进收入分配的多样化和合理化。就再分配而言，民营企业在纳税和社会保障方面，为再分配提供了财政支撑。政府可通过税收调节和社会保障制度改革，实现财富再分配的目标，以缩小收入差距、促进社会公平和可持续发展。就第三次分配而言，民营企业和民营企业家在履行社会责任、支持公益事业等方面发挥了积极作用，为社会发展和公共服务做出了贡献。不少民营企业和民营企业家积极参与慈善捐赠，向社会公益事业提供资金和物资支持。通过设立慈善基金、捐赠款项、物资等方式，帮助了弱势群体，改善了社会福利和救助条件。

从社会主义市场经济体制来看，中国特色社会主义市场经济，不是单一的某种所有制经济与市场经济的融合，而是包括公有制经济在内的多种所有制经济形成的所有制结构或所有制体系与市场经济的融合。[1]这就意味着，除了国有经济和集体所有制经济等公有制经济与市场经济的融合外，也应包括民营经济等非公有制经济与市场经济的融合。首先，民营经济作为市场主体之一，其发展壮大丰富了市场主体的多样性，它与国有经济、集体经济等形成了多元化的所有制结构，为市场经济提供了更广泛的参与者，有效激发了市场竞争和创新活力，提高了资源配置的有效性。其次，民营经济具有较强的创新能力和灵活性，能够更好地适应市场需求的变化，为经济发展注入新动

---

[1] 崔建华：《中国特色社会主义市场经济的三重逻辑》，《改革与战略》，2021年第9期。

力。它以较强的创新能力和市场敏感性,引领了新兴产业的发展,促进了产业技术进步和商业模式创新,推动了传统产业转型升级,提高了整体产业竞争力。最后,民营经济的发展扩大了财富创造和分配的渠道,促进了财富的广泛参与和公平分配。通过创造更多的就业机会和经济增长,民营经济为更多的人提供了实现自身价值和改善生活水平的机会。可见,民营经济的发展为社会主义市场经济体制的建立和完善提供了重要支撑。

(二)民营经济的转型升级为经济高质量发展提供了有力支撑

高质量发展是速度与效率并重、质量与数量统一的发展,是在稳定增量的基础上实现经济质的飞跃的发展[1],既强调速度和规模的增长,更注重效率、质量和可持续性的提升。自党的十九大以来,我国经济已从高速增长阶段转入高质量发展阶段,民营经济作为社会主义市场经济的重要组成部分,是拉动经济增长的重要力量、优化经济结构的重要主体、推动科技创新的重要因素、增加创业就业的重要渠道。民营经济的转型升级,有效解放和发展了社会生产力,优化了资源配置,推动了经济发展的质量变革、效率变革和动力变革,为经济的高质量发展奠定了坚实基础。

首先,民营经济是推动动力变革的有效力量。马克思指出,"随着大工业的发展,现实财富的创造较少地取决于劳动时间和已消耗的劳动量……而是取决于科学的一般水平和科技进步,或者说取决于这种科学在生产上的应用"[2]。改革开放以来,民营经济在我国科技进步、

---

[1] 周文、李思思:《全面理解和把握好高质量发展:内涵特征与关键问题》,《天府新论》,2021年第4期。

[2] 《马克思恩格斯文集》第8卷,北京:人民出版社,2009年,第195—196页。

自主创新、产业结构调整和人才培养等方面发挥了重要的推动作用，其创新发展有效增强了经济发展的内生动力和活力，加快了我国经济发展方式的转变，促进了经济结构的战略性调整。从科技创新来看，民营经济的研发投入不断提升、专利产出不断增加、新产品开发效益不断提高，在高新技术企业中的先锋作用越发突出。[1] 从产业转型来看，民营经济具有较高的创新性和敏捷性，能够更快地适应市场需求和技术变革，及时推出新产品与新商业模式，进而优化产业结构、推动产业转型升级。从劳动者素质来看，为进一步提高生产效率和人力资源水平，民营企业非常注重组织技能培训和高素质人才引进，为劳动者提供了更多学习和提升技能的机会，有效提高了劳动者的综合素质。总之，在推动动力变革的过程中，民营经济以较强的创新能力和较高的创新效率，为促进科技进步、实现产业转型、打造人才梯队、增强经济活力做出了重要贡献。

其次，民营经济是推动效率变革的积极力量。改革开放以来，民营企业逐渐成为众多经济领域的主要生产力量。相较国有企业，私营企业拥有更高的效率，其资产回报率、留存收益和增长速度都高于国有企业。[2] 从市场竞争来看，民营企业是市场竞争的重要主体，其发展壮大有效激发了企业间的竞争活力。由于规模相对较小，民营企业不仅能够更加高效地运营和管理，还能够灵活调整生产和供应链，以更具竞争力的价格提供产品和服务，为推动企业技术进步、提高生产

---

[1] 王海兵、杨蕙馨：《中国民营经济改革与发展40年：回顾与展望》，《经济与管理研究》，2018年第4期。

[2] ［美］尼古拉斯·拉迪：《民有民享——中国私营经济的崛起》，郑小希译，北京：中国发展出版社，2015年，第97页。

第十一章　中国式现代化与民营经济

效率、降低生产成本、提升产品质量提供了重要动力。从国际市场影响力来看,越来越多的民营企业积极制定全球化发展战略,拓展海外市场,参与全球范围内的分工与合作。民营经济充分利用了国内国际两个市场、两种资源,通过技术创新和品牌建设,提高了产品和服务的质量,在国际市场上获得了更多的认可与市场份额,增强了国际竞争力和影响力。从企业家精神来看,民营企业家通常具备较强的创业精神、市场敏感度和积极的进取心。在市场竞争中,民营企业和企业家通常能够敏锐地捕捉市场机会和空白领域,找准市场需求缺口,并提供相应的产品与服务,满足消费者需求。可见,民营经济既是我国经济发展的新引擎,也是我国市场配置效率提升的助推器。

最后,民营经济是推动质量变革的重要主体。从供给侧结构性改革来看,民营经济的竞争力和创新能力推动了产业的升级和转型,提高了供给体系的质量。民营企业通过引入先进的技术和管理理念,不断推动技术创新、产品创新和商业模式创新,很大程度上提升了产品和服务的质量。既推动传统产业向高附加值和高技术含量的产业转型,优化了资源配置,又满足了人民日益增长的美好生活需要。从所有制改革来看,民营经济的发展促使改革由体制外向体制内推进,推动着国有经济改革。这种推动作用具体表现为,"压力效应""示范效应""补偿效应""接盘效应"和"互补效应"。[1]从产业链协同创新来看,民营经济通过与其他企业、研究机构和高校的合作,促进了社会资源整合与技术的交流合作,推动了产业链的协同创新与科技的跨界融合,提高了产业生产效率和发展质量。总之,民营经济作为社会主义

---

1 李济琛:《民营经济与中国现代化》,北京:华文出版社,2008年,第209页。

市场经济的重要组成部分,是助推我国经济实现高质量发展不可或缺的重要力量。

(三)民营经济的发展壮大为实现共同富裕奠定了坚实物质基础

从本质上讲,民营经济就是以民为本的经济。它既是一种依靠"民资、民智、民力"发展经济的形态,也是一种"民本、民主、民享"的经济发展路径。[1]改革开放以来,民营经济实现了从"零"到"五六七八九"的突破,在夯实物质基础、提供就业机会、扩大中等收入群体等方面做出了突出贡献[2],为提升人民生活质量创造了有利条件。一方面,民营经济是增加就业创业、提高居民收入的重要渠道,是推动科技创新、提高生产效率的强大动力,是缩小贫富差距、夯实共同富裕物质基础的有力保障。另一方面,民营经济是优化所有制结构的重要手段,是增加税收收入、提升再分配能力和水平的重要途径,是完善市场经济、促进生产关系市场化的重要条件。

从增加就业创业、提高居民收入来看,随着民营经济数量和质量的提升,我国人口就业的落实情况和从业人员收入的现状有了明显改善。民营经济的灵活性和创新性使其能够创造更多的就业机会,吸纳更多的剩余劳动力。民营企业的发展,能使更多的自然人变成创业的主体,在创造财富中获得财富,在创造价值中实现价值。[3]除直接创造就业岗位外,民营企业还能够带动供应链、配套产业和服务业的发

---

1 龚晓菊:《制度变迁与民营经济发展研究》,武汉:武汉大学出版社,2005年,第52页。
2 周文、白佶:《论新发展格局与高质量发展》,《兰州大学学报(社会科学版)》,2023年第1期。
3 黄建宏:《民营企业成功与失败》,北京:冶金工业出版社,2009年,第9页。

第十一章 中国式现代化与民营经济

展,形成多层次的就业链条。可以说,民营经济的发展为创业者提供了更多的平台和机会,并在一定程度上拓展了个人的自主权和发展空间,增加了劳动者的收入来源,缩小了贫富差距。本质上,民营经济是"老百姓经济",是在人民群众的自我创业欲望和商品经济意识中诞生的经济形态。[1] 不同于资本主义经济"仅仅对资本家负责,只负责保护资本家或资本家集团的利益"[2],民营经济上对国家负责,下对本企业的职工负责,是一种向民而生的、极具中国特色的经济形式。

从增加国家税收、提升再分配能力和水平来看,民营经济的发展为社会创造了更多的收入来源,促进了国家税收收入的增加,一定程度上有利于社会再分配能力和水平的提高。一方面,民营企业通常具有多元化和灵活性的特点,能够有效带动上下游产业的发展,提高供应链的效率和竞争力,保障产品生产和供应的顺畅进行,增加了相关产业的税收收入。多元化的税收来源扩大了国家的税收基础,进而提高了国家财政收入的稳定性和可持续性,增强了国家财政实力。另一方面,民营经济发展所带来的财富积累,为国家提高社会再分配能力和水平奠定了财富基础。通过税收政策和社会保障制度,国家可以利用所得的税收收入进行再分配,将一部分财富用于支持公共事业建设、社会保障和民生福利等方面,有利于减少贫困和不平等现象,改善社会弱势群体的生活条件,为促进社会稳定与和谐发展提供有力支撑。

从提高供给质量、夯实共同富裕基础来看,民营经济的发展既能够更好地满足人民群众日益增长的美好生活需要,也能使人民群众在

---

[1] 习近平:《干在实处 走在前列——推进浙江新发展的思想与实践》,北京:中共中央党校出版社,2006年,第82页。

[2] 薛暮桥:《中国社会主义经济问题研究》,北京:人民出版社,2012年,第50—51页。

创造美好生活的过程中更好实现个人的自由全面发展。一方面，如果只有国有企业的"举国体制"，而没有民营经济创造社会财富作为"支撑体制"，国民经济难以良序运行。[1]相较国有企业，民营企业通常更加注重市场竞争和效益，机制的灵活性使其经营策略和业务模式能够更快地适应市场需求和变化。在资源配置方面，民营经济能够更加灵活地运用资金、人才和技术等资源，将其投入到更具潜力和前景的新技术、新产业、新业态和新模式中，推动其发展壮大，既为我国经济的转型升级和创新发展做出了积极的贡献，也为提高产品质量、满足人民多样化需求创造了条件。另一方面，民营经济作为一种从民而来、应民而生的经济形式，其发展壮大不仅带来了个人财富的增加和物质生活水平的提高，为人们追求美好生活、实现自身的全面发展奠定了坚实的物质基础，同时还强化了经营者在经济活动中与他人和社会之间的联系，推动经营者更好地成为"社会人"。

三、以民营经济的高质量发展助力中国式现代化新征程

（一）夯实市场经济的基础制度，优化民营经济营商环境

党的二十大报告指出，要"完善产权保护、市场准入、公平竞争、社会信用等市场经济基础制度，优化营商环境"[2]。只有不断完善市场

---

[1] 周文、司婧雯：《当前民营经济认识的误区与辨析》，《学术研究》，2021年第5期。
[2] 习近平：《高举中国特色社会主义伟大旗帜　为全面建设社会主义现代化国家而团结奋斗——在中国共产党第二十次全国代表大会上的报告》，北京：人民出版社，2022年，第29页。

第十一章 中国式现代化与民营经济

经济基础制度,才能为民营经济提供更稳定、公平和透明的经营环境,激发民营企业的创新活力和发展潜力,推动民营经济的健康发展,促进经济的可持续增长和社会繁荣。

首先,要健全现代产权制度。作为制度体系中最重要的基础性制度安排,产权制度在经济制度体系中起着决定性作用。构建归属清晰、权责明确、保护严格、流转顺畅的产权制度,是改善经济环境、优化资源配置、降低交易成本、稳定社会预期、激发社会创造力的根本所在,是推动民营经济高质量发展的根本保障。从产权界定来看,归属清晰、权责明确是产权交易的基础。要明确规定各项资源、资产和权益的归属主体,建立健全各种所有制经济产权保护的法律法规,强化物权、股权、债权、知识产权和各种数据等产权保护制度,有效降低交易成本、减少产权纠纷,保障民营企业更加明确、稳定和高效地进行经济活动,促进市场的健康运转。从产权保护来看,要消除产权保护中的所有制歧视和不平等制度,依法平等保护公有产权和非公有产权,加大对民营经济产权的司法保护力度,弥补民营经济产权保护制度的空白。从产权交易来看,要构建全国统一的产权交易市场,创新市场机制,完善国有资本产权交易市场,建立高效透明的多层次交易平台,为非国有资本赢得重新投资与盈利的机会,提高资本市场运行效率。[1]

其次,要完善市场准入与市场竞争制度。一方面,建设宽松有序、便捷高效的准入制度,一要"全面实施市场准入负面清单制度,清理

---

[1] 任保平、吕春慧:《中国特色社会主义市场经济体制改革——改革开放四十年回顾与前瞻》,《东北财经大学学报》,2018 年第 6 期。

废除妨碍统一市场和公平竞争的各种规定和做法"[1],严格落实"全国一张清单",确保"一单尽列、单外无单"。二要坚持"一案一核查、一案一通报"原则,建立违背市场准入负面清单案例通报制度,促进市场经济健康有序运行。三要建立长效机制,稳步推进证照分离的"四扇门"改革,推动准入和制度不断优化,以保持制度的活力和适应性,推动经济可持续发展。另一方面,完善市场竞争制度、优化市场环境,一要健全透明规范的公平竞争审查制度,坚持按需审查,根据市场变化和需求,有针对性地进行公平竞争审查,关注可能导致市场失衡和不公平竞争的行为,增强公平竞争审查制度刚性约束。二要加强政府部门监管合作与信息交流,形成联防联控机制,共同监督市场竞争行为,避免出现监管"盲区"。三要建立健全奖惩机制,对于违反公平竞争原则的行为进行惩罚,对于有益于公平竞争的行为给予奖励和支持。

最后,要完善社会信用激励约束机制。完善的社会信用激励约束机制能够有效增强民营企业的信用意识、自律意识和社会责任意识,促进社会信用体系建设。推动社会信用激励约束机制的完善,一要建立健全信用评级体系和信用奖励机制,对于信用等级较高的个人和企业给予税收优惠、贷款优惠、市场准入优先等激励措施,对于信用等级较低者进行警示和监管。二要推动信用信息共享,形成全面、准确、及时的信用信息库,提高信用信息的覆盖率和质量。同时引入信用保险,鼓励企业强化信用意识和信用管理。三要建立信用修复机制,对于失信行为者,要求其采取积极措施补救,重新树立信用。四要推动

---

[1] 习近平:《决胜全面建成小康社会 夺取新时代中国特色社会主义伟大胜利——在中国共产党第十九次全国代表大会上的报告》,《人民日报》,2017年10月28日。

信用立法，开展信用认证体系，建立信用联合奖惩机制，形成多方参与的信用约束网络。

（二）坚持创新驱动发展战略，增强民营经济内生动力

在经济全球化和信息技术大发展的时代，民营企业不断面临新机遇和新挑战。立足复杂多变的市场环境和日益激烈的市场竞争，必须坚持创新驱动发展，增强民营经济内生动力。既要提高民营企业创新能力，优化产品和服务，又要鼓励民营企业积极拥抱数字化转型，提高企业效率和竞争力；既要构建产学研结合的创新平台，形成战略技术联盟，又要加强民营企业人才队伍建设，弘扬企业家精神。

首先，提高民营企业科技创新能力，推动民营企业数字化转型。"创新"是一个"内在的因素"[1]，是民营企业不断适应市场变化与需求，促进产业升级与经济转型的源泉和动力。一方面，要鼓励民营企业制定与国家战略和行业发展趋势相契合的战略规划，增加科技研发投入，积极开展关键核心技术攻关，提高研发效率。技术变化作为全要素生产率的一个重要决定因素[2]，是民营企业提高生产效率、增强创新能力、赢得竞争优势和发展契机的关键。民营企业应积极关注技术变化的趋势，主动推动技术创新和产业升级，提高全要素生产率，不断增强自身的核心竞争力，以应对市场竞争和不断变化的经济环境。另一方面，要鼓励民营企业数字化转型和技术改造，积极培育数字经济产业和新的经济增长点，推动经济实现更多元化和多样性的发

---

1 ［美］约瑟夫·熊彼特：《经济发展理论》，何畏、易家详等译，北京：商务印书馆，1990年，中译本序言，第4页。
2 ［以］E.赫尔普曼：《经济增长的秘密》，王世华、吴筱译，北京：中国人民大学出版社，2007年，第33—34页。

展。从现实发展来看，数字经济的发展拓宽了科技创新的发展空间、提高了科技创新成果的转化效率。[1] 鉴于此，民营企业应积极开展数字化服务和电子商务，提高数字化转型能力。民营企业间也应加强信息交流与合作，促进信息共享和开放，打破数据孤岛，推动数字化转型的互联互通，从而实现经济更多元化发展。

其次，构建产学研结合的创新平台，建立联盟合作机制。企业研发能力是制约自主创新能力的关键因素，而"以企业为主体构建产学研结合创新平台，是提高民营企业自主创新能力的必然选择"[2]。一方面，政府要积极引导和资助建立产学研结合的创新平台，利用科技创新园区、技术转移中心等为企业、高校和科研院所提供交流合作的场所和资源支持。要建立技术转移机构，为民营企业提供专业的技术转移服务，帮助企业获取符合其需求的科技成果，推动科技成果转化和经济转型升级。另一方面，要不断完善高等学校、科研院所管理制度和成果转化机制，鼓励民营企业加强与高校、科研院所之间的战略技术合作，实现资源与经验共享，共同研发关键技术、解决行业难题。鼓励民营企业跨行业合作，推动技术在不同行业间的转移和应用，促进产业间的融合与升级，从而形成特色的产业集群，提升产业链韧性。

最后，加强民营经济代表人士队伍建设，弘扬企业家精神。企业家具有追求创造财富和资本增值的巨大动力源泉[3]，拥有将各种生产要素进行组合以谋取收益最大化的特殊才能，而企业家精神则是一个企

---

1 周文、施炫伶：《中国式现代化与数字经济发展》，《财经问题研究》，2023 年第 6 期。
2 王克忠、李国荣、黄宝平主编：《非公经济与中国特色社会主义》，上海：上海财经大学出版社，2011 年，第 351 页。
3 张思平：《国企改革：深圳实践与未来方向》，北京：中信出版集团，2021 年，第 260 页。

业的灵魂,是企业核心竞争力的重要组成部分。一方面,要组织专业培训和教育活动,提供管理、创新、营销等方面的知识和技能培训,帮助民营企业家不断提升自身素质和能力。要积极搭建交流平台,促进企业家之间交流合作、经验分享,鼓励民营企业家从他人成功和失败中吸取经验教训,拓宽视野。另一方面,要鼓励民营企业家"把科学首先看成是历史的有力杠杆,看成是最高意义上的革命力量"[1],同时构建相应的容错机制与激励机制,加大民营企业金融支持,为科技领军企业提供贷款、融资等服务,从而降低创新风险,以激发民营企业家的创新精神,推动科技领军企业的发展,实现基础性前沿性研究和成果转化。

(三)推动更高水平对外开放,提升民营经济国际竞争力

对外开放是经济全球化发展的必然趋势[2],也是提升民营经济国际竞争力的重要途径。在对外开放的背景下,民营企业既能够拥有更多机会学习和借鉴国际先进的管理经验与经营模式,提高企业的管理水平和运营效率,也能够在合作与竞争中激发企业创新活力,推动技术和产品升级,增强国际竞争力。进入新发展阶段,更应积极推动更高水平对外开放,为民营企业提供更广阔的发展空间和更有利的发展环境,助力民营企业在国际舞台上发挥更大的作用。与此同时,民营企业也要抓住开放机遇,积极拓展国际贸易,主动寻求海外资源和市场,推动企业技术升级、产业升级和经济结构优化,实现企业国际化发展。

一方面,要稳步扩大规则、规制、管理、标准等制度型开放,不断

---

[1] 《马克思恩格斯全集》第19卷,北京:人民出版社,1963年,第372页。
[2] 周文:《中国道路:现代化与世界意义》,杭州:浙江大学出版社,2021年,第218页。

推动国内规则,规制对接国际高标准经贸规则,加速打通国内国际双循环,为民营企业创造有利的外部环境。制度型开放是提高对外开放水平和经济发展质量的必然选择,它能够有效扩大市场准入,降低市场壁垒,促进国际贸易和投资自由化、便利化,为民营企业提供更大的市场机遇和发展空间。稳步扩大制度型开放,既需要制定和完善与开放相关的法律法规,明确市场准入规则、贸易投资规则和竞争规则等,又需要加强与国际组织的合作,积极参与国际标准制定和修订,逐步实现国内标准与国际标准的对接。现存的问题是,尽管积极推进国内规则国际化进程是化解"规则压力"的有效选择[1],但由于制度型开放具有"规则导向"的突出特点,其主要代表和反映了发达经济体的利益诉求。[2]因此,我国应积极参与国际规则的制定和改革,推动国际规则更加公正和平衡,促进制度型开放更加符合发展中国家的利益和需求,进而为民营企业的国际化发展提供可靠的外部制度保障。

另一方面,以多层次、宽领域、全方位开放为核心,积极推动"一带一路"建设,鼓励民营企业拓展发展空间,充分利用国内国际两个市场、两种资源,提高企业国际化程度。首先,构建多层次、宽领域、全方位的开放格局,一要积极参与多边、双边和区域贸易合作,推动自由贸易试验区、自由贸易港等不同层次的开放合作机制建设;二要推动服务贸易、数字经济、知识产权等领域的广泛开放,特别是依托数字贸易,加强数字经济领域的对外开放,促进跨境数据流动和数字

---

[1] 李明月:《国内规则与国际规则的互动研究》,北京:中国社会科学出版社,2019年,第106页。

[2] 戴翔、张二震:《"一带一路"建设与中国制度型开放》,《国际经贸探索》,2019年第10期。

产业链的全球合作；三要在政策、市场准入、投资环境、人员流动等方面实现全方位开放，为民营企业提供平等、公正、便利的投资和经营环境。其次，鼓励民营企业积极参与"一带一路"建设，不断拓展国际合作网络和海外业务。更大的市场鼓励更多的研发[1]，通过"一带一路"建设，民营企业有更多机会进入不同国家和地区的市场，与不同种类的企业展开交流合作，接触更丰富的先进技术、管理经验和优质资源，推动企业技术升级和产业优化升级。并且，不同的市场环境还能够帮助民营企业适应国际化的经营模式和管理方式，增强抵御来自国际市场的竞争和规则压力的能力，进而实现更持续、稳健和高质量的发展。因此，一要加大民营企业政策上的支持力度，降低企业的参与成本，提高项目的投资回报率；二要为民营企业提供多样化的融资渠道，支持企业在"一带一路"建设中开展合作项目；三要为民营企业提供风险保障机制，降低企业在项目投资和运营中的风险，增强企业参与"一带一路"建设的信心和积极性。

（四）明确并处理好"三对关系"，促进民营经济发展壮大

社会经济是一个有机整体，各主体之间密切联系，相互作用和影响，共同构成了复杂的经济生态系统。纵观民营经济发展历程，可见其发展问题不仅仅在于民营经济本身，更在于其与国有经济、与公有制经济的关系上[2]，还在于政府与市场关系的调整和完善。只有妥善处理各主体之间的关系，在彼此间形成和睦共处、通力合作的协同效应，

---

[1] ［以］E.赫尔普曼：《经济增长的秘密》，王世华、吴筱译，北京：中国人民大学出版社，2007年，第45页。

[2] 周文、司婧雯、何雨晴：《繁荣与富强：大国治理的政治经济学》，上海：复旦大学出版社，2022年，第160页。

才能为民营经济创造更加有利的发展环境,促进民营经济的持续健康发展。

首先,要处理好公有制经济与非公有制经济的关系。非公有制经济与公有制经济都是社会主义市场经济的重要组成部分,是中国经济制度的特色所在。改革开放40多年以来,我国对非公有制经济地位和作用的认识,经历了一个从"公有制经济的必要的有益的补充"到"社会主义市场经济的重要组成部分""经济社会发展的重要基础""平等享受国民待遇的市场主体"的深化过程。我国市场经济的实践证明,市场经济的效率来自竞争,无关乎产权私有,公有制经济能够与市场经济兼容。[1] 不同所有制经济之间是相辅相成、相得益彰的,而非相互对立、相互抵消的,公有制经济和非公有制经济共同统一于社会主义市场经济的伟大实践。因此,进入新时代,既要毫不动摇地巩固和发展公有制经济,深化国有企业改革,增强国有资本运营能力,又要毫不动摇地鼓励、支持和引导非公有制经济发展,发展壮大民营经济,激发非公有制经济的活力和创造力。最大限度地调动公有制经济与非公有制经济的积极因素,实现二者互补共存、协调发展。

其次,要处理好国有经济与民营经济的关系。在社会主义市场经济体制下,国有经济和民营经济是相辅相成、相互促进的。我们不能陷入"国进民退"或"民进国退"的误区,而应该秉持"国民共进"的理念,让国有经济和民营经济协调发展、相互融合。一方面,国有经济在国家经济中具有重要的主导地位,是国家经济安全和国计民生的重要支撑,也是国家实施宏观调控和产业政策的重要手段。另一方

---

[1] 刘瑞:《论习近平经济思想之市场经济观》,《财经问题研究》,2018年第7期。

第十一章　中国式现代化与民营经济

面,民营经济是促进经济增长、增加税收、稳定就业、推动创新的主要力量,在市场竞争中具有灵活性和高效性,为经济的快速发展和转型升级做出了巨大贡献。在实现"国民共进"的过程中,关键是优化国有经济的布局。布局过窄,不利于坚持公有制的主体地位,从而影响国家对关键行业的控制;布局过宽,则不利于民营经济的发展环境,进而影响市场在资源配置中发挥决定性作用。[1]因此,要根据两者各自的优势和特点,采取差异化的政策和措施,鼓励两类企业通过合作和协调实现优势互补,共同推动经济的持续健康发展。

最后,要处理好政府与市场的关系。政府与市场的关系是社会经济体系中最基础的关系,共同构成了经济体系的基础框架。一方面,市场是最有效的配置资源的方式,能够通过供求关系和价格机制自发完成资源的优化配置,使得经济交易更加便捷高效。但是,"市场不是孤立于外部世界的东西,而是由社会塑造、在具体情境下多边作用的结果"[2],并且市场机制的局限性也会导致市场失灵,而市场失灵的普遍性必然要求政府干预的普遍性。[3]另一方面,政府是宏观经济调控和市场监管的主体,既能够通过货币政策、财政政策和产业政策等手段来调整经济运行,弥补市场失灵,又能够对市场中的不正当竞争和垄断行为进行监管,保障市场的公平竞争环境。但如果政府过度干预市场,也可能会扭曲市场机制,限制企业的创新和发展空间,导致

---

1 杨瑞龙:《构建国有经济与民营经济协调发展的微观基础》,《经济理论与经济管理》,2023年第6期。

2 [英]玛丽安娜·马祖卡托:《增长的悖论:全球经济中的创造者与攫取者》,何文忠等译,北京:中信出版社,2020年,第239页。

3 杨天宇:《斯蒂格利茨的政府干预理论评析》,《学术论坛》,2000年第2期。

资源浪费和效率低下。因此，将政府职能绝对化，即要么必须干预市场，要么绝对不能干预市场都是不符合实际的。[1] 在经济运行层面上，应充分发挥市场与政府的优势和强项，提高两者耦合的可能性和现实性，推进两者的强强联合与优势互补，从而为民营经济创造更好的发展环境。

---

[1] ［美］查尔斯·P. 金德尔伯格：《疯狂、惊恐和崩溃：金融危机史》，朱隽、叶翔译，北京：中国金融出版社，2006 年。

— 第十二章 —

中国式现代化与新质生产力

一、现代化的共同特征：生产力的持续发展

习近平总书记指出："18世纪出现了蒸汽机等重大发明，成就了第一次工业革命，开启了人类社会现代化历程。"[1] 以生产力的持续发展和经济的快速增长为主要特征，西方资本主义国家率先走上现代化的道路，形成了西方现代化的思想与理论体系。由于西方现代化道路取得的成功，很多西方学者认为现代化就是西方化。然而，马克思深刻地揭示了资本主义社会的基本矛盾及其发展的历史趋势，表明西方现代化并不是现代化的唯一模式。基于对资本主义社会的观察，马克思提出了关于现代化社会的思想。尽管现代化的模式是多种多样的，但是它们都有一个共同的特征，那就是生产力的持续发展。

（一）西方现代化的基本内涵：工业化与技术进步

人类社会现代化的进程是从西方国家开始的，在200多年的西方

---

[1] 习近平：《为建设世界科技强国而奋斗——在全国科技创新大会、两院院士大会、中国科协第九次全国代表大会上的讲话》，《人民日报》，2016年6月1日。

现代化历程中,一个突出特征就是工业化带来的经济持续增长。可以说,西方现代化与工业化是紧密联系的。由工业革命驱动的现代化推动了西方传统社会向工业化和都市化转型,最终形成了以工业社会为代表的现代社会的整体结构。[1]

18世纪60年代,英国爆发了第一次工业革命,为英国工业带来了机器大生产方式,深刻改变了英国国内的社会结构和生产关系。在英国工业革命的带动影响下,法国、美国、德国等西方资本主义国家也相继发生工业革命,加入了现代化的历史进程。19世纪60年代后期,人类社会迎来了第二次工业革命。电力的发现和广泛使用以及内燃机的改进带来了生产方式的巨大变革,使西方资本主义现代化迈上了新的台阶。同时,也令资本主义制度得到了进一步的巩固和更广泛的传播。19世纪70年代后,由于资本主义生产方式自身存在的矛盾加剧,资本主义世界频繁爆发经济危机,加速了生产和资本集中,垄断资本主义的产生极大推动了西方国家的现代化进程。

"二战"结束后,第三次工业革命爆发,人类在科技领域实现了又一次重大飞跃,科学技术的进步在推动社会生产力发展方面发挥了越来越重要的作用。真正全球性现代化的大浪潮出现了。一方面,西方发达国家凭借工业革命累积的强大实力顺利完成了战后的政治经济秩序的恢复,出现经济持续增长的繁荣局面;另一方面,第三世界国家在殖民体系瓦解后以西方现代化模式为学习的蓝本,逐渐加入世界现代化的历史进程。关于现代化研究的热潮正是在这样的背景下兴起的。

---

1 赵义良:《中国式现代化与中国道路的现代性特征》,《中国社会科学》,2023年第3期。

第十二章　中国式现代化与新质生产力

学者们从政治学、经济学、社会学等不同学科视角对现代化问题展开了深入研究。从经济学的视角来看，现代化研究的核心是经济发展。有不少西方学者认为"现代化"就是"工业化"，如列维将衡量工业化的指标"非生物能源与生物能源的比率"[1]作为衡量现代化的标准。发展经济学作为经济学的一个分支，认为现代化本质上就是以工业化促进经济持续增长，因此，它主要研究落后的发展中国家如何实现工业化，推动经济发展。刘易斯提出了"二元经济结构"理论，他认为发展中国家并存着以传统生产方式为主的农业部门和以现代制造业为主的工业部门，把农业剩余劳动力转移到工业部门，使二元经济结构逐渐消减，才能使发展中国家实现社会经济稳定增长。[2]在他看来，现代化的过程就是现代工业部门相对传统农业部门的扩张过程。罗斯托提出了经济成长的"五阶段"理论（后补充为六个阶段），他认为人类社会发展都会经历这五个阶段。其中，起飞阶段是经济由落后到先进的过渡阶段，也是现代化进程中最重要的阶段，工业化是其最突出的特征，实现起飞后，经济就可以实现自动持续增长。[3]在罗斯托看来，社会发展变化是单线式的，任何社会都会经历同样的现代化过程，既然西方发达国家已经实现了起飞，那么落后国家只要沿着西方现代化的道路去追赶，就能实现持续增长，实现现代化。

围绕经济增长这个现代化的核心命题，经济学家展开了丰富的理

1　[美]M. J.列维：《现代化的后来者与幸存者》，吴荫译，北京：知识出版社，1990年，第99页。

2　[美]威廉·阿瑟·刘易斯编著：《二元经济论》，施炜等译，北京：北京经济学院出版社，1989年。

3　[美]罗斯托：《经济成长的阶段：非共产党宣言》，国际关系研究所编译室译，北京：商务印书馆，1962年。

论研究,从西方现代化的历程中探索经济增长的决定因素、刻画理想的经济增长模型、提炼和总结最能促进一国经济增长的方法和路径。R. 哈罗德(R. Harrod)和 E. 多马(E. Domar)以凯恩斯的理论为基础建立了"哈罗德—多马模型",强调资本积累是经济增长的决定性因素。[1]而罗伯特·索罗(Robert Solow)认为经济增长不仅仅取决于劳动力投入和资本投入,技术进步也是一个重要因素,他创立的"新古典增长模型"表明,在长期中,技术进步才是经济增长的源泉。[2]肯尼斯·阿罗(Kenneth Arrow)也赞同技术进步对经济增长的作用,并在索罗模型的基础上,将技术进一步内生化,提出了"边干边学"模型。[3]保罗·迈克尔·罗默(Paul Michael Romer)认为知识具有非竞争性,因而具有外溢效应,知识的积累不仅能促进技术进步,而且也能使劳动、资本等其他要素具有递增收益。因此,经济长期增长依靠的是知识的不断累积。[4]

由此可见,随着现代化理论研究的不断深入,经济学家们从西方发达国家的成功发展经验中发现了科学技术进步是促进经济增长的重要因素。从西方现代化的历程中也可以看到,科技进步是西方现代化的基本内涵。但是,科学技术进步促进经济增长、推动西方现代化只

---

1 [美]马尔科姆·吉利斯、德怀特·H. 帕金斯、迈克尔·罗默、唐纳德·R. 斯诺德格拉斯:《发展经济学》,北京:经济科学出版社,1989年,第163—164页。

2 Robert M. Solow, "A Contribution to the Theory of Economic Growth", *The Quarterly Journal of Economics*, 1956, 70(1): 65–94.

3 Kenneth J. Arrow, "The Economic Implications of Learning by Doing", *The Review of Economic Studies, Oxford Journals*, 29 (3) (June 1962): 155–173.

4 Paul M. Romer, "Increasing Returns and Long-Run Growth", *Journal of Political Economy*, 1986, 94(5).

是现象层面的,从本质上来看,推动现代化发展的根本动力则是科技进步带来的社会生产力水平提升。

(二)马克思文本中的现代化动力:生产方式变革

马克思在他的论著中,虽然没有直接使用过"现代化"这一概念范畴,但是早在西方现代化理论提出100多年前,马克思就已经表述了关于现代化的思想,在《共产党宣言》中多次使用了"现代资产阶级社会""现代生产力""现代工业"等提法,在《资本论》第一版序言中,明确指出"本书的最终目的就是揭示现代社会的经济运动规律"[1]。特别要注意的是,马克思的"现代社会"不是一般意义上的,而是特指19世纪的资本主义社会,生产方式的工业化是现代社会区别于传统社会的本质特征。

关于现代化的动力,西方现代化理论将其归结于科学技术、观念思想、知识的增长等因素,而马克思用历史唯物主义和恩格斯在《德意志意识形态》中的方法分析得出,生产方式的变化才是社会形态变化的根本动力。首先,马克思指出物质资料生产方式是社会发展的最终决定力量。"人们为了能够'创造历史',必须能够生活",因此,人类的首要历史活动就是生产满足生活需要的资料,"即生产物质生活本身"。[2] 随着满足人类物质生活需要的生产力的发展,产生了"一定的交换和消费形式",在其上又建立"相应的社会制度、相应的家庭、等级或阶级组织"以及"相应的政治国家"。[3] 因此,社会关系、政治制度等上层建筑发生变革的根源都在于生产方式的变革。

---

1 《马克思恩格斯文集》第5卷,北京:人民出版社,2009年,第10页。
2 《马克思恩格斯文集》第1卷,北京:人民出版社,2009年,第531页。
3 《马克思恩格斯全集》第47卷,北京:人民出版社,2004年,第440页。

其次，马克思认为现代资产阶级生产方式的产生和发展带来了现代资本主义社会。马克思将生产方式的变革视为划分不同社会形态的标准，他指出，"亚细亚的、古代的、封建的和现代资产阶级的生产方式可以看做是经济的社会形态演进的几个时代"[1]。现代资产阶级生产方式以机器大工业为本质特征，为适应这种机器大工业的生产，生产资料和劳动力不断集中，社会关系也不断现代化。可见，在机器大工业的物质生产力基础上，"现代生产关系""现代生产方式""现代工业""现代的经济关系"乃至"现代社会"才得以形成。

再次，马克思强调了科学技术对生产方式变革的重要作用。在马克思看来，"科学是一种在历史上起推动作用的、革命的力量"[2]。他举例说明，英国正是在蒸汽机和加工机器的技术基础上引发了工业革命，才推动实现了英国的现代化。"蒸汽和新的工具机把工场手工业变成了现代的大工业，从而使资产阶级社会的整个基础发生了革命。工场手工业时代的迟缓的发展进程转变成了生产中的真正的狂飙时期。"[3]

最后，随着现代化的发展，生产方式会不断发生变革，推动产生新的社会形态。用马克思的话来说，"现代工业从来不把某一生产过程的现存形式看成和当做最后的形式"[4]，"现在的社会不是坚实的结晶体，而是一个能够变化并且经常处于变化过程中的有机体"[5]。物质生产力的不断发展会推动产生新的社会形态，从而政治、法律、文化

---

1 《马克思恩格斯全集》第31卷，北京：人民出版社，1998年，第413页。
2 《马克思恩格斯文集》第3卷，北京：人民出版社，2009年，第602页。
3 《马克思恩格斯文集》第3卷，北京：人民出版社，2009年，第533页。
4 《马克思恩格斯文集》第5卷，北京：人民出版社，2009年，第560页。
5 《马克思恩格斯文集》第5卷，北京：人民出版社，2009年，第10—13页。

第十二章 中国式现代化与新质生产力

等也将随之发生变化。马克思和恩格斯认为现代化分为两个大阶段：第一阶段是资本主义现代化阶段，第二阶段则是共产主义（含社会主义）现代化阶段。[1] 资本主义社会形态的灭亡是历史必然，人们必将在高度发达的生产力和先进生产关系的基础上，向共产主义现代化阶段过渡。

（三）生产力的持续发展是现代化的共同特征

马克思和恩格斯指出，"人们所达到的生产力的总和决定着社会状况，因而，始终必须把'人类的历史'同工业和交换的历史联系起来研究和探讨"[2]。在人类社会迈入现代化以前，社会生产力水平长期低下且发展缓慢，直到英国工业革命的爆发，极大地促进了生产力的发展，带来了人类生产力的一次质的飞跃。正如马克思所说，"资产阶级在它的不到一百年的阶级统治中所创造的生产力，比过去一切世代创造的全部生产力还要多，还要大"[3]。因此，工业革命创造出的生产力是引领人类社会走向现代化的根本动力。

社会生产力的持续发展是各国现代化的共同特征。尽管世界各国的现代化呈现多样化的表现形式，但就其本质而言，现代化在长期历史过程中遵循着生产力发展的自我逻辑。[4] 从西方国家的现代化进程中可以看到，经济增长是各国迈入现代化的突出标志，而经济增长的根本原因是生产力的发展。马克思指出，"发展社会劳动的生产力，是

1　王永贵：《论马克思恩格斯的现代化思想》，《马克思主义研究》，2001年第1期。
2　《马克思恩格斯文集》第1卷，北京：人民出版社，2009年，第533页。
3　《马克思恩格斯文集》第2卷，北京：人民出版社，2009年，第36页。
4　周文、唐教成：《西方现代化的问题呈现与中国式现代化的创新发展》，《中国高校社会科学》，2023年第6期。

资本的历史任务和存在理由"[1]。生产力的发展主要表现为落后的生产方式被新的生产工具和手段所取代。[2] 18 世纪蒸汽机的改良和广泛运用使机器生产代替手工劳动,推动人类社会逐渐从农业社会向工业社会转型;20 世纪四五十年代电子计算机的发明和应用实现了生产的自动化,引领人类社会从工业社会迈入了信息社会。可见,随着现代的、先进的生产力不断替代过去传统的、落后的生产力,人类社会逐渐走向了现代化。

科学技术的创新是社会生产力发展的关键,每一次生产力的巨大跃升都以一系列开创性的科学发现和技术突破为先导。生产力的发展是一个从质变到量变的过程。首先,每一次工业革命都是以重大科技创新为起点的,新的科学技术对传统生产工具进行改良,形成新的生产方式,导致生产力发生质变。其次,产业革命总是伴随科技革命出现,新技术的广泛运用实现生产力的量变,推动了社会整体生产力水平的提升。第一次工业革命以"珍妮纺纱机"的发明和蒸汽机的广泛使用为标志,机械力全面取代生物力,机器大生产推动生产效率极大提升;第二次工业革命以电器的发明和使用、内燃机的大范围应用为标志,大规模集中的生产使社会生产力水平跃上新的台阶;第三次工业革命以电子计算机、原子能、生物科技的发明和应用为标志,信息技术革命推动形成了更先进的生产力。可以说,每一次科学技术的重大突破都会推动旧的生产力体系瓦解和新的生产力体系的形成。因此,世界现代化发展的历史,就是一部科学技术带动和推动生产力发

---

1 《马克思恩格斯文集》第 7 卷,北京:人民出版社,2009 年,第 288 页。
2 周文:《中国道路:现代化与世界意义》,杭州:浙江大学出版社,2021 年,第 129 页。

展的历史,特别是促进落后生产力向先进生产力转变和发展的历史。[1]

二、生产力的发展是推动中国式现代化的根本动力

新中国成立以来,中国共产党坚持以马克思主义理论为指导,带领中国人民走出了一条中国的现代化道路,开创了人类文明新形态。中国式现代化作为现代化的一种模式,也具有各国现代化的共同特征。生产力持续的发展是推动中国式现代化的根本动力。

(一)新中国成立初期优先发展重工业促进生产力水平提高

新中国成立初期是一个落后的农业大国,国民经济尚未恢复,全国上下百废待兴,中国共产党带领中国人民开启了社会主义现代化道路的伟大探索。为了恢复社会生产力,推动社会主义经济发展,毛泽东同志提出了"一化三改造"的过渡时期总路线,明确工业化是我国现代化建设的主要目标。在学习和借鉴了苏联现代化模式的基础上,党中央制定了以大力发展重工业为核心的"一五"计划,采取计划经济模式推进社会主义现代化。这一时期,在苏联的援助下,我国兴建了大批的大型工业企业,优先发展重工业,依托156个重点项目开展了大规模的经济建设。与此同时,社会主义改造与工业化建设是齐头并进的,党中央对农业、手工业和资本主义工商业进行了社会主义改造。到1956年底,我国基本完成了"三大改造",建立起了社会主义的经济制度。

---

[1] 骆郁廷:《中国式现代化:共同特征与中国特色》,《马克思主义研究》,2023年第1期。

1954年,党中央首次提出了工业、农业、交通运输业和国防四个现代化的建设目标。然而,到了"一五"计划后期,随着苏联模式的弊端逐渐暴露以及中苏关系的变化,中国共产党认识到科学技术对我国工业化和现代化的重要性和迫切性,我国必须独立自主地走适合中国国情的社会主义现代化道路。1957年,毛泽东在《关于正确处理人民内部矛盾的问题》中提出,"将我国建设成为一个具有现代工业、现代农业和现代科学文化的社会主义国家"[1],把"现代科学文化"纳入了中国式现代化的整体构想,体现出对现代科学的高度重视。1963年,毛泽东再次强调,"科学技术这一仗,一定要打,而且必须打好……不搞科学技术,生产力无法提高"[2]。可见,科学技术发展对提高社会生产力的重要性。在1964年的第三届全国人大第一次会议上,周恩来根据毛泽东的指示,正式宣布"四个现代化"的宏伟目标,要"把我国建设成为一个具有现代农业、现代工业、现代国防和现代科学技术的社会主义强国"[3]。同时,他提出了现代化建设"两步走"战略,"第一步,建立一个独立的比较完整的工业体系和国民经济体系;第二步,全面实现农业、工业、国防和科学技术的现代化,使我国经济走在世界的前列"[4]。

在中国共产党的带领下,我国以"四个现代化"为目标,尤其以发展重工业为着力点,进行了现代化道路探索。中国人民自力更生,集中力量办大事,"在三十年间取得了旧中国几百年、几千年所没有取得

---

1 《毛泽东文集》第7卷,北京:人民出版社,1999年,第207页。
2 《毛泽东文集》第8卷,北京:人民出版社,1999年,第351页。
3 《周恩来选集》下卷,北京:人民出版社,1984年,第439页。
4 《周恩来选集》下卷,北京:人民出版社,1984年,第439页。

第十二章 中国式现代化与新质生产力

过的进步"[1]。尽管经历了艰难曲折的过程,我国成功建立起了比较完整的工业体系和国民经济体系,生产力水平得到了显著的提升。这一时期,中国迅速完成了不同于西方模式的工业化原始积累,走出了适合自身国情的工业化道路。[2] 从新中国成立到改革开放前,我国主要工业制成品产出取得了惊人的增长。1949 年我国钢产量仅有 15.8 万吨,经过不到 30 年的重工业发展,1978 年我国钢产量突破了 3000 万吨,跃居为全球第五位。[3] 我国工业化建设取得了显著的成效,1952 年我国工业产值仅有 119.8 亿元,到 1977 年我国工业产值已经增长了十多倍,达到了 1372.4 亿元,并且工业对于国民经济的贡献也大幅提升,占 GDP 的比重从 1952 年的 17.6% 上升到 1977 年的 42.9%。[4] 工业化也提高了农业生产力水平,1952 年至 1978 年,农业总产值翻了一番,农业机械总动力由 25 万马力增至 15975 万马力,机械耕种面积由 13.6 万公顷增至 4067 万公顷。[5] 1978 年,我国成为了世界第八产油大国,粮食产量位居世界第二,棉花产量位居世界第三。在新中国成立初期,我国主要依靠优先发展重工业推动了社会生产力大幅提升,为中国式现代化的开辟提供了坚实的保障和良好的基础。

(二)改革开放后通过经济体制改革推动生产力的高速发展

在改革开放初期,我国的生产力水平相较于西方发达国家仍处于较低的水平,由于底子薄,中国依然是世界上很贫穷的国家之一。以

---

1 《邓小平文选》第 2 卷,北京:人民出版社,1994 年,第 167 页。
2 胡鞍钢:《中国式现代化道路的特征和意义分析》,《山东大学学报(哲学社会科学版)》,2022 年第 1 期。
3 数据来源:《中国统计年鉴(2001)》。
4 数据来源:《中国统计年鉴(2001)》。
5 数据来源:《中国统计年鉴(1981)》,第 134、171、182 页。

邓小平为代表的中国共产党人反思新中国成立以来的现代化建设经验教训，深刻认识到社会主义最根本的任务是解放和发展生产力，在党的十一届三中全会做出了改革开放的历史性决策，把党和国家工作中心转移到经济建设上来。邓小平提出，我国当前以及今后相当长的一个历史时期的主要任务就是搞现代化建设，他首次提出要"走出一条中国式的现代化道路"，并强调"中国式的现代化，必须从中国的特点出发"。[1] 1987年，党的十三大明确提出了把我国"建设成为富强、民主、文明的社会主义现代化国家"[2]的总目标，并制定了"三步走"的发展战略。1992年，邓小平在"南方谈话"中提出社会主义的本质就是解放生产力和发展生产力，而要解放和发展生产力必须要依靠科学技术，他也反复强调"科学技术是第一生产力"[3]，"四个现代化，关键是科学技术的现代化"[4]。

我国改变了长期实施的优先发展重工业的战略，主要依靠经济体制改革推动生产力的解放和发展。在农村，实行了家庭联产承包制，这一改革突破了传统的公有制形式，极大地提高了农民的生产积极性，推动了农业生产力的提高。在城市，以扩大企业自主权为主要内容的经济体制改革也逐步在全国各个领域推开。在所有制结构方面，我们打破了单一的公有制经济结构，在公有制为主体的基础上，个体经济、私营经济从无到有，外商投资规模不断扩大，非公有制经济逐

---

1 《邓小平文选》第2卷，北京：人民出版社，1994年，第163—164页。
2 中共中央文献研究室编：《十三大以来重要文献选编》上，北京：人民出版社，1991年，第15页。
3 《邓小平文选》第3卷，北京：人民出版社，1993年，第274、377页。
4 《邓小平文选》第2卷，北京：人民出版社，1994年，第86页。

第十二章　中国式现代化与新质生产力

渐成为国民经济的重要组成部分。为适应所有制结构的变化，我国分配制度也进行了相应的调整。为了更好地激发劳动者的生产积极性，我们党打破了平均主义的分配方式，在家庭联产承包制下提出"缴够国家的，留够集体的，剩下都是自己的"，鼓励让一部分地区一部分人先富起来的政策充分调动了各类经济主体的积极性，生产力发展的速度不断加快。1992年，党的十四大正式提出建立社会主义市场经济体制，党的十四届三中全会提出国有企业要建立现代企业制度，使中国式的现代化进入"快车道"。总体来说，我国经济体制改革为我国生产力的高速发展提供了关键性的制度保障，成功带动了我国经济的腾飞。

改革开放以来，我国实现了从"站起来"到"富起来"的历史性飞跃，生产力的高速发展是这一阶段现代化建设的突出特征。一方面，1978年至2012年间，中国经济实现了持续的高速增长，年均增速达到10%。[1] 从经济总量上来看，我国GDP连上新台阶，2000年突破10万亿元大关，2012年达到53.7万亿元。[2] 进入21世纪以来，我国先后赶超法国、英国和德国，2010年超越日本，成为世界第二大经济体。从产业结构上来看，我国实现了从主要由工业拉动向由三产协调拉动的优化转型，逐渐从要素驱动、投资驱动转向创新驱动。我国三大产业增加值从1978年的27.7%、47.7%和24.6%变为2012年的9.1%、45.4%和45.5%[3]，第三产业发展迅速。另一方面，在改革开放以来的现代化建设中，我国科技水平不断提升，自主创新能力显著增强。

---

[1] 数据来源：《中国统计年鉴（2023）》。
[2] 数据来源：《中国统计年鉴（2023）》。
[3] 数据来源：《中国统计年鉴（2023）》。

1995年至2012年，我国发明专利申请数从2万多项增长到了65万多项，高技术产品出口额从100.91亿美元增长至6011.7亿美元。[1]科技创新成果不断涌现，如超级杂交水稻的成功培育、"神舟系列"飞船的成功发射，中国自主研发的高铁频频刷新世界纪录，首台千万亿次超级计算机"天河一号"研制成功等，一大批重大创新成果跻身世界前列。由此可见，改革开放以来，中国式的现代化建设取得了举世瞩目的成就，究其根源在于经济体制改革为解放和发展生产力创造了有力的制度条件，并且科技创新对生产力发展的重要性愈发突出。

（三）新时代以来坚持创新驱动推动生产力的持续升级

党的十八大以后，中国经济由高速增长转向了中高速增长，中国特色社会主义进入新时代。以习近平同志为核心的党中央提出了"五位一体"总体布局和"四个全面"战略布局，中国的现代化建设进入新的阶段。党的十八大明确提出，"科技创新是提高社会生产力和综合国力的战略支撑，必须摆在国家发展全局的核心位置"[2]。因此，新时代以来，我国坚持实施创新驱动发展战略，为生产力的持续升级开拓空间，以创新驱动引领现代化建设。立足于我国主要矛盾的变化，党的十九大明确提出要建设现代化经济体系，并指出"创新是引领发展的第一动力，是建设现代化经济体系的战略支撑"[3]。以改革开放以来我国现代化建设取得的成就为基础，我们党站在新的历史起点上，为

---

1 数据来源：国家统计局，https://data.stats.gov.cn/easyquery.htm?cn=C01&zb=A0N01&sj=2023。
2 《坚定不移沿着中国特色社会主义道路前进　为全面建成小康社会而奋斗——在中国共产党第十八次全国代表大会上的报告》，《人民日报》，2012年11月9日。
3 习近平：《决胜全面建成小康社会　夺取新时代中国特色社会主义伟大胜利——在中国共产党第十九次全国代表大会上的报告》，《人民日报》，2017年10月28日。

第十二章　中国式现代化与新质生产力

建设社会主义现代化做出了"两步走"的战略安排：第一个阶段，从 2020 年到 2035 年，基本实现社会主义现代化；第二个阶段，从 2035 年到 21 世纪中叶，把我国建成富强民主文明和谐美丽的社会主义现代化强国。习近平总书记在庆祝中国共产党成立 100 周年大会上，明确提出"中国式现代化新道路"这一理论命题，标志着中国式现代化进入新的历史征程。

随着中国经济进入转型升级的新阶段，改革也进入了攻坚期和深水区。过去我国经济增长主要依靠投资和出口，是一种外延型、粗放型的增长模式，而随着工业化的即将完成，出口和投资对经济增长的驱动力逐渐弱化，促使我国必须转向依靠创新为主的内涵型增长。为了全面建成小康社会，进而全面建设社会主义现代化国家，党的十八届三中全会做出了全面深化改革的决定。针对产能过剩、库存积压、杠杆率攀升等问题，党中央通过供给侧结构性改革进行"去产能、去库存、去杠杆、降成本、补短板"，从而破除了束缚生产力进一步发展的障碍，推动着各行各业向技术进步的方向转型升级。我国坚持科技创新和体制机制创新"双轮驱动"，围绕经济竞争力提升的核心关键、社会发展的紧迫需求、国家安全的重大挑战，动员各类创新主体和创新要素投入创新研发。[1] 党的十九届五中全会再次强调，"坚持创新在我国现代化建设全局中的核心地位，把科技自立自强作为国家发展的战略支撑"[2]。在创新驱动发展战略下，我国产业结构不断升级，工

---

[1] 武力、李扬：《解放和发展生产力：新中国七十年的主线和成就》，《中共党史研究》，2019 年第 9 期。
[2] 《中共中央关于制定国民经济和社会发展第十四个五年规划和二〇三五年远景目标的建议》，《人民日报》，2020 年 11 月 4 日。

业化与信息化加速融合。工业互联网广泛运用于钢铁、石油、机械等传统行业，制造业整体的数字化、智能化水平显著提升。高新技术产业、战略性新兴产业在工业和出口中的比重不断提高，技术进步对经济增长的贡献率不断提高。

在新中国成立特别是改革开放以来长期探索和实践基础上，经过党的十八大以来在理论和实践上的创新突破，我们党成功推进和拓展了中国式现代化。[1] 中国已经成为了全球制造业第一大国，是世界上唯一拥有联合国产业分类目录中所有工业门类的国家，也是驱动全球工业增长的重要引擎。新时代以来，我国经济保持 6.4% 的中高速增长，国内生产总值突破了 100 万亿元大关，经济实力实现了历史性跃升。2021 年，我国全面建成了小康社会，历史性地解决了绝对贫困的问题，这是中国式现代化进程中取得的阶段性成功。在这些经济发展成就的背后，反映的是我国生产力水平的不断提高，而推动生产力发展的动力源泉则来自科技创新。进入新时代以来，我国新兴产业不断孕育，生产力持续升级。2012 年至 2022 年，我国高技术制造业年均增加值达到 11.3%。[2] 在创新驱动发展战略的实施下，我国取得了丰硕的创新成果，"天眼"探空、"蛟龙"入海、"墨子"传信、"北斗"组网等重大科技成果相继问世，人工智能、5G 通信技术、光电芯片技术等智能化技术引领全球，推动中国式现代化加速向前，助力我国实现了从"富起来"到"强起来"的伟大飞跃。

---

1 习近平：《高举中国特色社会主义旗帜为全面建设社会主义现代化国家而团结奋斗——在中国共产党第二十次全国代表大会上的报告》，《人民日报》，2022 年 10 月 26 日。
2 数据来源：国家统计局：《中华人民共和国 2012—2022 年国民经济和社会发展统计公报》。

第十二章　中国式现代化与新质生产力

三、推动新质生产力的形成和发展是中国式现代化的必然选择

回顾中国式现代化的发展历程可以看到，生产力的持续发展是中国式现代化的突出特征，并且科技创新始终是推动发展的不竭动力，是提升社会生产力的关键因素。当今世界，正处在一个大变革、大调整的时代，新一轮科技革命和产业变革正在孕育兴起。2023年9月7日，习近平在主持新时代推动东北全面振兴座谈会上首次提出"新质生产力"的概念，他指出要"积极培育新能源、新材料、先进制造、电子信息等战略性新兴产业，积极培育未来产业，加快形成新质生产力，增强发展新动能"[1]。新质生产力是以科技创新为主导、实现关键性颠覆性技术突破而产生的生产力。[2] 新质生产力的产生符合社会生产力发展的规律，是在传统生产力的基础上实现的一次生产力的跃迁，是中国式现代化的必然选择。

（一）理论逻辑：新质生产力继承和发展了马克思生产力理论

生产力理论是马克思主义政治经济学的重要研究范畴。马克思指出，生产力是"人类改造自然时从事实践活动的生产能力"[3]。生产力是由很多因素共同决定的，"其中包括：工人的平均熟练程度，科学的发展水平和它在工艺上应用的程度，生产过程的社会结合，生产资料的规模和效能，以及自然条件"[4]。可以看到，生产力是一个复杂的系统性

---

[1] 《习近平主持召开新时代推动东北全面振兴座谈会强调　牢牢把握东北的重要使命　奋力谱写东北全面振兴新篇章》，《人民日报》，2023年9月10日。
[2] 周文、许凌云：《论新质生产力：内涵特征与重要着力点》，《改革》，2023年第10期。
[3] 《马克思恩格斯全集》第1卷，北京：人民出版社，2012年，第208页。
[4] 《马克思恩格斯文集》第5卷，北京：人民出版社，2009年，第53页。

概念，基本要素是劳动者、劳动资料和劳动对象。另外，自然、管理、科技等要素在生产中也起到了重要的作用。在《资本论》中，马克思还把协作作为生产力的要素，"结合工作日的特殊生产力都是社会的劳动生产力或社会劳动的生产力。这种生产力是由协作本身产生的"[1]。

马克思尤其重视科学技术及其运用，认为科学技术属于生产力的重要组成部分，他强调，"生产力中也包括科学"[2]。首先，在马克思看来，生产力不仅以物质形态存在，而且以知识形态存在，自然科学就是以知识形态为特征的一般社会生产力。科学技术也可以直接参与生产过程，成为直接的生产力，主要通过转化为劳动者的劳动技能，物化为劳动工具和劳动对象的方式实现。正如马克思所说，"固定资本的发展表明，一般社会知识，已经在多么大的程度上变成了直接的生产力"[3]。其次，根据对工业革命的深入考察，马克思揭示了科学技术对人们的生产和生活方式带来的巨大改变。马克思指出自然科学和现代科技正"通过工业日益在实践上进入人的生活，改造人的生活"[4]，并且，"劳动生产力是随着科学和技术的不断进步而不断发展的"[5]。恩格斯指出，"在马克思看来，科学是一种在历史上起推动作用的、革命的力量"[6]。

在唯物史观的视域下，生产力是会发展和变化的，并且生产力的发展是社会历史发展的物质基础，是人类社会发展的决定性力量，因

---

[1] 《马克思恩格斯文集》第5卷，北京：人民出版社，2009年，第382页。
[2] 《马克思恩格斯文集》第8卷，北京：人民出版社，2009年，第188页。
[3] 《马克思恩格斯全集》第31卷，北京：人民出版社，1998年，第102页。
[4] 《马克思恩格斯文集》第1卷，北京：人民出版社，2009年，第193页。
[5] 《马克思恩格斯文集》第5卷，北京：人民出版社，2009年，第698页。
[6] 《马克思恩格斯文集》第3卷，北京：人民出版社，2009年，第602页。

第十二章　中国式现代化与新质生产力

为"人们所达到的生产力的总和决定着社会状况"[1]。生产关系必须适应生产力发展的状态,当生产关系与生产力发展不相适应时,就会出现矛盾,推动社会形态的变迁。因此,生产力与生产关系的矛盾运动构成了社会形态发展的根本动力。这一规律也是我国推进中国式现代化的基本遵循,新质生产力正是在生产力与生产关系的运动中产生的。

新质生产力在理论上继承和发展了马克思生产力理论,本质上是马克思主义生产力理论同新时代我国生产力发展实际相结合的产物。第一,新质生产力的产生符合生产力与生产关系运动规律。在新一轮科技革命和产业变革的时代背景下,传统生产力无法突破技术制约继续提供经济发展的动能,而随着我国在大数据、人工智能、5G通信、量子科技、生物技术等领域不断取得颠覆性技术突破,新质生产力应运而生。并且,新质生产力的形成必然要求生产关系的重塑,围绕创新驱动推进体制机制变革,使生产关系更好地适应新质生产力的发展。

第二,新质生产力继承了马克思"生产力中也包括科学"的观点,更加强调科技创新为引领,突出技术、信息、数据等新型生产要素在推动社会生产力发展中的核心作用。科技创新作为一种渗透性要素,是新质生产力的内生动力,必须融入生产的每一个环节,与其他生产要素结合起来。科技与传统生产要素的融合可以进一步提升劳动者的技术水平、丰富劳动资料的内容、扩大劳动对象的范围,有利于社会生产力进一步发展。

---

[1]《马克思恩格斯文集》第1卷,北京:人民出版社,2009年,第533页。

第三，新质生产力继承和发展了马克思将协作视为生产力要素的观点，强调对科技创新资源的整合，促进数字经济与实体经济融合。科技创新固然是新质生产力的核心，但资源的整合协作也是新质生产力的内在要求。通过对信息、设备等科技创新资源的优化整合，可实现科技创新成本的降低和科技创新效率的不断提升。[1]

（二）历史逻辑：新质生产力是社会生产力的一次跃升

纵观人类社会现代化的历史进程，就是一部生产力发展的历史。随着经济社会的发展，新的生产力会不断取代旧的生产力，成为推动经济社会进步的主要动力。每一次新的生产力的跃升都以传统生产力发展到一定水平为基础和条件，并且随着时间的推移，当下新的生产力终将被未来更新的生产力所替代，这是一个持续不断迭代的过程。德国历史学派的代表人物威廉·罗雪尔（Wilhelm Roscher）在《历史方法的国民经济学讲义大纲》中提出，历史上社会生产力主要是受到自然、劳动和资本三种因素的支配[2]，正是这三种因素决定了历史发展中的三个阶段。

第一阶段以自然生产力为主导。在原始社会，社会生产力极其低下，无论是狩猎、采集，还是原始农业和畜牧业，都对于自然环境的依赖较大。农业革命的发生使得人类能够更好地适应和改造自然环境，打破了原始社会末期人类生存的自然界限。[3]在农业社会，人们逐渐开

---

[1] 胡洪彬：《习近平总书记关于新质生产力重要论述的理论逻辑与实践进路》，《经济学家》，2023年第12期。

[2] [德]威廉·罗雪尔：《历史方法的国民经济学讲义大纲》，朱绍文译，北京：商务印书馆，1986年，第17—19页。

[3] 李政、廖晓东：《发展"新质生产力"的理论、历史和现实"三重"逻辑》，《政治经济学评论》，2023年第6期。

第十二章　中国式现代化与新质生产力

始利用畜力、风力、水力等自然生产力进行生产活动，人类社会的生产力得到显著的提升。整体来说，从原始社会一直到封建社会中期，社会经济发展主要依靠自然生产力。

第二阶段以劳动生产力为主导。在中世纪中期以后，劳动生产力逐渐取代自然生产力，成为了各个国家占支配地位的发展动力。威廉·配第（William Petty）最早提出"劳动是财富之父"的观点，将商品价值的源泉归于劳动。其后，亚当·斯密和大卫·李嘉图（David Ricardo）深入研究和发展了劳动价值论，明确劳动决定商品的价值。劳动价值论深刻反映了在以农业和手工业为主的社会中，劳动对社会财富创造的重要性。劳动生产力成为主导标志着人类社会生产力实现了一次巨大的跨越。

第三阶段以资本生产力为主导。第一次工业革命爆发后，人类步入了现代化，资本取代劳动成为影响人类社会生产力发展的关键要素。"资本将彼此分开的自然和劳动结合在一起，使它们共同发挥作用。"[1] 在资本逐利性的驱使下，人们生产的积极性和创造力被充分调动，社会财富被不断创造，社会生产力水平显著提升。随着资本主义的发展，资本不断积聚和集中，形成了垄断资本，更进一步推动了世界现代化的进程。在这一阶段，科技已经成为影响生产力的一种要素，但尚未成为主导因素。

由于受到时代的限制，罗雪尔只看到了上述三个阶段的生产力特征，但历史的脚步是不断前进的，后来的第二次工业革命和第三次科技革命引导人类社会走向了以科技生产力为主导的第四阶段。随着近

---

[1] ［德］威廉·罗雪尔：《历史方法的国民经济学讲义大纲》，朱绍文译，北京：商务印书馆，1986年，第18页。

现代化的推进，科学技术迭代加速，新的科技发明层出不穷，不断颠覆传统的生产方式，推动着产业的变革。电力、内燃机、计算机、原子能等的发明发现和广泛应用使人类社会生产力发展的速度和高度都实现了历史性的突破。科技生产力已然成为影响经济社会发展的主导力量，是推动现代化的主要动力。

当下，新质生产力已经在新一轮科技革命中初步形成，实现了社会生产力的又一次跃升，人类社会将进入以新质生产力为主导的新阶段。新质生产力是由技术革命性突破、生产要素创新性配置、产业深度转型升级而催生的，具有高科技、高效能、高质量特征，其本质是先进生产力。[1]在科学把握和综合运用现代信息技术、生物技术、新能源技术等一系列前沿技术的基础上，新质生产力摆脱了传统经济的增长方式，极大地提升了生产效率和创新能力。从历史发展的规律来看，新质生产力将取代传统生产力，成为推动现代化的主要力量。因此，新质生产力必然成为推动实现中国式现代化的强劲推动力和支撑力。

（三）现实逻辑：新质生产力是高质量发展的内在要求

党的二十大报告指出，"高质量发展是全面建设社会主义现代化国家的首要任务"，"必须坚持科技是第一生产力、人才是第一资源、创新是第一动力"。[2]近年来，我国科技创新成果丰硕，创新驱动发展成效日益显现，高质量发展取得明显成效。[3]然而，世界百年未有之大

---

[1] 《习近平在中共中央政治局第十一次集体学习时强调　加快发展新质生产力　扎实推进高质量发展》，《人民日报》，2024年2月2日。

[2] 习近平：《高举中国特色社会主义伟大旗帜　为全面建设社会主义现代化国家而团结奋斗——在中国共产党第二十次全国代表大会上的报告》，《人民日报》，2022年10月26日。

[3] 《习近平在中共中央政治局第十一次集体学习时强调　加快发展新质生产力　扎实推进高质量发展》，《人民日报》，2024年2月2日。

第十二章　中国式现代化与新质生产力

变局加速演进，我国经济发展面临错综复杂的内外部环境，制约高质量发展的因素还大量存在。从外部来看，新一轮科技革命和产业变革正在重构全球创新版图、重塑全球经济结构。[1]西方发达国家加速推进产业链的"去中国化"，企图使中国经济与世界经济体系脱钩，在一些关键技术和重要产品领域将中国排除在外。[2]从内部来看，工业化的传统发展模式导致了高资源消耗和高碳排放，对生态环境造成了不可逆的破坏，不具有可持续性。过去我国依靠资源投入为主的产业体系发展模式已经难以为高质量发展提供增长新动力。我国正处于战略机遇和风险挑战并存的关键期，亟须创新增长方式，为中国经济高质量发展注入新动力。

生产力是推动人类社会发展的最终决定性力量，也是推动经济高质量发展的根本性动力。随着大数据、移动互联网、物联网、云计算、区块链、人工智能、量子信息等技术的大规模发展与广泛应用，新产业、新业态、新模式加速迭代，为生产力的跃迁提供了技术支持，使新质生产力的形成成为可能。习近平总书记强调，"要抓住全球产业结构和布局调整过程中孕育的新机遇，勇于开辟新领域、制胜新赛道"[3]。从现实条件来看，新质生产力的形成有助于抢占发展制高点、培育竞争新优势、蓄积发展新动能，能够为进一步推进高质量发展提供强大动力和支撑。高质量发展是中国式现代化的本质要求，而实现高质量发展必须依靠新质生产力，因此，加快形成新质生产力是中国式现代

---

[1] 习近平：《努力成为世界主要科学中心和创新高地》，《求是》，2021年第6期。
[2] 洪永淼：《从当前世界变局看中国经济双循环新发展格局构想的重要意义》，《财贸经济》，2022年第9期。
[3] 《中央经济工作会议在北京举行》，《人民日报》，2022年12月17日。

化的必然选择。

第一，新质生产力以关键性和颠覆性技术突破为高质量发展提供原动力。随着新一轮科技革命和产业变革兴起，经济高质量发展要求必须从要素驱动的粗放式增长转向以创新驱动的集约式增长。新质生产力包含的关键性颠覆性创新突破能够顺应高质量发展的内在要求，突破技术"卡脖子"难题，推动传统产业转型升级，提升生产效率和资源利用效率，提高产出质量和数量。

第二，新质生产力通过生产要素升级和培育新型生产要素赋能经济高质量发展。一方面，伴随数字技术的快速发展，数智化技术在各行各业得到广泛运用，传统生产要素与数智化技术的融合使得传统生产要素的质量得到极大提升，从而提高产出效率，促进高质量发展；另一方面，在数字技术快速迭代和强力催化下，劳动力作为生产要素的质量也在不断提高，数智化人力资本的形成和跃进，成为形成新质生产力最积极、最活跃的因素，为经济高质量发展提供源源不断的动力。[1]

第三，新质生产力促进产业业态不断升级为高质量发展提供主体支撑。战略性新兴产业和未来产业是新质生产力的主要载体，新质生产力的发展成果也最先体现在这些产业上。随着现代化的发展，我国产业结构将逐渐走向高端化，知识技术密集型产业逐步取代劳动密集型产业成为国民经济发展的支柱产业。新兴产业和未来产业正是以知识技术密集度高、产业链条长为突出特点，具有带动整个产业体系效益提升的潜力，因而能够成为实现经济高质量发展的主体力量。

---

[1] 杜传忠、疏爽、李泽浩：《新质生产力促进经济高质量发展的机制分析与实现路径》，《经济纵横》，2023年第12期。

第十二章　中国式现代化与新质生产力

四、中国式现代化发展新路径：加快形成和发展新质生产力

新质生产力作为一种生产力的跃迁，是突破发展制约点、引领经济高质量发展的重要力量。面对新一轮科技革命和产业变革，要遵循生产力形成和发展的规律，必须以科技创新为主导加快发展新质生产力，培育竞争新优势，才能为中国式现代化提供不竭的动力。

（一）坚持市场与政府有机结合，协力推动科技创新

改革开放以来，我国建立了社会主义市场经济体制，取得了辉煌的经济发展成就，可以说，使市场和政府有机结合是我国经济体制改革最成功的经验之一。在中国式现代化的新征程中，加快发展新质生产力要求生产关系也必须相应调整。习近平总书记强调，"发展新质生产力，必须进一步全面深化改革，形成与之相适应的新型生产关系"[1]。因此，在培育新质生产力的过程中，宏观上必须处理好市场与政府的关系，让市场在资源配置中发挥决定性作用，更好地发挥政府的作用，使市场和政府协同助力科技创新，推动中国式现代化。

一方面，新质生产力的形成和发展必须尊重市场规律，使企业在公平竞争的市场环境下不断迸发活力和创造力。在原始创新的初始阶段，重大的原创性认识突破主要依靠"自由探索"式的科研活动。[2] 这类科研活动处于具有较强不确定性的前沿技术领域，需要大量的企业

---

[1] 《习近平在中共中央政治局第十一次集体学习时强调　加快发展新质生产力　扎实推进高质量发展》，《人民日报》，2024年2月2日。

[2] 周绍东、胡华杰：《新质生产力推动创新发展的政治经济学研究》，《新疆师范大学学报（哲学社会科学版）》，2024年第5期。

在市场的激励下进行不断试错、相互竞争，是难以通过政府的作用进行规划设计的。而市场依靠价格、供求、竞争机制，在资源配置、促进效率方面具有不可比拟的优势，能够激发企业的创新活力。因此，加快形成和发展新质生产力需要充分发挥市场的决定性作用，动员各类市场主体自由、公平地参与竞争和探索，在市场规律中实现科技创新的优胜劣汰。在这个过程中，政府的主要作用是为各种创新资源的结合以及市场主体的竞争提供良好的制度环境，更多的是发挥倡导、保护、鼓励的作用，而不是直接去组织攻关。

另一方面，新质生产力的形成和发展必须依靠政府引领，推动重大基础性、关键性技术的研发攻关。在新领域、新赛道上进行重大技术攻关需要巨额的资金投入，具有研发周期长、收益见效慢、风险和不确定性高的特点，在市场机制的作用下，一般私营企业没有动力和能力投入此类科研活动。因此，必须依靠政府的作用，展开有组织的研发攻关。第一，要加强顶层设计，引导科研方向。政府在组织协调方面具有显著的优势，加快形成和发展新质生产力必须加强原创性研究和基础研究的顶层设计和统筹协调，通过制定针对性的政策引导企业的科研方向。尤其是对于原创性研究的重点领域和重点方向，政府需要通过财政补贴、税收优惠、资源倾斜等方式加大力度予以支持。第二，要加大研发人才的培养力度，保障人才供给。人才是第一资源，是培育新质生产力最关键的要素。因此，在人才培养方面，政府需要根据科技发展新趋势，优化高等学校学科设置、人才培养模式，为发展新质生产力、推动高质量发展培养急需人才。[1] 同时，也要建立和

---

[1]《习近平在中共中央政治局第十一次集体学习时强调　加快发展新质生产力　扎实推进高质量发展》，《人民日报》，2024年2月2日。

第十二章　中国式现代化与新质生产力

完善人才激励机制,对承担基础性、关键性、战略性等重大攻关项目研发的科技人才予以充分的物质和精神奖励,这样才能保障创新型人才队伍的持续壮大。

(二)积极培育战略性新兴产业和未来产业,增强发展新动能

习近平总书记强调,要"整合科技创新资源,引领发展战略性新兴产业和未来产业,加快形成新质生产力"[1]。新质生产力所包含的新技术、新要素最先应用于战略性新兴产业和未来产业,新质生产力的发展成果也最先体现在战略性新兴产业和未来产业上,因此,战略性新兴产业和未来产业是新质生产力形成和发展的主要载体。积极培育战略性新兴产业与未来产业是加快形成和发展新质生产力的内在要求,要通过科技创新来推动产业创新,以产业现代化转型升级构筑竞争新优势,抢占产业制高点,增强发展新动能。

首先,发展壮大战略性新兴产业,打造国际竞争新优势。战略性新兴产业以重大前沿技术突破为核心,以国家重大发展需求为导向,代表了新一轮科技革命和产业变革的方向,是各国经济发展竞争的关键领域,也是加快形成新质生产力的关键。战略性新兴产业具有知识技术密集度高、产业链条长的突出特点,包括新一代信息技术、生物技术、新能源、新材料、高端装备、新能源汽车、绿色环保以及航空航天、海洋装备等行业。发展壮大战略性新兴产业,一是要加快自主创新体系建设,推动关键核心技术的创新和应用。促进战略性新兴产业与互联网、大数据、人工智能等前沿技术深度融合,培育新技术、新产品、新业态、新模式,抢占战略性新兴产业的制高点,构筑竞争新优

---

[1]《习近平主持召开新时代推动东北全面振兴座谈会强调　牢牢把握东北的重要使命　奋力谱写东北全面振兴新篇章》,《人民日报》,2023年9月10日。

势。二是加快培育战略性新兴产业集群，推动先进制造业集群发展。坚持把发展经济着力点放在实体经济上，健全产业集群组织、管理和规制，培育产业特色鲜明、产业链条完备、具有国际竞争力的战略性新兴产业集群。在此基础上，推动战略性新兴产业跨领域、跨产业、跨集群深度融合，形成强大的合力。三是构建新型平台基础设施，防止低水平重复建设。加快数据中心、云平台、工业互联网等新型平台基础设施的建设，以更快的速度、更低的成本、更便利的方式将科技创新的成果扩散并应用于相关产业，避免因信息不畅通而造成低水平的重复建设。

其次，前瞻谋划未来产业，开辟新领域、新赛道。新质生产力的形成和发展是一个长期的过程，为了使新质生产力具有持久的发展动力，就必须立足当前，前瞻谋划未来产业。目前，我国传统产业面临诸多困境，市场竞争激烈、资源消耗大、环境污染严重等问题制约了中国式现代化的发展，亟须找到新的增长动力，开辟新领域新赛道，抢占未来竞争制高点。"十四五"规划纲要中提出，要"在类脑智能、量子信息、基因技术、未来网络、深海空天开发、氢能与储能等前沿科技和产业变革领域，组织实施未来产业孵化与加速计划，谋划布局一批未来产业"[1]。数字时代的科技创新迭代速度是很快的，现在的未来产业可能在几十年后变成经济发展的支柱产业，谋划未来产业就是在为新质生产力的发展储备源源不断的动能。与战略性新兴产业相比，未来产业尚处于萌芽或孕育阶段，发展成熟度相对较低，产业成长不确定性更大，培育周期也更长。因此，布局未来产业更加需要政府前瞻

---

[1] 《中华人民共和国国民经济和社会发展第十四个五年规划和2035年远景目标纲要》，北京：人民出版社，2021年，第28页。

性地统筹规划和正确引导。尽管培育未来产业难度高、风险大，但是在未来产业这条新赛道上，世界各国都处于同一起跑线，未来产业既是挑战也是机遇。谁能抓住未来产业的发展机遇，就能掌握发展的主动权，成为世界现代化的领跑者。未来产业将是我国在现代化道路上实现"换道超车"的主阵地。

（三）坚持"两个毫不动摇"，激活各类创新主体

任何一种生产力的革新在微观上都需要通过承载主体来实现。新质生产力是以科技创新为主导的生产力，而企业是创新的重要微观主体，因此，新质生产力的形成和发展离不开企业作为主体的支撑。党的十九大明确提出，"毫不动摇巩固和发展公有制经济，毫不动摇鼓励、支持、引导非公有制经济发展"[1]，意味着加快发展新生产力也必须坚持"两个毫不动摇"，打破创新主体单一的格局，使国有企业与民营企业在产业链、科研攻关等领域分工协作，充分发挥各类企业在科技创新和产业创新中的主体作用。

一方面，国有企业占据国民经济的关键行业，应当发挥创新引领的示范作用。国有企业是建设现代化经济体系的主力军，推动新质生产力的形成与发展是国有企业肩负的重要使命与责任。近年来，我国的国有企业在航空航天、深海探测、5G 网络、高速铁路、集成电路等领域已经取得了一系列的重大创新成果，为新质生产力的形成奠定了良好的基础，但我们仍然面临诸多关键核心技术"卡脖子"的问题。加快发展新质生产力对国有企业提出了更高的要求。一是要立足于国家战略的功能定位与使命要求，推动国有企业向战略性新兴产业和未

---

[1] 习近平：《决胜全面建成小康社会　夺取新时代中国特色社会主义伟大胜利——在中国共产党第十九次全国代表大会上的报告》，《人民日报》，2017 年 10 月 28 日。

来产业的关键性领域集中，集中优质资源开展原始创新，在前沿技术、颠覆性技术方面发挥创新引领的作用。二是要深化创新体制机制改革，优化创新模式，在加大科技研发投入的基础上，提高投资和创新的有效性，充分发挥国有企业资金实力强大、研发基础雄厚、技术人才聚集等自身优势，加强基础研究和应用基础研究。

另一方面，民营企业是科技创新和技术变革的重要力量，要充分释放创新活力。民营企业具有较强的创新能力和市场敏感性，能够更好地促进产业技术进步和商业模式创新，为经济发展注入新动力。[1]近年来，民营经济的研发投入不断提升、专利产出不断增加、新产品开发效益不断提高，在高新技术企业中的先锋作用越发突出。[2]如今，我国70%以上的技术创新成果来自民营经济，不断激发民营企业的创新活力将是加快发展新质生产力的重要支撑。第一，破除制约民营经济形成新质生产力的各类制度性障碍，激发民营企业的创新动力。加强对民营企业创新的风险投资等金融支持，建立完善的政策协调机制，降低企业创新的风险，从而提升企业创新的意愿。进一步优化民营企业营商环境，使民营企业能够公平参与市场竞争。第二，引导民营企业围绕国家需求开展技术创新，推动关键领域的产业升级。民营经济具有较高的创新性和敏捷性，反应速度快，决策链条短，能够更快地适应市场需求和技术变革。集中民营企业的创新力量投入关键技术攻关，能够更加有效率地推动产业转型升级。第三，鼓励民营企业数字化转型，提升民营企业的科技创新能力。数字

---

1 周文、白佶:《民营经济发展与中国式现代化》,《社会科学研究》, 2023 年第 6 期。
2 王海兵、杨蕙馨:《中国民营经济改革与发展 40 年：回顾与展望》,《经济与管理研究》, 2018 年第 4 期。

经济的发展拓宽了科技创新的发展空间、提高了科技创新成果的转化效率。[1] 推动民营企业数字化转型有利于企业间的信息交流与合作,加快发展新质生产力。

1　周文、施炫伶:《中国式现代化与数字经济发展》,《财经问题研究》,2023 年第 6 期。

后 记

现代化既是一个世界现象,也是一种文明进步,还是一个发展目标。回望历史烟云,当西方国家率先登上现代化列车,当欧美列强用坚船利炮打开别国大门,所谓"先进文明""落后文明"的论调、"现代化就是西方化"的迷思逐渐成为主流。过去两百多年来,现代化成为西方发展经验的总结,西方现代化模式似乎成为唯一可以模仿的样本。

20世纪以来,很多发展中国家照搬西方模式,不仅没有实现现代化,反而失去了发展自主性,落入经济发展停滞、社会矛盾丛生、政治局势动荡的"怪圈"。可见,西方国家只是现代化的先行者,并不是现代化的范本,更不是衡量其他国家现代化的唯一标准。

中国是拥有5000多年文明史、人口数量众多、世界上最大的发展中国家,中国式现代化不存在现成的既定答案,只会产生于脚踏实地的探索中;中国式现代化也不需要外来的所谓"标准答案",人类社会现代化注定会留下中国式现代化的辉煌篇章。中国式现代化的成功表明:没有任何一种发展模式适合所有国家,人类社会并不存在放之四海而皆准的发展道路。中国式现代化是一条行之有效又可资借鉴的现代化道路,拓展了发展中国家走向现代化的新途径,为人类对更好社会制度的探索提供了中国方案。正如党的二十届三中全会指出,中国式现代化是在改革开放中不断推进的,也必将在改革开放中开辟广阔前景。

从"落后时代"到"赶上时代"再到"引领时代",今天的中国已经走出一条通往现代化的全新道路,并以崭新姿态屹立于世界舞台。特别是新时代以来,习近平总书记围绕中国式现代化发表的一系列重要论述,概括形成中国式现代化的中国特色、本质要求和重大原则,初步构建中国式现代化的理论体系,使中国式现代化更加清晰、更加科学、更加可感可行。

正是基于这些思考,近年来我们研究团队围绕中国式现代化推出系列研究成果,在国内引起广泛关注。现在关于中国式现代化的研究著作较多,甚至可以说蔚为大观,也呈现出多学科研究的范式,其中在学界最有影响的是北京大学罗荣渠教授《现代化新论:世界与中国的现代化进程》。此书运用跨学科的社会科学研究方法,融理论与历史研究为一体,突破传统与西方的窠臼,阐发了许多精辟见解。它从宏观史学视角,把现代化作为全球性大转变过程,进行整体性研究。首次提出以生产力为社会发展中轴的一元多线历史发展观,以此论述世界的现代化发展总趋势和近世中国的社会巨变,并对中国的现代化道路做了专题考察。

尽管本书也是冠以中国式现代化新论,但是本书研究的现代化,更多置于当下时代背景研究现代化。与此同时,本书强调中国式现代化新论就在于其不同于目前市面上出版的中国式现代化研究著作。一是多维度解读,而不是只从一个维度解读,展示出中国式现代化的立体和全方位;二是立足于政治经济学角度系统解读中国式现代化,呈现出鲜明的当代中国政治经济学研究范式,可以说是中国式现代化的政治经济学研究;三是体现出不但向世界讲好现代

后　记

化的中国故事,而且更加注重提炼现代化的中国经验和中国理论,注重中国式现代化研究的学理化和体系化,从而达到不断深化中国式现代化发展的规律性认识。

本书是我们研究团队的集体成果,各章的主要撰写者为我的博士生们。第一章,中国式现代化的独特内涵、鲜明特征与世界意义,肖玉飞;第二章,中国式现代化的共同特征与中国特色,白佶;第三章,中国式现代化与人类文明新形态,施炫伶;第四章,再论中国式现代化与人类文明新形态,肖玉飞;第五章,中国式现代化与西方现代化,杨正源;第六章,中国式现代化与社会主义基本经济制度,白佶;第七章,中国式现代化与共同富裕,唐教成;第八章,中国式现代化与新型举国体制,李吉良;第九章,中国式现代化与宏观经济治理,司婧雯;第十章,中国式现代化与数字经济,施炫伶;第十一章,中国式现代化与民营经济,白佶;第十二章,中国式现代化与新质生产力,何雨晴。

最后感谢复旦大学望道书库和商务印书馆对本书出版的支持。

周文

2024 年 10 月 10 日

图书在版编目（CIP）数据

中国式现代化新论 / 周文著. — 北京 ：商务印书馆，2025. — ISBN 978-7-100-24678-1

Ⅰ. D61

中国国家版本馆CIP数据核字第2024RT1207号

权利保留，侵权必究。

中国式现代化新论

周　文　著

商 务 印 书 馆 出 版
（北京王府井大街36号　邮政编码100710）
商 务 印 书 馆 发 行
徐州绪权印刷有限公司印刷
ISBN 978-7-100-24678-1

2025年1月第1版　　　开本 880×1230　1/32
2025年1月第1次印刷　　印张 11¾

定价：86.00元